rowohlt

Iris Radisch

CAMUS

Das Ideal der Einfachheit

Eine Biographie

Rowohlt

7. Auflage November 2013

Redaktion Barbara Hoffmeister
Typografie Farnschläder & Mahlstedt, Hamburg
Satz aus der Stempel Garamond LT Pro
Druck und Bindung CPI books GmbH, Leck
Printed in Germany
ISBN 978 3 498 05789 3

«Antwort auf die Frage nach meinen zehn bevorzugten Wörtern: ‹Die Welt, der Schmerz, die Erde, die Mutter, die Menschen, die Wüste, die Ehre, das Elend, der Sommer, das Meer.›»

Albert Camus im Sommer 1951

INHALT

1. Kapitel

DIE MUTTER

Ort und Zeit:

Mondovi 1913.

Rue de Lyon, Algier, 1914 bis 1931.

Am Anfang war das Schweigen

Ein klappriger Wagen fährt auf kaum befestigten Straßen durch die karge unermessliche Landschaft Algeriens. Die Finsternis scheint grenzenlos zu sein. Der Kutscher hat eine Laterne angezündet, das einzige Licht in der regnerischen Nacht.

Das Paar auf dem Pferdewagen hat es eilig, die Frau liegt in den Wehen. Sie halten bei einem Gut in einem winzigen Dorf. In einer Küche wird eine Matratze neben einer Feuerstelle auf den Boden gelegt. Ein Geruch von Verwahrlosung und Elend hängt in der Luft.

Das Kind kommt in dieser Nacht im Spätherbst 1913 mit Hilfe einer Araberin und der Kantinenwirtin des Gutes neben dem prasselnden Holzfeuer zur Welt. Sein erstes Lebenszeichen gleicht einem «unterirdischen Knirschen», «wie manche Zellen unter dem Mikroskop es machen»[1]. Es wird gewickelt und in einen Wäschekorb gelegt. Das Gesicht der Mutter beim Anblick des Sohnes ist «verklärt» – das wird der Sohn später behaupten.

Nicht viele Autoren haben gewagt, ihre Geburt zu beschreiben. Goethe tat es: «Am 28. August 1749 mittags mit dem Glockenschlage zwölf, kam ich in Frankfurt am Main auf die Welt. Die Konstellation war glücklich». So beginnt seine Autobiographie *Dichtung und Wahrheit*.

Und Camus tat es in seinem letzten Werk, *Der erste Mensch*. In den Monaten vor seinem Unfalltod am 4. Januar 1960 hatte er wie besessen an seiner literarischen Autobiographie geschrieben. Sie wurde sein Vermächtnis. Er hatte das handschriftliche Manuskript bei sich, als das Auto, in dem er starb, an einer Platane zerschellte. Auf den ersten Seiten dieses Buches schreibt Camus, wie sein Leben begann. Es ist Dichtung und enthält doch die Wahrheit seines Lebens, so wie er sie erfunden hat.

Verklärt ist nicht nur das Gesicht der Mutter, sondern die ganze Geburtsszene, die hinter der Goethe'schen Schicksalsstunde nicht zurücksteht. Kosmische Kräfte und schlichtere Frankfurter Glockenschläge unterlegen die Geburt des deutschen Klassikers mit allen Vorzeichen des Triumphalen. Camus arrangiert seine Geburt in biblischer Ärmlichkeit und Einfachheit, ein schutzsuchendes Paar in dunkler Nacht, ein einsam dahineilendes Licht, das von einer Laterne in die tiefe Finsternis der Welt geworfen wird, eine bescheidene Herberge. Über dieser Geburtsszene wachen keine Engel, kein Stern zu Bethlehem leuchtet am Himmel. Nur der vom Westwind Tausende von Kilometern übers Meer getriebene Regen trommelt seine Sphärenmusik zu dem Ereignis, das sich in Wahrheit weit weniger erhaben zugetragen hat.

Camus' Vater, Lucien Auguste Camus, arbeitet als Kellermeister seit dem Spätsommer 1913 auf einem Weingut in Saint-Paul im algerischen Mondovi, 420 Kilometer östlich der Hauptstadt gelegen, wo er seine Frau und seinen Sohn Lucien zurückgelassen hat. Er wohnt in einer Hütte mit einem Boden aus gestampftem Lehm. Im November 1913 besteigen seine Frau Catherine und der dreijährige Sohn Lucien in Algier einen Zug, der sie in einer achtzehnstündigen Fahrt nach Bône (heute Annaba) bringt. Dort holt der Vater sie ab. Die 25 Kilometer von Bône zum Weingut in Mondovi (heute Déan) legt die Familie auf einem Karren zurück. Mutter und Sohn erkranken am Sumpffieber, das die Mücken verbreiten.

In der Lehmhütte des Kellermeisters wird Albert Camus am 7. November 1913 um zwei Uhr nachts geboren. Sein ärmliches Geburtshaus, das er so genau beschreibt, hat er nie gesehen. Es wurde noch zu seinen Lebzeiten abgerissen.

Auch seinen Vater hat er nie gekannt. Den ersten Teil seines letzten Buches hat er «Suche nach dem Vater» genannt. Lucien Camus wurde 1914 Soldat. Wenige Monate nach der Geburt des Sohnes ist er in der Marne-Schlacht gefallen.

Ein Foto, ein paar Feldpostkarten und der wie eine Reliquie aufgebahrte Granatsplitter, der den Vater getötet hat und der Witwe nach Algier geschickt wurde: mehr blieb vom Vater nicht. Camus' Recherchen nach der väterlichen Familiengeschichte – Lucien Camus war ein französisches Kolonistenkind in der zweiten Generation, Albert Camus' Urgroßvater wanderte in den 30er Jahren des 19. Jahrhunderts von Bordeaux nach Algerien aus – blieben ergebnislos. Der abwesende Vater ist die erste große Leerstelle in seinem Leben. Camus füllt sie mit einer erfundenen Ursprungslegende. In deren Zentrum steht eine in Schweigen gehüllte Frau, die Mutter. Ihr ist das Buch gewidmet.

Catherine Camus, geborene Sintès, hört schlecht und spricht kaum einen Satz. Sie verfügt über 400 Wörter, ist apathisch und zeigt keine Gefühle. Sie hat ihren Sohn nie liebkost, nie umarmt, sie greift nicht ein, wenn ihre eigene Mutter ihn drakonisch bestraft. Ihr Leben verlief in wortloser Ergebenheit, in einem Zimmer ohne Strom, ohne Gas oder fließendes Wasser, mitten im Armenviertel von Algier. Camus hat sie wie eine Heilige verehrt.

Die Mutter steht am Anfang und am Ende seines Weges. Er beschreibt sie als eine Frau mit sanftem, ebenmäßigem Gesicht, das Haar gewellt wie bei einer Spanierin, mit einer geraden kleinen Nase, warmherzigen Augen und verbrauchten, holzartigen Händen. Sie sei, schreibt er, «zerstreut», «geistesabwesend», «höflich», «unzugänglich», «eingeschlossen in ihr eigenes enges Universum» gewesen. «Die Mutter» sollte das Schlusskapitel heißen. Im Manuskript findet man den Satz: «Sie war meistens schweigsam und mit kaum einigen hundert Worten zu ihrer Verfügung, um sich auszudrücken; er unentwegt redend und unfähig, mit Tausenden von Wörtern zu finden, was sie mit einem einzigen

Camus' Mutter Catherine, geb. Sintès, in späteren Jahren

Schweigen sagen konnte.»[2] Die Mutter ist der Maßstab, den Camus an die Welt anlegt. Über sie und ihre Rolle als Schutzpatronin und Portalfigur seines zukünftigen Werks schreibt der junge Autor im Tagebuch: «Das alles soll in den Gestalten von Mutter und Sohn Ausdruck finden»[3]. Auf dem Höhepunkt des Algerienkrieges und seines eigenen Ruhmes wird er 1957 bei der Nobelpreisverleihung in Stockholm sagen: «Wenn ich zwischen meiner Mutter und der Gerechtigkeit wählen müsste, würde ich meine Mutter wählen»[4]. Mütter sind die einzig bedeutenden Frauenfiguren in seinem Werk.

Bis zum letzten Tag seines Lebens wird Camus seine Mutter, eine fast stumme, seelisch gestörte Analphabetin, als Urbild heiliger Einfalt verherrlichen. In ihr Schweigen hinein entwirft er sein Werk. Kurz vor seinem Tod notiert Camus: «Oh Mutter, oh Zarte, geliebtes Kind, das größer ist als meine Zeit, größer als die Geschichte, die dich unterwarf, wahrer als alles, das ich auf der Welt geliebt habe, oh Mutter, vergib deinem Sohn, dass er der Nacht deiner Wahrheit entfloh.»[5] Catherine Camus bleibt die wichtigste Frau seines an Frauen reichen Lebens – und sein größter Schmerz. Die Frau, mit der er nie sprechen konnte, war zugleich die «Einzige, mit der er hätte sprechen können».[6]

Unterm Ochsenziemer – eine Kindheit im 20. Jahrhundert

Im Sommer 1914 war Lucien Camus also nach Frankreich abgereist, um, kaum dort angekommen, zu sterben. Die Mutter zog mit den beiden Jungen zurück nach Algier, zu ihrer verwitweten Mutter und dem fast taubstummen Bruder Étienne. Die drei Generationen wohnen in der Rue de Lyon im Arbeiterviertel Belcourt. Als Catherine Camus dort die Nachricht erreicht, dass ihr Mann am 11. Oktober 1914 seinen Verletzungen in Nordfrankreich erlegen ist, steckt sie den Umschlag in ihre Kittelschürze und bleibt starr auf dem Bett sitzen, stundenlang. An diesem Tag beginnt Camus' Kindheit zwischen zwei wortlosen Erwachsenen und einer groben alten Frau, seiner Großmutter.

Die Großmutter Catherine Marie Cordona Sintès wurde 1857 auf der spanischen Insel Menorca geboren und kam als Kind von Auswanderern nach Algerien. Schon sie war Analphabetin, lebte in großer Armut und arbeitete hart. Neun Kinder brachte sie zur Welt. Sie soll kalt und herzlos gewesen sein, Camus beschreibt sie als «unwissend und stur», eine nach altem Fleisch riechende Matrone mit eiskalten Augen und einem mächtigen «Altfrauenbauch», gekleidet in ein langes schwarzes «Prophetinnenkleid».[7] Zur Erziehung der Kinder und Enkel benutzt sie den Ochsenziemer, der in der Rue de Lyon an der Wand hängt.

Das Leben der beiden halbwaisen Brüder Lucien und Albert zwischen den drei seelisch und körperlich schwerbeschädigten Mitgliedern einer ursprünglich spanischen, inzwischen völlig französisierten bitterarmen Kolonistenfamilie – Camus sprach kaum Spanisch, war aber stolz auf seine spanische Herkunft – hatte regelrecht vorzivilisatorische Züge.

Die Wohnung der Familie ist eng und liegt im ersten Stock eines Mietshauses. Nur drei Zimmer, kahl und gekalkt, ohne jeden Komfort. In dem einen stehen ein Esstisch mit einer Wachstuchdecke und fünf Stühle, auf dem Boden liegt eine Matratze, auf welcher der stumme Onkel schläft, wenn es Nacht wird. Wenn Camus Mittagsschlaf halten muss, liegt er im hohen großen Bett im Zimmer der Großmutter. In der Küche gibt es keinen Herd und keinen Backofen, nur einen Spirituskocher. Die Kinder haben kein eigenes Bett und schlafen nachts neben der Mutter. Es gibt keine Toilette, nur einen Abtritt ohne Wasserspülung im

Albert mit seinem drei Jahre älteren Bruder Lucien

Treppenhaus. Ein Fenster geht auf die Straße, zwei gehen zum Hof. Die Familie ist nicht religiös, besucht nie die Kirche. Wenn ein Nachbar gestorben ist, sagt die Großmutter: «Nun muss er nicht mehr furzen». Die Abendunterhaltung der Familie besteht im Winter darin, die Stühle ans Fenster zu rücken und hinauszuschauen. Im Sommer stellt man die Stühle auf die Straße und sieht den Passanten und den Straßenbahnen nach. Das 20. Jahrhundert hat in diesem Leben noch nicht Einzug gehalten – es gibt keine Elektrizität, kein Wasser, keine Zeitungen, keine Bücher, geschweige denn so etwas Seltenes wie einen Radioapparat, am Sonntag geht man gelegentlich ins Vorstadtkino. Die französische Zivilisation liegt in unerreichbarer Ferne – keiner von Camus' noch lebenden Verwandten ist jemals in Frankreich gewesen oder hat auch nur eine Vorstellung von der französischen Kultur.

So schreibt Camus sein Werk für eine Kriegswitwe, die es nie lesen wird, die nichts weiß von der großen Geschichte, die nur eine sehr vage Idee von Frankreich und noch nie etwas von Österreich-Ungarn gehört hat, die weder «die vier Silben Sarajevo aussprechen kann» noch eine Ahnung davon besitzt, was ein Erzherzog sein könnte. Zeitlebens hält Catherine Camus den soliden Beruf ihres älteren Sohnes, der Versicherungsvertreter wird, für ehrbarer als die Literatur des berühmten Jüngsten. Niemals, so Camus, habe er seine Mutter lachen gehört. Und nie habe er mit ihr Erinnerungen austauschen können, da sie sich an ihr ereignisloses Leben nicht erinnern konnte – oder wollte. Einmal hat sie es gewagt, ihr Leben selber in die Hand zu nehmen und sich die Haare kurz zu schneiden. Es ist die Zeit, als es einem maltesischen Fischhändler gefällt, der jungen Witwe den Hof zu machen. Doch ihr Bruder Joseph beschimpft sie als Hure, und sie zieht sich weinend in ihre gewohnte Lebensstarre zurück, einmal mehr bestätigt in der Gewissheit, «dass das ganze Leben aus Unglück bestand, gegen das man nichts tun und das man nur erdulden konnte».[8]

Camus' Familie lebt – losgelöst von der religiösen und kulturellen Nabelschnur zum unbekannten europäischen Mutterland – ohne Kenntnis von der eigenen Geschichte und dem eigenen Herkommen in einem Niemandsland endloser Gegenwart, durch das hin und wieder lärmend eine Straßenbahn fährt.

Jean-Paul Sartre, der spätere Weggenosse und Gegenspieler Camus', geboren 1905 und ebenfalls vaterlos aufgewachsen – bei Mutter, Großmutter und Großvater –, erzählt in seiner Autobiographie *Die Wörter* von einer ganz anderen, einer behüteten, emotional und intellektuell verwöhnten Kindheit. Das Schlafzimmer der Mutter, in welcher er bald eine ältere Schwester sieht, quillt über von Büchern, deren ständiger Zustrom aus dem örtlichen Lesekabinett nie versiegt. Der kleine, von allen bewunderte und verwöhnte Sartre sitzt zwischen Kunstbänden, Romanen und Reiseberichten und muss sich entscheiden, ob er zuerst die Erzählungen von Maupassant oder den Bildband über Rubens aufschlagen soll. Noch bevor er die Buchstaben entziffern kann, besteht er wie ein ausgewachsener Kulturbürger darauf, eine eigene Bibliothek zu besitzen, um in den Büchern schon einmal zu blättern und die Pose des Lesenden einzuüben.

Zwei Leben, wie sie unterschiedlicher nicht beginnen können. Über das eine regiert das eiserne Schweigen im Armenviertel einer französischen Kolonie. Das andere wird überrollt von den immer neuen Worten und Lektüren einer eilig voranpreschenden Gegenwart. Camus' Leben beginnt im staubigen Stillstand einer monotonen Vormoderne, in der man viele Stunden am Tag hart arbeitet, um abends müde und erschöpft in den Himmel zu schauen, ohne ein Wort darüber zu verlieren. Sartres Leben steht von Anfang an unter dem Stern der rasanten Eroberung und Beherrschung der Welt durch immer mehr Wissen und immer größere Worte.

Sartre ist immer schon da, wo er hingehört. Camus wird von

der Rue de Lyon in Algier bis zum Boulevard Saint-Germain in Paris knapp tausend Kilometer in der Luft und gut fünfhundert Jahre in der Menschheitsgeschichte zurücklegen.

Die Tage gleichen einander. Der Onkel arbeitet in einer Böttcherei und kommt spät nach Hause, isst, legt sich hin und schläft. Die Mutter sortiert in einer Rüstungsfabrik Patronen; später putzt sie bei reichen Kolonisten, in Villen mit herrschaftlichem Blick über das Mittelmeer. Camus wird einmal in einer dieser schönen Villen wohnen. Vorerst sitzt er noch an dem einzigen Tisch neben dem zur Seite geräumten Geschirr, wenn er am Abend seine Schularbeiten macht.

Das Haus in der Rue de Lyon 93 gibt es noch immer. Eine enge Steintreppe führt durch ein dunkles Treppenhaus in den ersten Stock. In der kleinen Mietswohnung lebt inzwischen ein Hafenarbeiter, der sich «Mohamed Camus» nennt.[9] In den drei engen, hohen Räumen sieht es aus wie zu Zeiten Camus': kaum Möbel, schmales Bett, ein paar Stühle, der Tisch mit Wachstuchdecke.[10] Camus wird diese karge Art des Wohnens immer bevorzugen.

> «Ich liebe das kahle Haus der Araber oder der Spanier. Der Ort, an dem ich am liebsten lebe und arbeite (oder wo es mir im Gegensatz zu den meisten Menschen sogar gleich wäre, zu sterben), ist das Hotelzimmer. Der vielgelobten Häuslichkeit habe ich nie Geschmack abgewinnen können; das sogenannte bürgerliche Glück langweilt und erschrickt mich.»[11]

Der Ton in der Familie ist rüde und unsentimental. Die Tonlosigkeit, die man im *Fremden* als bahnbrechende Erneuerung der europäischen Literatur feiern wird, ist hier zu Hause. Sie war für Camus keine nur kühne literarische Pose, sie war seine Wirklichkeit, er hat sie nicht erfunden.

Besonders die Gleichgültigkeit der Mutter, die irgendwo im

Abseits des Autismus ihr Leben verbracht hat, prägt sich dem Jungen tief ein. Camus und seine Figuren werden von einer ähnlichen Aura der Kälte umgeben sein und niemals die seelische Nähe anderer Menschen suchen.[12] Über die Gründe für die seelische Deformation der Mutter hat Camus nicht spekuliert.[13] Sie ist der erste Schmerz des Kindes, den der junge Schriftsteller später mit einigem literarischen Aufwand in das paradoxe Glück einer tragischen Existenzerfahrung umdeuten wird. Doch in einem seiner allerersten Texte, den er als Student in der Edition seines Freundes Edmond Charlot 1937 in Algier veröffentlicht, gesteht er offen, das Schweigen der Mutter «tut ihm so weh, dass er weinen möchte».[14]

Camus wird aus diesem Kälte-Trauma seine Philosophie entwickeln. In seinem Essay *Der Mythos des Sisyphos* wird er über die Erfahrung des Absurden nicht mehr schreiben, sie sei der «Zusammenprall eines kindlichen Rufes mit dem unbegreiflichen Schweigen der Mutter», sondern: «das Absurde ist der Zusammenprall des menschlichen Rufes mit dem unbegreiflichen Schweigen der Welt».[15] Aus der Psychopathologie einer in ärmsten Verhältnissen lebenden algerischen Analphabetin macht Camus die nicht aufzulösende Tragödie eines Menschen, der der Gleichgültigkeit des stummen und kalten Kosmos ausgesetzt ist.

Camus' Philosophie des Absurden kann ihre Herkunft aus den seelischen und sozialen Verheerungen nicht verleugnen, die das Milieu der Ärmsten unter den Franzosen in Nordafrika prägen. Sie entsteht auf der Straße, im Angesicht der Menschen, die ihn umgeben. Zu Camus' Geschichte gehören die «Seinen», die «Stummen» – ohne ihn wären sie vergessen. Camus hat nie einen Hehl daraus gemacht, dass es für ihn undenkbar war, die Literatur von den elementaren Erfahrungen der Menschen zu lösen, von dem großen Schmerz und dem großen Glück, die ein Leben bestimmen.

Das Hohe Lied des französischen Schulsystems

Im Sommer 1918 beginnt für das Analphabetenkind aus der Rue de Lyon ein neues Leben. Albert wird eingeschult, zunächst in die École maternelle, dann in die Grundschule von Belcourt. Das Räderwerk des Bildungssystems der Grande Nation erfasst den Jungen und wird ihm den Weg nach Paris ebnen. Seinem Lehrer Louis Germain bleibt Camus zeitlebens verbunden, ihm widmet er seine Nobelpreisrede: «Ohne Ihre Erziehung und Ihr Beispiel wäre nichts davon geschehen.» Dem staatlichen Schulsystem Frankreichs und seinen strengen Lehrern hat er seine Karriere als Schriftsteller zu verdanken. Die Schule ist sein Nadelöhr in das Himmelreich der Gebildeten, der Bücher und Zeitungen, der Dichter und Intellektuellen. Er wird das nie vergessen. «Die staatliche Schule preisen!» steht in seinem letzten Manuskript am Rand vermerkt.

Louis Germain – Franzose, Soldat, Kriegsteilnehmer, Lehrer und Klarinettist an der Oper von Algier – widmet sich dem vaterlosen Schüler mit besonderer Aufmerksamkeit. Dass er selbst das Inferno des Weltkrieges überlebt hat und in die Heimat zurückgekehrt ist, kommt ihm wie ein Wunder vor. Jetzt möchte er als Lehrer die Vaterstelle der gefallenen Kameraden einnehmen. Seine pädagogische Mission lautet, die Jungen zu anständigen Bürgern der Dritten Republik zu erziehen – auch mit Hilfe eines Lineals, das ihm als Schlagstock dient. Die Züchtigungen finden am Lehrerpult vor den Augen aller Schüler statt. Den Kopf zwischen den gespreizten Beinen des verehrten Lehrers, muss der Straffällige den Hintern herausstrecken, auf den dann die brennenden Schläge des Pädagogen niedergehen.

Für alle, «die sich für den interessieren, der einmal mein lieber kleiner Albert war», wird Louis Germain 1958 einige Erinnerungen zu Papier bringen. Man erfährt, dass Camus, als er 1920 in die Primarschule kam, schon ein paar Buchstaben lesen und schreiben konnte und sehr schnell einer der besten Schüler wurde. Er sei still, konzentriert, nachdenklich und gutherzig gewesen. Am Ende des ersten Schuljahres, so Germain, konnte sein Schüler fließend lesen und schreiben. Der Lehrer mag sich und seine strenge Erziehung hier selbst loben. Germain beschreibt einen ernsten, zurückhaltenden und unermüdlich fleißigen Camus von kleinem Wuchs, der wenig und langsam sprach und viel beobachtete. Auf einem Klassenfoto aus dem Jahr 1923 sieht man Germains Zöglinge stolz und aufrecht, Brust raus, Kopf hoch. Camus steht in der letzten Reihe.

Glaubt man Camus' eigenen Erinnerungen in seinem hinterlassenen autobiographischen Roman, dann wurde er in der Primarschule zusammen mit arabischen Kindern unterrichtet, doch die Klassenlisten und das Klassenfoto sagen etwas anderes: Die überwältigende Mehrheit derer, die mit ihm in den Genuss der französischen Staatsschule kommen, sind Söhne von kleinen Kolonisten, den *Pieds-noirs* des Armenviertels Belcourt. Nur im Fußballverein von Montpensier, in dem er es zum Torwart bringt, spielt er mit arabischen Kindern.

Für den jüngsten Sohn der Putzfrau Catherine Camus, der bei seiner Einschulung kein korrektes Französisch sprach, bedeuteten diese Jahre eine Initiation in eine vollkommen fremde Welt. Sein lebenslanger, manchmal etwas steifnackiger Respekt vor der französischen Kultur und Sprache hat hier seinen Ursprung. Sein gesprochenes Französisch wird immer etwas rau, beiläufig und kurzatmig klingen. Die klangvollen, breit ausgesungenen, schier endlosen Satzkaskaden des französischen Kulturbürgertums wird er nicht imitieren können – ja, er wird es gar nicht wollen.

Von den Methoden des Lehrers, der die Schüler zwingt, sei-

In der Grundschule von Belcourt

nem Unterricht mit verschränkten Armen zu folgen, zeigt sich Camus noch als Erwachsener rückhaltlos begeistert. Germain, so beteuert er, habe es verstanden, den Unterricht lebendig und amüsant zu gestalten. Die Lehrbücher kamen aus Paris und erzählten Geschichten von einer Welt, in der man Wollmützen trug, durch tiefen Schnee einem Haus entgegenstrebte, in dem ein warmes Kaminfeuer prasselte und in schönstem Französisch über die Freizeitvergnügungen des kommenden Wochenendes parliert wurde.

Camus' Schulbiographie ist die eines edlen Wilden, der begierig jedes bisschen Druckerschwärze aus dem sagenhaften Jenseits des Bildungsbürgertums aufsaugt und am Abend zu Hause Wort für Wort nachbuchstabiert. Camus wird von der «mächtigen Poesie der Schule» schwärmen, die das Versprechen von einem anderen Leben schon im Geruch der Tinte, der Lederriemen und der Federkästen verströmt habe.[16]

Monsieur Germain, der mit seinen runden braunen Augen, dem glatt gescheitelten braunen Haar, den weichen Gesichtszügen und dem dunklen Schnurrbart wie eine Provinzausgabe von Marcel Proust aussieht, ist nicht nur die personifizierte Dritte Republik der Kolonialmacht Frankreich, sondern auch der erste Botschafter der Pariser Kultur, der in dem algerischen Paralleluniversum des Schweigens und der Einfachheit auftaucht. Er habe, wird Camus später sagen, «ganz allein die Verantwortung dafür übernommen, ihn zu entwurzeln».[17] Die Kluft, die sich nun im Abstand von ein paar hundert Metern zwischen Elternhaus und Schule auftut, wird später in Camus' Lebenspolen Algier und Paris einen endgültigen Ausdruck finden.

Germain sorgt dafür, dass Camus ein Stipendium für die höhere Schule erhält. Die Großmutter sträubt sich, sie möchte, dass die Kinder ihrer Tochter so früh wie möglich Geld verdienen. Germain sucht die beiden Frauen in der Rue de Lyon auf, setzt sich mit ihnen an den Esstisch, und tatsächlich gelingt es ihm,

Der erste Lehrer: Louis Germain

die Großmutter umzustimmen. Sie stellt nur eine einzige Bedingung: Der Enkel soll vor dem Schulwechsel zur Heiligen Kommunion gehen. Sicher ist sicher.

Das war knapp. Ohne Louis Germain gäbe es keinen Camus. Er wäre in irgendeiner Abstellkammer des Lebens gelandet – wie sein Onkel Gustave Acault, der Fleischer, der nachts Shakespeare und Gide liest und sonntags das große Wort in der Eckkneipe seines Viertels führt; oder wie Meursault, Held des Romans *Der Fremde*, der im Hafen von Algier arbeitet, vormittags und nachmittags jeweils genau vier Stunden, und sich nach Feierabend einsamen, unspektakulären Gedanken hingibt.

Germain gibt Camus Privatstunden, um ihn auf die Aufnahmeprüfung am Gymnasium vorzubereiten. Er begleitet ihn am entscheidenden Tag. «Geh, mein Sohn», soll er an der Pforte gesagt haben. Und Stunden später: «Bravo, Knirps. Du hast bestanden».[18] Dann überlässt er seinen Schützling, der nicht versteht, wie ihm geschieht, der Bildungsmaschinerie einer der führenden Kulturnationen der Welt. Bis zu seinem Lebensende glaubt Camus, in diesen Stunden aus dem Paradies vertrieben worden zu sein –

> «um in eine unbekannte Welt geworfen zu werden, die nicht mehr seine war, von der er nicht glauben konnte, dass die Lehrer gelehrter waren als dieser, dessen Herz alles wusste, und er würde in Zukunft ohne Hilfe lernen und verstehen müssen, schließlich ein Mann werden müssen, ohne den Beistand des einzigen Menschen, der ihm geholfen hatte, schließlich ganz auf seine Kosten sich allein erziehen und erwachsen werden müssen».[19]

Camus hat sich niemals über seine Kindheit beklagt. Im Gegenteil: Die kindliche Begabung zur Hingabe an das, was ihm gegeben ist, zur rückhaltlosen Bejahung des Jetzt, wird er nicht verlieren. Er habe nicht in der Zerrissenheit, sondern in der Fülle begonnen, sagt er später einmal. Bei Nietzsche findet er den passenden Kommentar zu dieser jugendlichen Strategie der Weltumarmung und der blattgoldverzierten Verklärung seiner Kindheit im Armenviertel von Algier. Als er im Januar 1960 auf dem Weg nach Paris stirbt, steckt in seiner Tasche ein Exemplar von Nietzsches *Fröhlicher Wissenschaft*. Darin hatte er lesen können:

«Glattes Eis
Ein Paradeis
Für Den, der gut zu tanzen weiß.»

«Voilà. Sie ist tot …»

Hier ist Camus' Geschichte als ein «erster Mensch», der ohne Vater und ohne große Worte in die Welt zieht, um sie erst zu umarmen und dann zu erobern, zu Ende. Nur wenige Jahre hat Camus in der Nacht eines anderen Zeitalters verbracht. Seit er die Schwelle des «Grand Lycée» unweit des Meeres, eine halbstündige Straßenbahnfahrt von Belcourt entfernt, überschritten hat, ist er kein afrikanischer Kaspar Hauser mehr, sondern ein ehrgeiziger Proletariersohn des französischen Imperiums, der Latein lernt und beginnt, sich seiner Herkunft zu schämen.

Seine ersten Zeilen wird Camus als Gymnasiast schreiben und in der Schulgazette *Sud* veröffentlichen, die sein Oberlehrer Jean Grenier herausgibt; Aufsätze im jugendlichen Renommierstil über Paul Verlaine, über den längst vergessenen Autor Jehan Rictus, über Henri Bergson oder über die Musik im Allgemeinen und bei Schopenhauer und Nietzsche im Besonderen.

Jahre nach dem Unfall auf der Landstraße bei Villeblevin werden Texte veröffentlicht, die er während und kurz nach der Schulzeit nur für sich selbst geschrieben und nie publiziert hat, darunter, vermutlich aus dem Jahr 1933, eine Skizze von zweieinhalb Seiten, die noch nie ins Deutsche übersetzt wurde. Es ist ein Abschiedstext von der Kindheit, von der Mutter, von den Frauen. Er heißt: «Voilà. Sie ist tot ...» Er erzählt die Geschichte von einem Mann und einer toten Frau. Gestern hat sie noch gelebt, wurde geliebt. Jetzt ist sie tot, und er kann sie nicht mehr lieben. Er kann auch nicht weinen. Er wiederholt immer nur: Sie ist tot. Er hat sie geliebt, und sie wurde ihm genommen. Er möchte die tote Frau schlagen, so sehr ist er empört über ihre Leblosigkeit. Er vergleicht sie mit einem Stein. Dieser Stein ist nicht mehr die Frau, die er geliebt hat. Dann wäscht er sich die Hände. Er fragt sich nicht mehr, ob er sie liebt. Das war vorher. Jetzt denkt er an die Beerdigung. Er fragt sich, ob der Schmerz ihm eine Komödie vorspielt. Er weiß nicht, was unecht und was echt ist. Er misstraut sich selber, er kennt seine Eitelkeit und seinen Hang zu Pathos und Größe, zu vagen Ideen, die er mit Tiefsinn verwechselt. Er denkt an seinen Pessimismus, an seinen Selbstekel, seinen Ekel vor der Welt, an die vielen Fehler, aus denen er zusammengesetzt ist. Aber trauern kann er nicht. Er fürchtet sich vor der Beerdigung, vor den Posen, die man von ihm erwartet – und plötzlich spürt er, dass er frei ist. Seine Zukunft liegt vor ihm, klar und frisch, wie der Himmel nach einem schweren Regen. Der Tod hat die Liebe mitgenommen, aber was weiß man schon von der Liebe. Er wendet sich zur Tür, sieht die Felder, riecht die feuchte, frische Luft. Er findet, es tut gut zu leben. Und ein letztes Mal, «mit ein wenig Ironie», sieht er auf den toten Körper vor sich, der all das nicht mehr wahrnimmt. Hinter ihm die Tote – sein altes Leben. Vor ihm die geöffnete Tür – seine Zukunft. Jenseits der Tür – die Weite, die Luft, die Hoffnung. Er ohrfeigt die Tote und geht durch die Tür, ohne sich noch einmal umzudrehen.[20]

Die Skizze beschreibt nicht nur das Erstaunen über die Unzuverlässigkeit der Trauer, die Camus beim Tod seiner Großmutter zwei Jahre zuvor, 1931, empfunden haben mag. Sie spielt auf Größeres an – auf die Frage, die alle Jugendwerke Camus', angefangen beim zu Lebzeiten nicht publizierten Erstling *Der glückliche Tod* über den *Fremden* und *Die Pest* bis zu *Caligula* und dem *Mythos des Sisyphos*, stellen und die für den an Tuberkulose erkrankten jungen Mann die naheliegende und alltägliche war: Wie lebt man auf Augenhöhe mit dem Tod?

Der kleine Text, in dem eine tote Frau geohrfeigt wird, bevor ein Mann frei und unbeschwert in sein Leben aufbricht, ist eine Einübung in die Verhaltensweisen der Kälte, die Camus in seinem Roman *Der Fremde* zur Meisterschaft führen wird.

Im Leben Camus' verlaufen die Dinge ähnlich wie in der szenischen Skizze, jedoch mit vertauschten Rollen: Camus leidet an einer tödlichen Krankheit. Als er sechzehn Jahre alt ist, wird Tuberkulose diagnostiziert, und er befürchtet zu sterben. Die Mutter zeigt sich kaum besorgt. Als er zum ersten Mal Blut hustet, reagiert sie gleichgültig, und auch im weiteren Verlauf interessiert sie sich nicht für die Erkrankung ihres Sohnes. Doch ausgerechnet in der Kälte der Mutter – die wie eine Ohrfeige für den todkranken Sohn gewesen sein muss – sieht er einen Beweis für ein stilles Einverständnis, zu dessen Tiefen die alltäglichen Sprachen der Liebe und die Furcht vor dem Tod nicht hinab reichen. Im *Fremden* wird er diese überwältigende kalte Verbundenheit feiern als «zärtliche Gleichgültigkeit».[21]

Dieses Einverständnis bleibt Camus' größtes Geheimnis. Weder er selbst noch seine Mutter glaubten, dass sie durch irgendetwas jemals getrennt werden könnten.[22] Die Verbundenheit mit der Mutter überwand den Tod und die Grenzen der Vernunft. Kein Wort reichte seinem Empfinden nach an das heran, was zwischen ihnen beiden geschah, kein moderner wissenschaftlicher Zugriff, keine psychologische Diagnose, keine therapeutische Analyse hätten erklären können, welche ursprüngliche, vorzeitliche Macht hier im Spiel war, so wenig wie sich die kosmischen Kräfte erklären lassen, die die Planeten in ihren Umlaufbahnen halten. Wie immer sich die Beziehung in den Augen Dritter darstellen mochte, für den Sohn war die Mutter ein Teil seiner selbst, die Urzelle, aus der sein Lebensgefühl erwuchs, die Art und Weise, wie er die Welt wahrnahm. Hinter dem faltigen Gesicht und den braunen Augen seiner Mutter sah er einen Gott verborgen, den einzigen, den er akzeptierte, den Gott einer unverbrüchlichen anfänglichen Nähe zwischen den Dingen und den Menschen, den Gott der Einfachheit.

2. Kapitel

DER SOMMER

Ort und Zeit:
Plage des Sablettes 1923.
Hafen von Algier 1930.
Krankenhaus von Mustapha 1930.
Tipasa 1935.

Sonnenanbeter

Zum Strand sind es ein paar hundert Meter. Die Hitze verlangsamt die Bewegungen. Mittags steht hier die Zeit still. Sobald die Kinder aus Belcourt die Siesta neben den schnarchenden Verwandten hinter den geschlossenen Jalousien überstanden haben, rennen sie los, zum nächsten Strand, durch ein Gewirr aus Wagen, Eseln, Schafen, Hunden, schreienden Händlern und rasselnden Straßenbahnen.

Von der Rue de Lyon aus liegt die Plage des Sablettes am nächsten. Kein weißer Sand, keine unbetretene Wildnis erwartet sie hier. Nur ein grauer Streifen, begrenzt von einer Steinbalustrade, eingefasst von zweistöckigen Holzhäusern, Cafés und Tanzlokalen mit zum Meer offenen Tanzböden, beherrscht von alles überragenden Strommasten, bevölkert von Pommes-frites-Verkäufern, Damen mit Strohhüten und langen steifen Röcken, Kindern und Fischern, die, auf den Felsen hockend, geduldig auf ihren Fang warten. Am Horizont ziehen die großen Linienschiffe in Richtung Frankreich, das noch keiner von ihnen gesehen hat. Man hört aus der Ferne Sirenen.

Kaum haben die Jungen den Strand erreicht, sind sie nackt und stürzen ins Wasser, auf dem die Abfälle schaukeln. Das Schwimmen haben sie sich mit Hilfe von Korkgürteln selber beigebracht. Jetzt paddeln sie wie junge Hunde dem offenen Meer entgegen, johlen, prusten, wetteifern darin, wer am längsten unter Wasser bleiben kann. Bald wälzen sie sich im grauen Sand, lassen sich trocknen, rennen zurück ins Meer und vergessen über diesen Freuden die Zeit.

Die Dämmerung in Nordafrika dauert nicht lange. Kaum brennen die ersten Gaslaternen, wird es Nacht, und die Jungen hasten in der einbrechenden Dunkelheit nach Hause. Meistens kommen sie zu spät. In der Rue de Lyon enden solche Tage dann mit der Peitsche. Hiebe auf Beine und Hintern sind der Preis für die Stunden des Glücks. Camus muss der Großmutter den Ochsenziemer selbst bringen.

Die Sommertage am Meer in Algier hat Camus später – lungenkrank und den Tod vor Augen – als Urbilder des Glücks beschrieben und womöglich eine weit weniger vollkommene Wirklichkeit ein weiteres Mal überschrieben. Die Nachmittage an der grauen überfüllten Plage des Sablettes werden für ihn zum «Prachtvollsten, was die Welt zu geben hat». Camus schwärmt von dem «unersetzlichen Reichtum» und der «Herrlichkeit des Lichts», das sich über die Gassenjungen ergießt wie der Segen Gottes.[23] Je ferner und unerreichbarer ihm diese Tage werden, umso mehr wird er sie preisen.

In seinen Erinnerungen scheint in Algier immer die Sonne. Der Sommer ist heiß und endlos, die Luft riecht nach Meer, Salz und nackter Haut. Es gibt keinen Winter. Die langen, feuchten Regenmonate, in denen das Kind, gelähmt von Langeweile, wie ein gefangenes Tier den Esstisch umkreist, sind im Rückblick wie ausgelöscht. Noch in seiner Nobelpreisrede wird Camus von dem lichtdurchfluteten und glücklichen Leben schwärmen, das er als Kind führte und dessen emphatische Lesart er früh festlegte.

Die Schattenseiten Algiers konnten Camus allerdings kaum verborgen geblieben sein. Algier ist eine Stadt unter europäischer Herrschaft. Und Europa rüstet sich für das moderne Maschinenzeitalter – und für einen neuen Weltkrieg. Der Stadtteil Belcourt wandelt sich, neben den Arbeiterhäusern, in denen das einfache Leben gelebt wird, entstehen Fabriken und Lagerhäuser. Die Bewohner des «Quartier pauvre», wie Camus sein Viertel nennt, verschleißen schnell.

> «Sie heiraten jung, sie beginnen sehr früh zu arbeiten und erschöpfen die Erfahrung eines ganzen Lebens innerhalb von zehn Jahren. Ein Arbeiter von dreißig Jahren hat bereits seine ganzen Trümpfe ausgespielt und wartet, umgeben von seiner Frau und seinen Kindern, auf sein Ende. Sein Glück war heftig und kennt kein Erbarmen. Genauso sein Leben.»[24]

Der Junge aus Belcourt, der dabei ist, dem harten Dasein, über das er schreibt, auf dem ersten Bildungsweg zu entkommen, schiebt die Verantwortung für den rasanten Verschleiß der Algerier auf die Sonne, das Klima und das im Übermaß genossene Glück. Über die Lebensbedingungen im sich atemlos industrialisierenden Europa verliert er kein Wort. Auf seinem Weg zum Meer dürfte der Schüler die Fabriken und die Stromtrassen am Strand von Algier gesehen haben. Doch einen Zusammenhang zwischen der Düsternis und Enge in der Rue de Lyon und der Industrialisierung am Beginn des 20. Jahrhunderts hat er nicht hergestellt. Die Abhängigkeit der kleinen von der großen Welt war in seiner Familie nicht augenfällig. Die Mutter putzte für die vermögenden Kolonisten, die beiden Onkel verkauften derselben Klientel den Sonntagsbraten oder stellten in ehrbarer Handarbeit die Fässer her, in die sie ihren Wein abfüllen konnte. Und der junge Mann dieser Familie sucht nach einer einfachen Formel des Glücks, mit der er festhalten kann, was er gerade verliert.

Mit dreizehn Jahren soll für Camus die Zeit der Strandsommer vorbei sein. Die Großmutter verlangt von ihm, in den Ferien zu arbeiten. Er ist empört: Für das bisschen Geld, das er mit diesen Aushilfsarbeiten verdiene, könne er sich nicht den millionsten Teil der Schätze kaufen, die der Sommer am Strand für ihn bereithalte. Wozu brauche man Geld, wenn man in den einfachen und unmittelbaren Freuden den ersten und letzten Lebenssinn finde? Camus revoltiert gegen das Prinzip Befriedigungsaufschub, das die westliche Welt in Gang hält.

Ein Sketch aus dem Tagebuch des Jahres 1937 veranschaulicht die Rangordnung der Dinge, die für ihn zählen:

> «– Und was ist Ihr Beruf?
> – Ich zähle.
> – Wie bitte?
> – Ich zähle. Ich sage: Eins, das Meer, zwei, der Himmel (oh, wie schön!), drei, die Frauen, vier, die Blumen (oh, wie ich mich freue!).
> – Das wird ja mit der Zeit albern.
> – Du liebe Zeit, Sie vertreten die Meinung Ihres Morgenblattes. Ich vertrete die Meinung der Welt. Wenn sie in Licht getaucht ist, wenn die Sonne brennt, habe ich Lust zu lieben und zu umarmen, in Körper wie in Lichter hineinzugleiten, in Sonne und lebendigem Fleisch zu baden. Wenn die Welt grau ist, erfüllen mich Wehmut und Zärtlichkeit. Ich habe das Gefühl, besser zu sein, fähig, zu lieben, ja sogar zu heiraten. Im einen wie im anderen Fall hat das keine Bedeutung.»[25]

Der Weltliebhaber verabscheut das Fortschrittsethos – verzichte auf das einfache Glück, das du jetzt genießen kannst, arbeite emsig und vertraue darauf, dass du morgen durch ein größeres entlohnt wirst. Das Meer, der Himmel, die Sonne, die Frauen, die Blumen – das reicht ihm, solange das Wetter gut ist (nur bei schlechtem Wetter wäre er bereit, langfristige Lebensinvestitionen zu tätigen und zum Beispiel zu heiraten). Der Abonnent des Morgenblattes wird sich damit nicht zufriedengeben, er verlangt bei jedem Wetter nach Sicherheit, Statussymbolen, Bequemlichkeit und Belohnung für seinen Verzicht. Camus hält dagegen: Warum sollte man für den Fortschritt einen so hohen Preis zahlen, wenn das Glück vom Himmel scheint und alle versorgt? Er möchte ihn nicht zahlen. 40 Stunden Arbeit, Heirat, Büro – das ist kein wirkliches Leben.

Der Mensch an den Küsten des Mittelmeers, der – jedenfalls nach Ansicht des Mittelmeerbewohners Camus – alle Freuden und alle Leiden mit ganzer Kraft und ganzem Herzen genießt, ist sein Vorbild. Niemals würde dieser Sommermensch den trüben Ideen des Aufschubs, des Sparens, der Sublimation und des Triebverzichts im Namen einer kalten Vernunft folgen.

Der Lungenkranke

Die wichtigste Aufgabe des sechzehnjährigen Hafenangestellten besteht darin, in der glühenden Hitze, die Verladeliste und Frachtbriefe in der Hand, zwischen dem Maklerbüro und den Schiffen hin und her zu laufen. Er magert ab und beginnt zu husten. Zunächst glaubt man, er habe sich beim Sport erkältet, doch einige Monate darauf erleidet Camus Erstickungsanfälle und spuckt Blut. Im Krankenhaus stellt man eine schwere Lungentuberkulose fest. Er schwebt in Lebensgefahr, wirksame Medikamente gegen Tbc sind noch nicht verfügbar. Camus muss sich im Krankenhaus de Mustapha in Algier einer langwierigen Pneumothorax-Behandlung unterziehen, deren therapeutische Nutzlosigkeit damals nicht bekannt war. Zum ersten Mal in seinem Leben schläft er in einem eigenen Bett. Auf dem Höhepunkt der Krankheit geben die Ärzte ihn auf. Er hat ein Todesurteil erhalten, das nicht sofort vollstreckt, sondern auf unbestimmte Zeit verschoben wird. So fühlt er sich. Sein literarisches Begleitprogramm zu diesem Urteil ist die Lektüre des griechischen Stoikers Epiktet.

Als er das Krankenhaus – nicht geheilt – verlassen kann, rät man ihm, in die klamme Wohnung in der Rue de Lyon möglichst nicht zurückzukehren. Camus zieht daraufhin zur Schwester seiner Mutter, Antoinette, und zu deren Gatten, dem Fleischermeister Gustave Acault. Die Acaults wohnen in einem besseren Viertel, in der Rue de Languedoc; der Onkel unterhält hier eine kleine Bibliothek und die Tante vornehmes Geschirr. Der siebzehnjährige Neffe bekommt ein eigenes Zimmer. Das tägliche Hackfleisch auf den Tellern im Fleischerhaushalt soll den Lungenkranken kräftigen und die Heilung unterstützen. Sein großes Sommerglück am Strand, Baden und Fußballspielen sind ein für alle Mal beendet. Er ist verbittert und verändert sich. Die Krankheit bringt ihn, mehr noch als die Lehrer, zum Lesen und zum Schreiben. Eine Zeit der rauschhaften Lektüren beginnt. Sein Bruder Lucien behauptet bald, ihn gar nicht wiederzuerkennen.

In seinem ersten eigenen Zimmer über der Fleischerei schreibt der dem Tod nur knapp Entronnene den kurzen Prosatext: «L'Hôpital du quartier pauvre» (Das Krankenhaus des Armenviertels). Der erste Satz ist ein hauchzarter Lyrismus: «Aus dem blauen Himmel senkte sich millionenfach ein kleines weißes Lächeln».[26] Dann kommt der Erzähler auf die Kranken, auf ihr Husten, ihre Hässlichkeit und Magerkeit zu sprechen. Ein gewisser Jean Perès soll trotz seiner kranken Lunge seine Frau zwei, drei Mal am Tag bestiegen haben. Die Krankheit habe ihn so wild gemacht. Doch ein kranker Mann halte so etwas nicht aus. Am Ende sei er gestorben. Überhaupt seien die meisten Kranken inzwischen gestorben, die anderen klammerten sich an die Hoffnung. Zwischendurch wird es einmal ganz still. Nur die Sonne ist zu sehen und, hoch oben am Himmel, ein Flugzeug.

Nach zweieinhalb Seiten fällt der Vorhang. Die Geschichte ist zu Ende. Sie ist komisch und poetisch und lakonisch, als sei das nicht der Ort für viele Worte, als verstehe sich alles von selbst. In der Einsilbigkeit wohnt die Todesangst wie ein altbekannter Gast.

Gides *Früchte der Erde*

Onkel Acault ist ein lesender Fleischermeister, ein Genussmensch und ein Libertin, der seine Freizeit mit Victor Hugo, Anatole France und Honoré de Balzac verbringt. Er drückt dem kranken Neffen fürs Erste die Bücher von André Gide in die Hand. Gides algerischer Hymnus *Früchte der Erde* erschien 1897, nach langen Reisen durch Tunesien und Algerien, die er mit dem Maler-Freund Paul Albert Laurens unternahm. Camus findet hier seine Welt wieder. Gide erkrankte in Algerien ebenfalls an Tuberkulose, und auch für ihn war die Krankheit nur ein Grund mehr, die Schönheiten dieses Landes zu besingen, den heißen Sand, die nackten Körper, die «wunderbare Strahlkraft jedes Augenblicks vor dem tiefdunklen Hintergrund des Todes»[27].

Wenn sich Camus später von Gide distanziert, soll man sich nicht täuschen lassen: Die *Früchte der Erde* haben einen großen Eindruck auf den schwer erkrankten Gymnasiasten gemacht. Gide ist Camus' Erweckungserlebnis. Nachdem er dessen trunkene und ekstatische Essays gelesen hat, fasst er den Entschluss, Schriftsteller zu werden. Seine frühen algerischen Texte sind unmittelbar von Gides *Früchte der Erde* inspiriert. Legt man die Essays beider Autoren nebeneinander, fallen die Ähnlichkeiten beinahe auf jeder Seite ins Auge. Lesen wir bei Gide: «Mach keinen Unterschied zwischen Gott und deinem Glück und lege all dein Glück in den Augenblick»[28]; so schreibt Camus: «Ich lerne, dass es kein übermenschliches Glück gibt und keine Ewigkeit außer dem Hinfließen der Tage».[29]

In seinem Nachruf auf Gide wird Camus trotzdem darauf beharren, dass die *Früchte der Erde* – von denen er immerhin einräumt, sie seien damals das «Evangelium der Armut» gewesen, dessen er bedurfte – kein Vorbild für ihn waren. Er habe das Buch dem Onkel enttäuscht zurückgegeben. In den Kriegsjahren habe er mit Gide in einer Wohnung in der Rue Vaneau gewohnt, das sei aber alles, was sie jemals geteilt hätten.[30]

Der Grund für diese merkwürdige Abkehr von Gide war der stärkere Eindruck, den der wahre Meister und Lehrer seiner Jugendjahre, Jean Grenier, auf Camus machte. Noch im Vorwort zu dessen Jugendwerk *Die Inseln*, das Camus wenige Monate vor seinem Tod verfasste, spielt er die beiden Ziehväter Gide und Grenier gegeneinander aus:

> «Die ‹Früchte der Erde› waren ein Schock für meine ganze Generation. Aber was die ‹Inseln› uns an Neuem eröffneten, war ganz anderer Art. Sie kamen uns entgegen; der Gidesche Überschwang rief bei uns Bewunderung und Ratlosigkeit zugleich hervor. Wir mussten nicht erst von den Fesseln der Moral befreit werden, noch mussten wir in die Hymnen auf die Naturfrüchte einstimmen. Die Gideschen Früchte hingen greifbar vor unseren Augen, wir brauchten nur hineinzubeißen. Einige von uns mussten mit dem Elend und dem Leiden leben. Doch wir lehnten uns mit der ganzen jugendlichen Kraft dagegen auf. Die Wahrheit der Welt lag für uns in ihrer Schönheit, in den Freuden, die sie uns bot. Wir lebten also mit dieser Empfindung an der Oberfläche der Welt, zwischen Farben und Wellen und dem starken Duft der Erde. Aus diesem Grund kamen die Gideschen ‹Früchte› mit ihrer Einladung zum Glück viel zu spät. [...] Wir brauchten feinsinnigere Lehrer, einen Mann etwa, der von anderen Ufern kam, der auch das Licht und die Herrlichkeit des Körpers liebte und der uns in einer unnachahmlichen Sprache sagte, dass die Erscheinungen der Natur schön, aber auch vergänglich seien, und dass man sie also ohne Hoffnung lieben müsse».[31]

Diese Zurückweisung eines weltberühmten Buches zugunsten der heute zu Recht in Vergessenheit geratenen essayistischen Prosa seines Lehrers verrät viel über das Loyalitätssystem, dem Camus folgte. Wieder sind es die Treue und die Hingabe zu den «Seinen», die ihn veranlassen, seine Geschichte umzuschreiben. Jean Grenier, Camus' Förderer, Ratgeber, Lektor und Lehrer, gehört zu ihnen, André Gide, der großbürgerliche Weltenbummler, der nicht arbeiten musste, nie arm war und in Begleitung junger Männer exotische Länder wie Algerien bereiste, eben nicht. Man sucht sich seine Freunde selber aus.

Noces – die Hochzeit des Lichts

Die vier kurzen lyrischen Prosatexte, die Camus 1939 in einer Auflage von 225 Exemplaren unter dem Titel *Noces* (*Hochzeit des Lichts*) in der Edition seines Freundes Edmond Charlot in Algier herausbrachte, gehören zu den schönsten Texten seines Werkes. Es ist nach *L'Envers et l'Endroit* (*Licht und Schatten*) sein zweites Buch und hat nicht mehr dessen sympathische Schutzlosigkeit, sondern ist bis in den Satzrhythmus hinein durchkomponiert. Das belegen auch die zahlreichen Korrekturen der Manuskriptfassungen. Drei dieser Essays führen an algerische Schauplätze, der letzte, «Wüste» überschrieben, in die Toskana. Entstanden sind sie in der Zeit, als Camus nicht mehr im Fleischerhaushalt lebt, sondern als Dandy in Anzug und Fliege durch Algier und seine Frauenbetten vagabundiert. Sie gehen zurück auf Reisen, die er mit der algerischen Jeunesse dorée nach Florenz und Tipasa unternahm, und auf einen Ausflug mit der Baronin Marie Viton, die den mondänen Jungautor zu einer

Mit Freundinnen in Tipasa, 1935

Besichtigung der römischen Ruinen mit dem eigenen Flugzeug nach Djemila flog. Sie erzählen von einer Überschwänglichkeit und einem Übermut, den der Verfasser längst verloren hat und mit seinen Freundinnen für die Fotokamera nur noch nachstellt.

Der Eröffnungsessay, «Hochzeit in Tipasa», ist eine Meditation über die römische Ruinenstätte Tipasa, knapp 70 Kilometer östlich von Algier hoch über dem Meer gelegen. Der erste Satz dieses Essays ist berühmt: «Im Frühling wohnen in Tipasa die Götter.» Camus hat für die Feier des Lichts, der glühenden Landschaft aus Meer, Hibiskus, Teerosen, Zypressen und Kiefern einen antiken Hintergrund gewählt. Wie alle algerischen Bücher Camus' – und Camus hat beinahe ausschließlich algerische Bücher geschrieben – versteht man sie nur, wenn man sie auch liest als ein Zeugnis poetischer Landeskunde.

Tipasa – eine phönizische Handelsniederlassung, römische Kolonie und frühchristliche Pilgerstätte, die vom Chenoua-Massiv überragt wird – ist ein touristisches Ausflugsziel für die Bewohner von Algier und ein kompliziertes historisches Monument: Die Ruinenstätte war Zeugnis der Überlagerung und Vernetzung dreier Hochkulturen, also alles andere als der geeignete Ort für die Feier des geschichtslosen Augenblicks eines mystischen Naturerlebens. Camus vertieft die komplexe historische und weltanschauliche Ausgangslage nicht, doch er versucht, die geistige Flughöhe zu halten.

Der Essay badet in den Gerüchen der Erde, er singt von der Liebe und der Freude, die vom Himmel aufs Meer niedergehen, er wirft sich in die Wermutbüsche, atmet ihren Duft.

Im Tagebuch des Jahres 1938 findet man eine geheimnisvolle Notiz zu *Noces*: «Es ist die Aufgabe des Menschen, den großen, von den Göttern verlassenen Tempel mit unbenennbaren Idolen nach seinem Bilde zu bevölkern: diese ungeheuerlichen Idole der Freude, Antlitz der Liebe und tönerne Füße».[32] Es ist die Aufgabe des Menschen – so schreibt Camus in diesen Jahren gern.

Mit diesen Essays meldet Camus zum ersten Mal den Anspruch an, im Gespräch der Geister über die letzten Dinge auf den vorderen Plätzen mitzureden. Er spricht vom Tod, von der Hoffnung, von der Angst, von der Wahrheit, der Wollust und der Askese, von der Heimat der Seele, dem Evangelium aus Stein, Himmel und Wasser. Betrachtet man ihn auf Fotografien aus dieser Zeit, wie er da steht in Tipasa, neben den Freundinnen, abgemagert und bleich, in heiteren Posen, möchte man ihm zustimmen, wenn er schreibt: «Ich aber weiß hier und jetzt, dass ich nie nahe genug an die Dinge der Welt herankommen werde.»[33]

Unterm höchsten Sonnenstand

Alle Romane und Erzählungen Camus' – alle bis auf *Der Fall* und *Jonas oder Der Künstler bei der Arbeit* – sind Sommerbücher. Sie sind durchflutet vom Licht und elektrisiert von der Hitze des Mittags, der nie zu enden scheint. Sie sind geschrieben unterm höchsten Sonnenstand, in dem die Dinge keine Schatten werfen und mit sich allein sind.

Die algerische Sonne blendet den *Fremden*, als er am Strand von Algier auf einen Araber schießt. Die Helden der *Pest* erleben am algerischen Strand ihre einzigen glücklichen Augenblicke. Die schwarz glühende Sonne, das leuchtend blaue Meer, der rote Stein, die brütende Stille, der hohe Sommer und der heiße Staub seiner Heimat sind die bedeutendsten Helden seiner Bücher. Unverständlicherweise wird Camus dennoch in der Literaturgeschichte überwiegend als französischer Autor geführt, als Pariser Starautor und Held des Quartier Latin. Es wird Zeit, sich dem algerischen Camus zuzuwenden.[34]

Algerien ist in seinem Geburtsjahr, 1913, ein zerrissenes Land; 83 Jahre zuvor war es militärisch besetzt, 65 Jahre zuvor zu einem französischen Departement erklärt worden. Die eingeborene Bevölkerung unterliegt einer anderen Gerichtsbarkeit als die französischen Besatzer, ihre Muttersprache wurde zur Fremdsprache erklärt.

Obwohl Camus' Familie von den Enteignungen und der Ausbeutung der Algerier nicht unmittelbar profitiert, lebt sie, wie alle anderen Franzosen in Algerien, im geschlossenen System einer kolonialen Parallelwelt, die sich gegen die Einheimischen abschottet.

Die Araber sind für Camus' Alter Ego Jacques Cormery in seinem hinterlassenen Roman *Der erste Mensch* ein «beunruhigend nahes und abgesondertes Volk um ihn herum», das sich abends in seine «unbekannten Häuser zurückzog» und dort mit seinen «Frauen verbarrikadierte, die man nie sah», das in anderen Stadtvierteln «zusammengeballt» hauste und durch seine «bloße Zahl eine unsichtbare Bedrohung verbreitete».[35] In Camus' Romanen und Erzählungen haben Araber kein Gesicht und keine Eigennamen, sie heißen «der Araber» und werden erschossen, verhaftet oder stehen zusammengeballt und bedrohlich auf der Straße.

Algerien bezeichnet Camus als ein Land «ohne Vergangenheit, ohne Moral, ohne Vorschrift, ohne Religion»[36]. Seine Bewohner nennt er «ein geistloses Volk».[37] Das Land habe keine «Überlieferung» und keine eigenen «Mythen» – jedenfalls keine abendländischen. Das klingt empörend. Doch liegt er damit nicht ganz falsch.

Schon 1913 ist die alte maghrebinische Kultur weitgehend vernichtet. Dennoch prägt auch die traditionalistische, auf Subsistenzwirtschaft beruhende Lebensweise der algerischen Urbewohner – oder das, was Camus sich darunter vorstellt – noch in ihrem Untergang sein Bild von einem glücklichen Leben. Im Armenviertel von Algier ist er ihr hier und da begegnet. Camus'

Familiengeschichte legt überdies nahe, dass nach dem hundertjährigen Zusammenleben eine Assimilation auch in die umgekehrte Richtung wirksam wurde und die ärmsten Kolonisten sich der Mentalität der orientalischen Mehrheit angepasst hatten. Camus hält die algerische Ursprungskultur jedenfalls für die heimlich überlegene. Und der Algerien-Forscher Pierre Bourdieu bestätigt seine schmeichelhafte Darstellung der algerischen Ursprungskultur. Die nicht auf Effizienz, sondern auf Subsistenz ausgerichtete Lebensweise der algerischen Ureinwohner, so Bourdieu, kannte kein «Pressiert-Sein und Sich-Überstürzen». Ein Mensch, der sich «unüberlegt in Handlungen stürzt, der pausenlos redet, der seine Arbeit so schnell verrichtet, dass er Gefahr läuft, ‹die Erde zu misshandeln›, der ungeduldig, unersättlich und gierig ist und das Maß nicht zu halten weiß», galt in dieser Kultur als dumm. Gewandtheit, Geschicklichkeit, Schlauheit, Berechnung und List waren Todsünden[38], denen man eine Tugendlehre entgegenstellte, die «niya» genannt wurde und Unschuld, Naivität, Schlichtheit und Redlichkeit umfasste.

Wer dieser Lehre folgte, beherrschte die Kunst, die Bedürfnisse zu mäßigen, Nüchternheit walten zu lassen und die Gier zu zügeln. Er stellte nur solche Beziehungen her, die auf Vertrauen beruhten, beschäftigte sich nur mit Dingen, die sein unmittelbares Leben berührten. Er hatte ein persönliches Verhältnis zu seinen Tieren und seinem Boden, wurde nicht von dem Ehrgeiz getrieben, auf die Zukunft Einfluss nehmen oder die Welt durch Arbeit verändern zu müssen. Ihm genügte es, die unmittelbaren Bedürfnisse zu befriedigen und sich der Natur anzupassen, statt sie zu unterwerfen und auszubeuten.

Ob wahr oder gut erfunden – das ist das orientalische Erbe, aus dem Camus den Bauplan für sein Ideal der Einfachheit bezieht. Es sind solche Bilder, die ihm vorschweben werden, wenn er die westliche Welt durch das «mittelmeerische Denken» von ihren Fortschrittsideologien befreien möchte.

3. Kapitel

DER SCHMERZ

Ort und Zeit:

Algier 1932.

Parc d'Hydra 1933.

Deutschland, Österreich, Prag 1936.

Paris 1937.

Albert Camus ist der Liebling seines Lehrers Monsieur Germain. Der Weltkriegsveteran liest seinen Zöglingen den Roman *Hölzerne Kreuze* von Roland Dorgelès vor. Camus ist zu Tränen gerührt, sitzt schluchzend in seiner Bank. Zum ersten Mal hört er, wie es im Krieg war, in dem sein Vater gefallen ist. Der Roman erzählt von Soldaten, die ihre eigenen Gräber aushoben, bevor sie in die Schlacht zogen. Von Leichenbergen, hinter denen sie im Gefecht Feuerschutz suchten. Von Männern, die, von Kugeln durchlöchert, halbtot noch ein paar Schritte marschierten, bevor sie starben. La Grande Guerre, wie man den Ersten Weltkrieg in Frankreich nennt, war der erste schmerzhafte Riss in der bukolischen Jugend des Torwarts aus der Rue de Lyon in Algier.

Noch bedeutender für Camus' Initiation in die große europäische Sinnlosigkeit war jedoch ein anderes Buch, das den «Schmerz» schon im Titel trug. Verglichen mit den blutigen Panoramen der *Hölzernen Kreuze* von Dorgelès ist der schmale Roman *La Douleur* von André de Richaud aus dem Jahr 1931 ein intimes Kammerspiel des Grauens.

Alles in diesem Roman musste dem Schüler vertraut vorkommen: Der Hausherr ist auf dem Feld der Ehre gefallen; die junge Witwe bleibt in Schmerz und Schweigen gehüllt; der Sohn, von ihrem Schweigen angesteckt, ist für die Mutter die letzte Erinnerung an eine intakte Vorkriegszeit. Die Witwe erwacht aus ihrer Erstarrung, als deutsche Kriegsgefangene im Dorf landen. Der Sohn verachtet seine Mutter und den deutschen Otto, dem sie sich in die Arme wirft. Am Ende ist die Protagonistin untröstlich –

und schwanger. Eines Abends stolpert sie mit der brennenden Lampe auf der Treppe und stirbt in den Flammen, die ihr langes Kleid entzünden.

Der schmale, im Ton existenzieller Nüchternheit abgefasste Roman trifft zu Beginn der dreißiger Jahre in Algier auf einen jungen Mann, der zum ersten Mal auf die Idee kommt, dass das Trauma seiner Kindheit zum literarischen Stoff taugen könnte:

> «Es war das erste Buch, das mir von dem erzählte, das ich kannte: eine Mutter, Armut, schöne Abende am Himmel. Das Buch löste in meinem Innersten einen dunklen Knoten, befreite mich von Fesseln, die ich spürte, ohne sie zu verstehen. Ich las es, wie immer, in einer Nacht. Und als ich erwachte, war ich erfüllt von einer neuen unbekannten Freiheit und betrat, noch zögernd, ein unbekanntes Land. Ich begriff plötzlich, dass Bücher nicht nur dazu da sind, Vergessen und Zerstreuung zu spenden. Mein verbohrtes Schweigen, diese unbestimmten, aber alles bestimmenden Leiden, diese einzigartige Welt, die mich umgab, die Noblesse der Meinen, ihr Elend, meine Geheimnisse, all das konnte man also ausdrücken!»[39]

Die wortkarge Kleinstadttragödie einer schweigenden Kriegswitwe und eines schweigenden Sohnes, die André de Richaud in seinem Roman ihrem Unglück überlässt, ist auch die Kriegsversehrtengeschichte Camus'. Er wird sie auf seine Weise noch einmal schreiben, unter dem Titel *Der Fremde* wird sie weltberühmt werden.

Man muss sich Sisyphos als Dandy vorstellen

Vorerst lebt Camus zwar noch im Haushalt der Verwandten, doch innerlich hat er sich von seinem Herkunftsmilieu verabschiedet. Nach Ausbruch der Lungentuberkulose verlor er ein Schuljahr. 1932 besteht er das Abitur. In der «Hypokhâgne», der Vorbereitungsklasse für die Hochschule, schreibt er seine ersten Essays. Aus dem Bengel, der eben noch beim Fußballclub in Belcourt im Tor stand, ist ein Beau geworden, der seine männlichen Reize durch dezent gemusterte Seidenschals, mehrfarbige Socken und Haarpomade unterstreicht, deren Erwerb einstweilen noch durch den Verkauf von Rinderbraten und Schweinesteaks in der Fleischerei des Onkels bestritten wird.

Seine Nachmittage verbringt Camus nicht mehr am Strand, sondern lesend und diskutierend im Café. Noch immer liest er Gide, aber auch André Malraux, Chateaubriand, Thomas Mann und Paul Claudel. An seinen Lehrer Grenier schreibt der junge Bildungsaufsteiger 1932: «Ich darf Ihnen gestehen, dass Proust ein sehr großer Schriftsteller ist.»[40] Cocteau hingegen findet er «verachtenswert». Seinen Briefwechsel mit Max Jacob nennt er «profitabel». Er ist Stammkunde in der Buchhandlung Notre-Dame und verkehrt in Anzug und Krawatte in den Villen seiner adeligen Studienfreunde Jean de Maisonseul und Claude de Fréminville. Man hält sich für Dichter, liest gemeinsam Faulkner und Hemingway, Tolstoi und vor allem Dostojewski. Man streitet und unterstützt einander. Camus kritisiert Fréminvilles Gedichtband und legt ihm die eigenen Aufsätze vor, die er in Algiers Studentenzeitungen publiziert.

Der Ton dieser frühesten Arbeiten Camus' ähnelt seinen Anzügen. Mann und Werk sind herausgeputzt und hochfahrend. In

Der junge Dandy, Camus mit 22 Jahren (hier in Florenz)

seinen «Notes de Lecture» renommiert der junge Mann, er habe Stendhal «wiedergelesen», ebenso habe er den «Prometheus» von Aischylos «wiedergelesen».[41] In seinem nun durchgearbeiteten Essay «L'Art dans la Communion» erlaubt sich der kaum Zwanzigjährige auf elf Manuskriptseiten einen Höhenflug über die Kunst des Kathedralenbaus, die arabische Architektur, die Symbolsprache Giottos, den Kubismus, den er einen «Hyper-Cézannismus» nennt, den Naturalismus, an dem er Romantizismus diagnostiziert, die Musik Wagners und deren «Sieg über das Leben», die «Heiterkeit Bachs», das «göttliche lippenlose Lächeln Mozarts», den deutschen «Mythologen Beethoven», die «vollkommene Empfindsamkeit Chopins» – um schließlich zu der Erkenntnis zu gelangen, dass «die Kunst ein Mittel sei, um das Heilige zu erreichen».[42] Man versteht, dass für den jungen Intellektuellen beim Fleischermeister Acault kein Bleiben mehr ist.

Im Sommer 1933 nimmt Camus Quartier bei seinen reichen Bohème-Freunden in Hydra, oben auf den Hügeln von Algier. Er probiert sich in der Pose des Künstler-Dandys. Mit seinen aristokratischen Freunden deklamiert er in verteilten Rollen Baudelaire-Gedichte. Er gibt nicht jedem die Hand und kultiviert einen überlegenen Hochmut. «Ein junger Mann auf der Schwelle zum Leben», schreibt der junge Camus auf der Schwelle zum Leben, «wird beschmutzt vom ernsten Überdruss und einem tiefen Ekel, den er vor der Niedrigkeit und Eitelkeit empfindet».[43]

Nachrichten etwa von der Machtübernahme deutscher Nationalsozialisten im selben Jahr gehen so gut wie unbemerkt an dieser francoalgerischen Jeunesse dorée vorüber, die ganz mit der Bewältigung ihres studentischen Ennui ausgelastet ist. Und doch spüren sie alle die Vorboten der nächsten Krise, der Europa entgegentaumelt.

Es sind die goldenen Zwanziger, die in Algier etwas länger währen als in Europa. In Hydra herrscht dieselbe exaltierte Orientierungslosigkeit, mit der die Kinder von Thomas und Katia

Mann im offenen Sportwagen durch Europa brausen – auf der Suche nach Drogen, Exzessen und Erlebnissen, die ihren Weltkriegs-Kater, ihre Bindungslosigkeit und ihre Angst vor der Zukunft verscheuchen. Die hinter schweren Samtvorhängen dösende imperiale Vorkriegszeit der Eltern ist nicht nur vergangen – sie ist so sehr «verloren», dass selbst Marcel Proust sie nur noch in den flüchtigsten Augenblicken wiederfindet. Der märchenhafte Aufstieg des bitterarmen Analphabetenkindes Camus zum Bildungsangeber und Lebemann ist noch die kleinste Folge der historischen Umwälzung, die sich nach dem Ersten Weltkrieg vollzieht.

Ein Mann heiratet sich nach oben. Und wird Kommunist

Camus ist neunzehn Jahre alt, als er seinem Freund Max-Pol Fouchet die achtzehnjährige Simone Hié ausspannt. Sie gehört zu den Kreisen, die er sich gerade erobert. Ihre Mutter, eine wohlhabende, alleinerziehende Ärztin, wohnt mit ihr in einer der Villen der begehrten Hanglage. Die verwöhnte höhere Tochter aus der Oberstadt ist seelisch ähnlich entwurzelt wie ihr ehrgeiziger Galan aus der Unterstadt, wenn auch aus anderen Gründen. Mit Fuchsstola, High Heels und knapp bemessenen Seidenkleidern gibt sie die wohlstandsverwahrloste Diva der Künstlerkreise von Algier. Obwohl sie nie einen Schulabschluss zustande brachte, besucht sie die philosophischen Seminare der Universität – auch dort die mondänste Erscheinung unter den Studenten.

Camus ist fasziniert von der exaltierten Simone. In seinen Briefen an sie faselt er im geliehenen Jargon einer Oberschichtsempfindsamkeit von Tischen, die sich «unter der Fülle der Weißdornblüten biegen» und das Liebespaar daran erinnern sollen, dass «der von uns erträumte Frühling einen ebenbürtigen Widerpart nur finden kann in dem Tod, der uns verstört»[44].

Peitsche und Plumpsklo kaum entronnen, mag Camus mit der Avantgarde der französischen Gegenwartsliteratur korrespondieren, in den reichsten Kolonistenkreisen Algiers verkehren und, wenngleich mit zweifelhaftem Ergebnis, den kunstinnigen Soziolekt des französischen Bildungsbürgertums imitieren – die gelebte soziale und emotionale Verankerung in dem Milieu, das ihn bald wie keinen Zweiten feiern wird, fehlt ihm doch. Im Bürgertum des 20. Jahrhunderts bleibt er ein Außenseiter.

Fleischer Acault hat den mondänen Neffen entnervt vor die Tür gesetzt. An seinen Meister Grenier schreibt Camus: «Ich fühle weder Revolte noch Verzweiflung, nur Gleichgültigkeit».[45]

Mit zwanzig Jahren ist Camus verheiratet. Das Traumpaar posiert mit breitkrempigem Hut und Einstecktuch vor der Küste. Die Anzüge zahlt von nun an die Schwiegermutter. Mit seiner neunzehnjährigen Gattin residiert der Student auf den Hügeln über Algier, fährt im eigenen Auto spazieren und wünscht sich dabei, «so einfach wie möglich zu leben». Auch die Miete, 450 Franc im Monat für die Wohnung am Parc d'Hydra, muss er nicht selber aufbringen. Und es gehört zu den Kuriositäten seines schwindelerregenden Aufstiegs, dass er ausgerechnet in diesem Luxusappartement mit der Arbeit an seinem Manuskript über das «quartier pauvre», das Armenviertel seiner Herkunft, beginnt. Hin und wieder gibt Camus Privatunterricht. Eine Karriere im französischen Schuldienst, wie sie für einen französischen Schriftsteller üblich wäre und von seinem Vorbild Jean Grenier, aber auch von Jean-Paul Sartre und Simone de Beauvoir beschritten wird, bleibt ihm wegen seiner Tuberkulose-Erkrankung versperrt. Ein neuer Krankheitsschub zwingt ihn zu absoluter Ruhe, sodass er seine Tage lesend und schreibend auf dem Sofa

Mit seiner ersten Frau Simone Hié vor der algerischen Küste

verbringt. Schon zwei Monate nach der Hochzeit findet er sein Leben wieder «leer und monoton»[46].

Das erste Zwischenergebnis der jungen Ehe: Simone nimmt Drogen, am liebsten Morphium. Camus tritt in die kommunistische Partei ein. Zwei Versuche – erst die großbürgerliche Heirat, dann die kommunistische Partei –, und beide werden nicht lange gutgehen.

Jean Grenier und Claude de Fréminville hatten ihm zum Parteibeitritt geraten. Der eine wider besseres Wissen, der andere aus tiefster Überzeugung. Camus tritt der Partei nicht trotz, sondern wegen seiner Zweifel bei. Es ist schon eine Einübung in die Kultur des Paradoxen, die Camus bald meisterhaft beherrschen wird. So schreibt das neue KP-Mitglied an Jean Grenier kurz nach seinem Parteieintritt im Sommer 1935 aus der Sommerfrische in Tipasa, am Kommunismus störe ihn der «fehlende Sinn für Religion». Dennoch hoffe er, dass der Kommunismus die geeignete «Vorbereitung, eine Art Askese sein könnte, die den Boden bereitet für spirituellere Aktivitäten». Außerdem hoffe er darauf, im Namen des Kommunismus die «Pseudo-Idealismen und den verordneten Optimismus» abzustreifen, um in einen Zustand einzutreten, in dem der Mensch den «Sinn für das Ewige wiederfinden» könne.[47]

Nun gehört die Beförderung von Spiritualität und Ewigkeitsglauben nicht gerade zum genuinen Aufgabenbereich einer kommunistischen Partei. Über Kernziele der KP wie die Verstaatlichung der Wirtschaft oder die Diktatur des Proletariats fällt kein Wort. Vermutlich zählt der junge Genosse die klassischen Parteidoktrinen zu jenen «Maßlosigkeiten des Kommunismus», die, wie er aus Tipasa schreibt, «mit ein paar Missverständnissen zusammenhängen, die man ohne weiteres beheben» könne. In jedem Fall weigere er sich, «zwischen den Menschen und das Leben einen Band des ‹Kapitals› zu stellen». Eine Gefahr, die allemal nicht besteht, denn Camus hat dieses Grundlagenwerk von Karl Marx damals weder besessen noch gelesen. Insgesamt ist er zuversichtlich, sich Ideen verschrieben zu haben, die ihn «zurückführen zu seiner Herkunft, zu seinen Kindheitsfreuden, zu allem, was seine Empfindsamkeit» ausmache. Die Zweifel, die ihm bleiben, versteckt er in seinem Bekenntnisbrief an den Ratgeber Grenier in einer Parenthese. Es gebe ja noch vieles einzuwenden gegen den Kommunismus, schreibt das KP-Mitglied, zum Beispiel – Klammer auf – der «falsche Rationalismus», die «Illusion vom Fortschritt», der «Klassenkampf» und der «historische Materialismus», die alle im «Glück und im Triumph der Arbeiterklasse» gipfeln sollen – Klammer zu. Es ist abzusehen, dass sich diese Bedenken nicht ohne weiteres beheben lassen werden.

Für eine Weile kann dieser Anhänger eines spirituellen Kommunismus in der Partei überleben. Er beabsichtigt, eine «Metaphysik des Marxismus» zu schreiben, hält Reden, engagiert sich als Generalsekretär im Kulturhaus, gründet ein Arbeitertheater, unterrichtet in der neuen Volksuniversität und hält vor Arbeitern Vorträge über Freud. Der Kommunismus der Seele, wie er ihn versteht, ist ein Kampf um Ideen, nicht um Macht. Seine Vorbilder sind Nietzsche und Gramsci, nicht Marx und Engels.

Der kommunistischen Partei Algeriens gehören zu Beginn der dreißiger Jahre Beamte, Lehrer, Eisenbahner, Behörden- und Postangestellte aus dem französischen Kleinbürgertum an. Camus engagiert sich in der Friedensorganisation Amsterdam-Pleyel und wird der kommunistischen Zelle der Rue Michelet in Belcourt zugeteilt. Hier sammelt die Partei die intellektuellen Neuzugänge, hier trifft er auf Maler, auf von Le Corbusier inspirierte Architekten und höhere Töchter aus der Oraner Oberschicht. Sie alle sitzen im Saal, als André Malraux 1935 Algier besucht, um die junge Intelligenz in einem mitreißenden Vortrag zur Wachsamkeit gegenüber der faschistischen Gefahr aus Europa aufzurufen.

Zur Zeit seines Eintritts ist die kommunistische Partei antikolonialistisch, pazifistisch und antifaschistisch. Die Gruppe um Camus unterstützt den Vorstoß des Gouverneurs Maurice Viollette, zumindest der muslimischen Elite in Algerien französische Staatsbürgerschaftsrechte einzuräumen. Camus erhält den Parteiauftrag, neue Mitglieder in der arabischen Bevölkerung zu werben. Gemeinsam mit Claude de Fréminville möchte er eine französisch-arabische Zeitschrift herausgeben. Der Freund kauft schon eine Druckerpresse. Doch der kurze Traum von einem mediterranen frankomuselmanischen Kommunismus nach menschlichem Maß zerplatzt, bevor er begonnen hat.

Mit der aufziehenden Kriegsgefahr ändern sich die Parteidirektiven. Der Antikolonialismus weicht einem neuen Nationalismus, der Pazifismus dem Militarismus. 1936 veröffentlicht André Gide nach der Rückkehr von einer Reise in die UdSSR seine Abrechnung mit dem kommunistischen Regime *Zurück aus Sowjet-Russland*, die ihre Wirkung auf Camus und seine Freunde nicht verfehlt. Im Tagebuch notiert er im März 1936: «Sollen wir uns einem Ideal von Gerechtigkeit zuliebe mit Absurditäten einverstanden erklären? Man kann diese Frage mit ja beantworten – wunderbar! Mit nein – ehrlich!»[48]

Kurze Zeit später endet Camus' Ehe: Im Sommer 1936 reist das Paar nach Europa, nach Frankreich, das Camus nur aus Büchern kennt. Er zeigt sich hinlänglich entsetzt, überall begegnen ihm mittelmäßige Gesichter. Die Reiseroute führt über die Schweiz, Deutschland und Österreich nach Prag und weiter nach Italien. In Salzburg fängt der Ehemann einen an seine Frau gerichteten Brief ab und erfährt von der Liaison, die sie mit ihrem Arzt unterhält. Der anschließende einsame Aufenthalt in Prag verläuft so verzweiflungsvoll, dass Camus für immer einen unüberwindlichen Abscheu vor Mitteleuropa kultivieren wird.

Nach seiner Rückkehr lebt er allein, bewohnt vorübergehend ein kleines Zimmer am Boulevard Saint-Saëns, in dem sich außer seinen Bücherstapeln auf dem Boden nichts als ein großer

Die algerische Küste

Schrankkoffer befindet, der ihm als Bett dient. Zwischendurch nächtigt er in der Villa reicher Freundinnen, einem hoch gelegenen «Haus vor der Welt», wie Camus diese luxuriöse Immobilie tauft, die ihren Bewohnern von der weitläufigen Terrasse den immer wieder atemberaubenden Blick über die sonnenbeglänzte Mittelmeerküste freigibt.

Im September 1937 wird Camus wegen «Trotzkismus» aus der Partei ausgeschlossen. Seine Mitgliedschaft währte am Ende 24 Monate, seine Ehe 26 Monate – mit 23 Jahren liegen eine schwere Krankheit, eine Ehe und eine aussichtslose Parteikarriere hinter ihm. An Fréminville schreibt er: «Im Grunde, ganz auf dem Grund dieses Lebens, das uns alle verführt, gibt es nur Absurdität, nichts als Absurdität».[49] In dieser Lage beginnt Camus einen Roman zu schreiben und nennt ihn *Der glückliche Tod.*

Der glückliche Tod

Es wird ein grandios gescheitertes Buch werden, mit allen Reizen, Verrücktheiten und Gefährdungen eines Erstlings; glänzend geschrieben, direkt, brutal, lyrisch, überschwänglich und hoffnungslos überladen. Camus wird es niemals veröffentlichen. Nach einigen Monaten, in denen er die Abfolge der Kapitel immer wieder neu variiert, Episoden einfügt und tilgt, bricht er die Arbeit daran ab und wendet sich seinem neuen Projekt zu, dem *Fremden.* Als der Romantorso 1971 aus dem Nachlass publiziert wird, entdeckt man in *Der glückliche Tod* ein autobiographisch inspiriertes Buch, in dem Camus ohne die Diskretion literarischer Maskierung von sich selbst erzählt. Der Mersault dieses ersten Romans ist genauso unmittelbar Camus wie es ein Vierteljahrhundert später Jacques Cormery, der Held seines letzten Romanmanuskripts *Der erste Mensch*, sein wird.

Camus arbeitet ernsthaft und gründlich – in den Abend- und Nachtstunden – an seinem Roman. Tagsüber sitzt er im Büro des meteorologischen Instituts von Algier. Aus dem Dandy ist ein Angestellter mit einer 40-Stunden-Woche geworden. Seinem Helden ergeht es nicht besser. Im Roman beschreibt er das Büro, in dem Mersault sich durch die Tage quält, als eine «Urnenhalle, in der die toten Stunden verwesen».[50] Abends kommt er nach Hause, brät sich Eier und isst sie aus der Pfanne. Er schläft mit dieser oder jener Frau, ohne große Sentimentalitäten. Er teilt die Misogynie seines Autors und preist die «großartige Zwecklosigkeit eines Frauengesichts»[51] – auf die Zeichnung seiner Frauengestalten verwendet Camus von Anfang an keine besondere Sorgfalt. Sie sind irgendwie immer alle gleich, benehmen sich gleich und wollen das Gleiche: heiraten. Ob Mersault mit seinen Freundinnen in Algier oder in Wien mit einer Prostituierten «auf die korrekteste Weise» schläft, spielt keine Rolle. In der Liebe zwischen Mann und Frau verläuft alles nach einem unveränderlichen Muster: Der Mann ist «erfüllt von der zärtlichen Zuneigung, die man einem niedlichen Hund entgegenbringt»[52], das Hündchen wartet auf den Antrag. Camus macht sich keine Illusionen mehr über die Liebe. In keinem seiner Romane wird sie einen bedeutenden Auftritt haben.

Die Geschichte des Mörders Mersault liest sich wie ein Drehbuch zu Camus' künftigem Leben. Beide entstammen ärmlichen Verhältnissen in Belcourt. Beide werden zu unersättlichen Frauenhelden. Beide kommen zu einigem Geld. Beide zieht es nach Mitteleuropa, und beide verzweifeln an dessen Lebensfeindlichkeit. Beide genießen die Gesellschaft von schönen Frauen und freundlichen Katzen im «Haus vor der Welt» auf den Hügeln von Algier. Beide kaufen sich an ihrem Lebensende ein Haus in der Sonne des Mittelmeeres, um das einfache Dasein ihrer Jugend wiederzufinden. Beide sterben kurz darauf – zu jung. Auch Mersault ist ein Aufsteiger, der den wortlos verbrachten Abenden unter dem Licht der Petroleumlampe in der kleinen Dreizimmerwohnung seiner Mutter entkommen ist. Sein sozialer Aufstieg verdankt sich dem Mord an einem lebensmüden Greis, mit dessen Vermögen er sich von seiner Herkunft loskauft. Er ist der erste der vielen Mörder, die das Werk Camus' bevölkern.

Camus hat den Text verworfen, den ungezähmten Stil, den er hier zum ersten Mal erprobt hat, wird er jedoch weiterverfolgen: «Es gilt, einfach zu sein, wahr, keine Literatur – sich hinnehmen und sich hingeben».[53]

Niemals wird Camus sich leidenschaftlich für irgendeine Art der Programmkunst interessieren. Gleichwohl ist sein früher antiliterarischer Impuls eine ästhetische Spätfolge des Ersten Weltkrieges. Er gehört ähnlich wie der Surrealismus und der Dadaismus zu einer nackten Ästhetik von Kriegsversehrten, welche sich neben der kostbar gewandeten Vorkriegsliteratur wie ein Waisenkind ausnimmt. Die Kahlschlagliteratur, mit der die deutsche Literatur den Zweiten Weltkrieg beantworten wird, entwickelt sich in Frankreich bereits nach dem Ersten Weltkrieg und verschafft Europa einen einzigartigen literarischen Neubeginn. Paris wird nach dem Ersten Weltkrieg, in den Gedichten von Paul Éluard, zur «Hauptstadt der Schmerzen»[54].

Hauptstadt der Schmerzen

Am 16. August 1937 vermeldet Camus seinen Freundinnen nach Algier: «Ich bin jetzt in Paris».[55] Er ist begeistert und zerrissen. Die Stadt gefällt ihm und gefällt ihm nicht. Ihre kalte Schönheit, ihr grauer Himmel, auf den die graue Parade der Steine antwortet, fasziniert und erschreckt ihn gleichermaßen. Vom ersten Tag an weiß er, wie sein Leben in dieser Stadt einmal verlaufen wird: ... «ich wäre außerordentlich unglücklich, wenn ich dort lebte – doch zugleich so reich, dass ich nicht anders könnte als schreiben».[56]

Was ihn ekelt und zur Verzweiflung bringt, ist die mitteleuropäische Tugendlehre und ihr Ergebnis: diese fade und fügsame Durchschnittsexistenz. Gemessen an seinem leidenschaftlichen Essenzialismus, ist das Pariser Leben ein Totentanz vor prächtigen Kulissen, eine Attrappenwelt, die er nie müde wird zu verachten.

Dieses Mal wird er Paris noch entkommen. Der Freund Gabriel Audisio, der sich nach einer Arbeit für ihn umsah, blieb erfolglos, und Camus kehrte im Spätsommer 1937 nach Algier zurück. Dennoch, dieser erste Aufenthalt in der französischen Hauptstadt war wegweisend. Aus dem Stand entwarf Camus Skizzen zu einer Kritik des westlichen Lebens. Dem mitteleuropäischen Arbeitsethos setzte er sein mediterranes Lebensethos entgegen: «Jedesmal, wenn man denkt und lebt, um etwas zu ‹scheinen›, begeht man Verrat».[57] Gegen die Kultur des Aufschubs und Verzichts setzte er eine Kultur der Blöße und der königlichen Armut: «Zu Konvention und Bürostunden nicht Ja sagen. Nicht verzichten. Nie verzichten – immer höhere Ansprüche stellen. Aber den klaren Blick bewahren, sogar während dieser Bürostunden. Nach der Blöße trachten, in die die Welt uns zurückstürzt, sobald wir ihr allein gegenüberstehen. Aber vor allem nicht scheinen wollen, um zu sein».[58]

Das war noch keine tragfähige Analyse des modernen Industriekapitalismus und seiner Auswirkungen auf die Seelen der europäischen Großstädter. Solche Theorien zur Psychopathologie des Kapitalismus lagen zum Beginn der dreißiger Jahre kaum vor. Und die, die es gab, hat der algerische Student der antiken und französischen Philosophie nicht wahrgenommen. Camus kompensiert den Mangel durch Lebensanschauung – den für ihn einzig gültigen Maßstab der Welterfahrung. Einen Systematiker und Absolventen der Pariser École Normale Supérieure namens Jean-Paul Sartre wird das freihändige Philosophieren dieses «algerischen Gassenjungen» – wie er seinen Rivalen nennt – zur Weißglut bringen.

Bei seiner Rückkehr aus Paris erwartet ihn unter seinen immer zahlreicher werdenden Verehrerinnen und Geliebten Francine Faure, eine zarte junge Frau aus Oran, die fabelhaft Klavier spielt, Johann Sebastian Bach liebt, Mathematik studiert und Lehrerin werden will. Ihr Vater hat wie Lucien Auguste Camus im Zuaven-Regiment gedient und ist wie dieser gleich zu Kriegsbeginn noch vor ihrer Geburt gefallen. Francines Urgroßvater mütterlicherseits war – eine Seltenheit in französischen Kolonistenfamilien – ein jüdischer Berber, die Urgroßmutter eine jüdische Türkin. Der dreiundzwanzigjährige Jungautor schreibt der ein Jahr jüngeren Frau, die er siezt, lange Briefe, in denen er ihr sein Leben erklärt, von seinen Lehrern und seinen Büchern erzählt. Drei Jahre später wird er sie heiraten. Francine Faure wird mit Camus zwei Kinder bekommen, seine ungeteilte Liebe wird sie nie erfahren.

Alle Frauen in Camus' Leben, und es werden noch viele sein, werden dieselbe Erfahrung machen: Sosehr ihr Liebhaber den Menschen zum Maß aller Dinge erhebt – das Menschliche in sei-

Mit seiner zweiten Frau Francine Faure aus Oran

ner Nähe berührt ihn kaum. «Was mich zutiefst betrübt, ist die Wichtigkeit, die den Regungen der Seele beigemessen wird», notiert er im Sommer 1937 im Tagebuch. Seelendramen, im Leben und im Schreiben, sind für den im emotionalen Niemandsland Aufgewachsenen nichts weiter als entbehrliches Salongeplauder. In dieser Frage bleibt Camus zeitlebens der Sohn des Armenviertels, der die bürgerlichen Kammerspiele so wenig versteht, verstehen will, wie vorkolumbianische Indianertänze. Wenn sein Held Mersault von der Frau, mit der er schläft, gefragt wird, ob er für sie wenigstens Freundschaft empfinde, lässt er ihn antworten: «Ja, so wie ich Freundschaft für die Nacht empfinde».[59]

Die Kälte, unter der die Frauen in seiner Nähe leiden, verordnet Camus sich selbst. Sein Tagebuch enthält von der ersten bis zur letzten Seite, das heißt, vom Mai 1935 bis zum Dezember 1959, keine persönliche Bemerkung. Kein Wort über Zeitumstände, Launen, Amouren, Kinder, Kollegen, Alltagsärger, Ängste, Sorgen oder ungewaschene Wäsche. Keinerlei Mitteilung über die Innenausstattung seiner Existenz. Dafür Arbeitsskizzen, Entwürfe, Werkstattpläne. Nichts als Außenarchitektur, Wegekarten und Flugrouten des Denkens. Standhaft hält der Sohn der Putzfrau Catherine Camus die bourgeoise Innenschau für überflüssiges Zeug, das «den Menschen von sich selber trennt».[60]

Neben seiner proletarischen Kindheit war es die indische Philosophie, die Camus in seinem Antipsychologismus bestärkte. Durch seinen Indien-erfahrenen Lehrer Jean Grenier ist er früh in die Grundprinzipien des asiatischen Denkens eingeführt worden[61], in dem er eine Alternative zur westlichen Subjektphilosophie kennenlernte. Sein Projekt, «den indischen Weisen und den europäischen Helden miteinander zu versöhnen»[62], mündet in eine Philosophie der Askese und des Abschieds vom Ego. Die Maximen und Reflexionen der *Carnets* bieten einen Leitfaden für die antiwestliche Lebenskunst, die Camus fasziniert: «Sich verlieren, um sich wiederzufinden»[63]; «die Durchsichtigkeit der

Dinge wahrnehmen»; «ja sagen zur Welt und zum Genuss, aber nur in der Entblößung»; und «die Bedeutung des individuellen Lebens nicht übertreiben».[64] Die unsterblichen Helden Camus' – Meursault im *Fremden*, Dr. Rieux in der *Pest* und Sisyphos im *Mythos des Sisyphos* – gehen aus dieser Schule der Entsagung hervor.

Der immer noch junge Autor unterwirft sich einem klösterlichen Arbeitsreglement. Bei Jean Grenier, dem er seinen gescheiterten Romanentwurf anvertraut hatte, fragt er ängstlich nach:

> «Glauben Sie wirklich, dass ich weiterhin schreiben soll? Ich stelle mir die Frage mit großer Besorgnis. Sie können mir glauben, es geht mir nicht darum, aus dem Schreiben einen Beruf zu machen oder irgendwelche Vorteile daraus zu ziehen. Es gibt nicht sehr viele reine Dinge in meinem Leben. Aber das Schreiben gehört dazu. Dennoch bin ich erfahren genug, um zu wissen, dass es besser ist, ein guter Bürger zu sein als ein schlechter Intellektueller oder ein mittelmäßiger Schriftsteller».[65]

Die Antwort ist nicht überliefert, denn Camus hat im Oktober 1939 seine gesamte frühe Korrespondenz in einem großen Autodafé verbrannt, sodass uns aus den ersten Jahren nur seine Briefe an den Meister geblieben sind. Es ist jedoch kaum anzunehmen, dass Grenier seinem begabten Schüler geraten hat, ein ordentlicher Bourgeois zu werden.

4. Kapitel

DAS MEER

Ort und Zeit:

Algier 1936.

Maison de la Culture 1937.

Salle Padovani 1937.

Das Haus über der Welt 1937.

Im Camus'schen Kosmos bedeutet das Mittelmeer ein Lebensklima, eine Art zu denken, miteinander umzugehen und in der Welt zu sein. «Mittelmeer» heißt auch das einzige erhaltene Gedicht. Er schrieb es mit 19 Jahren in einem ungelenken Pathos – und es enthält doch beinahe alles, was der Pariser Starphilosoph Camus in den fünfziger Jahren in seinem essayistischen Hauptwerk *Der Mensch in der Revolte* im entscheidenden Schlusskapitel «Das mittelmeerische Denken» gegen die Kultur Europas aufbieten wird. Es beginnt so:

«Im leeren Blick der Scheiben lacht der Morgen
mit all seinen glänzenden blauen, gelben und roten Zähnen,
auf den Balkonen wiegen sich die Vorhänge.
Junge Mädchen mit nackten Armen hängen Wäsche auf.
Ein Mann, am Fenster, hält die Brille in der Hand.

Klarer Morgen auf dem Glanz des Meeres,
lateinische Perle in deinem Lilienschimmer:
Mittelmeer.

Mittag auf dem heißen, unbewegten Meer:
nimmt mich ohne Schrei: eine Stille und ein Lächeln.
Lateinischer Geist, Altertum, ein Vorhang der Scham
    bedeckt den gequälten Schrei!
Lateinisches Leben, das seine Grenzen kannte,
vorbildliche Vergangenheit, oh! Mittelmeer!»[66]

In diesem Stil geht es einige Strophen lang weiter. Das Gedicht ist aus guten Gründen noch nie ins Deutsche übersetzt worden, interessant ist es dennoch. Es gibt einen Eindruck von der Begeisterung, mit welcher Camus die mediterrane Ideologie aufsog, die am Ende der zwanziger Jahre in Algier nicht allein die Studenten beschäftigte, die Aufsätze in Zeitschriften mit Namen wie «Sud», «Rivages» oder «Jeune Méditerranée» veröffentlichten und die ersten Bände von Fernand Braudels Hauptwerk *Das Mittelmeer* lasen. Auch auf der großen politischen Bühne spielte die Mittelmeereuphorie eine wichtige, zum Teil zwielichtige Rolle.

In dem selben Jahr, in dem Camus seine Schülerverse verfasst, setzt der französische Erziehungsminister Anatole de Monzie gerade die Gründung eines staatlichen «Centre Universitaire Méditerranéen» in Nizza durch, zu dessen Leiter der Dichter Paul Valéry ernannt wird.

Das Mittelmeerzentrum ist ein kulturdiplomatischer Baustein in einem umfassenden politischen Manöver. Die Hoffnung, die der Quai d'Orsay mit seiner seit 1933 forcierten Mittelmeerpolitik verbindet, ist die Neutralisierung Deutschlands durch ein mediterranes Bündnis zwischen dem faschistischen Italien und Frankreich. Paul Valéry wird 1933 zu diesem Zweck im Regierungsauftrag auf eine ausgedehnte Mittelmeertournee geschickt. In Rom empfängt ihn Benito Mussolini wie einen Nationalhelden. Valéry macht Konversation, erkundigt sich nach dem inhaftierten Antonio Gramsci und besucht in Begleitung des Diktators eine Ausstellung zum Ruhme des italienischen Faschismus.

In Zusammenarbeit mit dem französischen Erziehungsministerium und dem in Marseille ansässigen Herausgeber der einflussreichen Zeitschrift *Cahiers du Sud*, Jean Ballard, entwirft Valéry im Rahmen dieser heiklen politischen Mission Thesen über die Zivilisation des Mittelmeerraumes und deren Einfluss auf den europäischen Geist. Das Mittelmeerdenken soll die imperiale Nationalstaatsperspektive ablösen und ein transnationales Europa vorbereiten, für das sich auch Camus begeistern wird.

Am 1. Dezember 1933 tritt Valéry seinen Dienst als Leiter des Mittelmeerzentrums an, organisiert Vorlesungen und Kongresse. Im Frühjahr 1936 besucht er Algier und trägt einen schon 1934 publizierten Text mit dem Titel «Inspirations méditerranéennes» vor, in dem er die mediterranen Eindrücke seiner Kindheit sowie das Meer, den Himmel und die Sonne als deren Götter preist. Die Weisheit des Protagoras – «Der Mensch ist das Maß aller Dinge» – nennt Valéry eine «mittelmeerische Entdeckung» und das Mittelmeer die «Wiege der europäischen Kultur».[67] Der Vortrag dieses gefragten Kulturdiplomaten des französischen Staats hat seinen Eindruck auf Camus nicht verfehlt.

Den ansprechenden Titel Valérys, «Inspirations méditerranéennes», übernimmt Jean Grenier, als er 1937 in der *Collection: Méditerranéennes* bei Camus' Freund und Verleger Charlot in Algier eine Textsammlung veröffentlicht. Auch Grenier stimmt in die mittelmeerische Rhetorik des historischen Augenblicks ein: «Es gibt für jeden Menschen Orte des besonderen Glücks, Landschaften, in denen er sich entfaltet und eine Art der Verzauberung erfährt, die über die bloße Lebensfreude weit hinaus geht. Es ist die Freude, die Flaubert meint, wenn er sagt, ‹ich habe manchmal Seelenzustände erlebt, die größer waren als das Leben und in denen mir weder Ehre noch Glück etwas bedeutet haben›. Das Mittelmeer kann einen solchen Seelenzustand herbeiführen».[68]

Durch Grenier wird Camus sehr früh in die Mittelmeerphilosophie der Pariser Kulturdiplomatie eingeführt. Wer Camus verstehen will, muss wissen, wer sein Lehrer Jean Grenier war und was er wollte.

Die Lehren des Meisters

Nur fünfzehn Jahre älter als Camus, arbeitet der ehemalige Redakteur der renommierten Pariser Intellektuellenzeitschrift *Nouvelle Revue Française* seit 1930 als Gymnasiallehrer in Algier. Fotos zeigen einen kapriziösen jungen Intellektuellen, der sich den Nagel des kleinen Fingers nach Art der asiatischen Weisen nicht schneidet.

Jean Grenier ist außerdem ein vielgereister Schriftsteller und Publizist. In den zwanziger Jahren veröffentlicht er ein Buch über den Charme des Orients. In den dreißiger Jahren folgen *Terrasses de Lourmarin* und *Sagesse de Lourmarin*, zwei Essays über jenen Ort im Lubéron, in dessen Schloss seit 1927 Schriftstellertagungen stattfinden und in dem Camus am Lebensende ein Haus kaufen und auf dessen Friedhof er begraben werden wird. 1933 erscheint das Buch, von dem Camus behauptet, dass es sein Leben wie kein anderes verändert habe: *Die Inseln*, eine Sammlung essayistischer Prosa, die Geschichten über Katzen und Metzger, Reiseeindrücke aus Italien und Südfrankreich, Betrachtungen über Griechenland und Indien vereint, darunter auch literarische Kuriositäten wie einen Prosatext über den «Traum von einem ‹geheimen› Leben in einer unbekannten Stadt», in der man sich niemandem zu erkennen gibt und so tut, als sei man der dümmste und unbedeutendste aller Zeitgenossen.

Camus ist von diesem Buch begeistert, noch in seinem Todesjahr behauptet er, dessen Ton habe ihn wie einen Trunkenen durch die Abende von Algier irren lassen. Er nennt Grenier seinen «Meister», dem er dankbare Achtung schulde; seine Bewunderung habe nicht zu «Unterwürfigkeit und Gehorsam», sondern zu «Nachahmung im geistigen Sinne des Wortes»[69] geführt.

Jean Grenier, 1926

Greniers Essaysammlung *Sur l'Esprit d'orthodoxie*, die 1938 bei Gallimard erscheint, dient 1951 als Vorbild für Camus' politisch-philosophischen Essay *Der Mensch in der Revolte.*

Während der Okkupation zieht Grenier sich zurück. Als der jüdische Philosoph Vladimir Jankélévitch 1942 aufgrund des Judenstatuts den Lehrstuhl in Lille räumen muss, nimmt er geräuschlos dessen Platz ein. Ein skandalöser Karriereschritt des Meisters – Vladimir Jankélévitch, einer der bedeutendsten Moralphilosophen des 20. Jahrhunderts und tief vertraut mit der deutschen Musik, Philosophie und Literatur, wird in namenlosem Entsetzen nie wieder ein Wort über Deutschland und dessen Kultur schreiben. Er wird sich weigern, den Deutschen und deren Kollaborateuren jemals zu verzeihen, auch mit den Autoren, die (wie Camus, Beauvoir und Sartre) ihre Bücher und Theaterstücke im besetzten Paris herausbringen, wird er keine Nachsicht haben. «Die Menschen sündigen, und nichts passiert, und die Feuer des Himmels stürzen nicht auf den Sünder herab»,[70] schreibt der Philosoph, bevor er 1985 tief enttäuscht und unversöhnt mit seiner Zeit stirbt.

Als Jean Grenier auf den Vladimir-Jankélévitch-Lehrstuhl in Lille wechselt, passiert ebenfalls nichts – keine Feuer stürzen vom Himmel, und auch sein junger Nachahmer «im geistigen Sinne des Wortes» enthält sich jeden Kommentars. Grenier wird auf dem Lehrstuhl seines jüdischen Vorgängers an einem Buch über die buddhistische Weltentsagung und das «Wou-Wei», das taoistische Axiom des Nicht-Handelns, schreiben. Sein fatalistisches Credo, dem wir in Camus' *Sisyphos* wiederbegegnen werden, lautet seither: «Die Dinge arrangieren sich von selbst, es genügt, dass wir nicht eingreifen».[71]

Der Briefwechsel zwischen Schüler und Meister in den Jahren des Holocaust ist ein Meisterwerk der Unverbindlichkeit. Die beiden schicken einander Manuskripte, Ziegenkäse, eingelegte Champignons und gute Wünsche. Sie debattieren über das

Absurde an und für sich («Das absurde Leben führt nicht zwangsläufig zum Selbstmord») und über die Ewigkeit der Seele bei Spinoza. Den Lehrstuhl in Lille, den er der deutschen Judengesetzgebung verdankt, erwähnt Grenier in einem Nebensatz: Er habe zwischen Algier und Lille geschwankt und sich schließlich «für das Unbekannte» entschieden. Immerhin meldet er im August 1942, «die Ereignisse» hätten ihn sehr berührt, und um die «moralische Atmosphäre» in Lille stehe es nicht zum Besten.

In seinen Erinnerungen an Camus aus dem Jahr 1968 wird Grenier die «natürliche Zurückhaltung» und «Kälte» seines Schützlings rühmen, der sich gescheut habe, über Intimitäten zu sprechen.[72] Und Camus wird mit unbeirrbarer Treue an diesem Lehrer festhalten. Sechs Tage vor seinem Tod schreibt er den letzten Brief an Grenier. Das letzte Wort darin lautet «cœur» – Herz. Der Antwortbrief Greniers vom 1. Januar 1960 hat Camus nicht mehr erreicht. Das letzte Wort darin: «Lourmarin».

Das südfranzösische Dorf, auf dessen Namen Camus in den Büchern Greniers zum ersten Mal stößt, beheimatet für den Lehrer wie den Schüler den mittelmeerischen Geist; ein Ort, frei vom Getöse Europas. Grenier schwärmt in seinen Essays über Lourmarin: «Der Kontakt mit der Volksweisheit des Mittelmeers kann den Menschen erneuern. Das Mittelmeer ist lebendiger als jede politische, soziale oder religiöse Revolution.»[73] Camus hat sich von Grenier, dem Ersatzvater, Lehrer und Vorbild, anstecken lassen: Die Mittelmeerutopie ist für Lehrer und Schüler die einzige Alternative zu den Totalitarismen ihrer Epoche. Das Mittelmeer wird zur Erlösungsmetapher – zum Ausweg aus der Sackgasse des 20. Jahrhunderts.

Die neue Mittelmeerkultur

Am 8. Februar 1937 hält Camus einen Vortrag in der Maison de la Culture in Algier, deren Sekretär er im Auftrag der kommunistischen Partei geworden ist. Der algerische Gouverneur Maurice Viollette hat die Parole ausgegeben, die Rechte der arabischen Eliten in Algerien zu stärken. Camus und sein Freund Claude de Fréminville greifen dies auf und setzten sich für eine französisch-arabische Annäherung ein, die weit über das in Frankreich akzeptierte Maß hinausgeht. Ein Jahr nach dem Mittelmeervortrag Paul Valérys in Algier nennt Camus seinen ersten kulturpolitischen Text «La culture indigène. La nouvelle culture méditerranéenne» («Die ursprüngliche Kultur. Die neue Mittelmeerkultur») – ein Vortrag voller Pathos, Poesie, Überschwang und Hoffnungstaumel. Immer wieder wird er zu den Ideen dieses mediterranen Urprogramms zurückkehren.

Dabei begibt sich Camus auf vermintes Gelände. An den Küsten des Mittelmeeres herrschen Unterdrückung und Diktatur. Mussolini, den der Kulturdiplomat Valéry hofiert, hat zwei Jahre zuvor Äthiopien überfallen. In Spanien tobt der Bürgerkrieg. Frankreich feierte sieben Jahre zuvor den hundertsten Jahrestag seiner militärischen Besetzung Algeriens. Und reaktionäre sowie antisemitische französische Intellektuelle wie Charles Maurras und Louis Bertrand begrüßen die Diktatoren im Mittelmeerraum als legitime Erben des Imperium romanum.

Es bedarf einiger Geschicklichkeit, die mittelmeerische Festtagsrhetorik Jean Greniers und Paul Valérys mit den Realitäten zu versöhnen. Camus versucht das Unmögliche. Er möchte die Mittelmeeridee nicht den rechten Ideologen überlassen und unternimmt dafür mehrere halsbrecherische Manöver.

Im ersten Zug unterscheidet er zwischen einem guten griechischen und einem bösen lateinischen mittelmeerischen Geist. Den guten nennt er «griechische Mediterranität», den bösen «römische Latinität».[74] Den guten hält er für bescheiden und multikulturell, den bösen für nationalistisch und imperialistisch. Franco und Mussolini sind natürlich nationalistisch, imperialistisch und deshalb: römisch. Camus' Mittelmeerutopie ist kosmopolitisch und antiimperialistisch und deshalb: griechisch.

Im zweiten Zug muss er das Problem umschiffen, dass das Prinzip Mittelmeer zwar das beste der Welt ist, jedoch im nördlichen Klima nicht gedeiht. Zwei Monate, so erzählt Camus seinen Zuhörern im Kulturhaus, sei er durch «Zentraleuropa» gereist, durch Deutschland und Österreich, und er sei schrecklich bedrückt gewesen von den Leuten, «die immer bis zum Hals zugeknöpft waren» und nicht wussten, «was Freude ist». Den mediterranen Menschen erkenne man an seinem «Geschmack am Leben». Der Deutsche rufe immer gleich «Heil Hitler». Eine Mediterranisierbarkeit der Deutschen hält Camus für wenig wahrscheinlich:

> «Jeder, der einmal in Deutschland und in Italien gelebt hat, weiß, dass der Faschismus nicht das gleiche Gesicht in den beiden Ländern hat. Man spürt es überall in Deutschland, sieht es in den Gesichtern, auf den Straßen der Städte. Dresden, eine Militärstadt, erstickt unter einem unsichtbaren Feind. In Italien spürt man sofort den Unterschied. Dem Deutschen sieht man auf den ersten Blick sein Hitlertum an, er sagt nicht ‹Guten Tag›, sondern ‹Heil Hitler›. Der Italiener ist gesellig und fröhlich. Das Dogma tritt in den Hintergrund – es gehört zu den Wundern des Mittelmeers, dass es seinen Bewohnern erlaubt, menschlich zu bleiben und ohne Unterdrückung in einem Land zu leben, das unter unmenschlichen Gesetzen steht.»[75]

Neben den populären Stereotypen der Völkerpsychologie hat der debütierende Kulturfunktionär noch ein überraschendes Argument parat, um sein Publikum von der Überlegenheit der mediterranen Kultur über die europäische (beziehungsweise deutsche) zu überzeugen. Das Beste am mediterranen Genie entspringe aus dem im Mittelmeerraum einzigartigen Zusammentreffen von Orient und Okzident.[76] Und damit kam der junge Genosse zum eigentlichen Ziel seiner Rede: Die mediterrane Bewegung, deren Speerspitze in der Person des Redners gerade auf der Bühne des Kulturhauses stand, soll eine die Gegensätze des Orients und des Okzidents überwindende Weltgesellschaft hervorbringen, die Mittelmeerkultur das Modell für den Kosmopolitismus des neuen Zeitalters sein.

Diese Rede ist nicht in die Literaturgeschichte eingegangen. Doch was Camus am 8. Februar 1937 im Kulturhaus in Algier in der Rue Charras 8 zum ersten Mal vorträgt, ist das kulturgeschichtliche Schisma, mit dem er sich in Zukunft die Welt erschließt. Hier: Rom, der cäsarische Imperialismus, die abendländische Geschichtsphilosophie, der Hegelianismus, der Marxismus, der Fortschrittsglaube, die Intoleranz, die Maßlosigkeit, der Materialismus, die Engstirnigkeit, der Egoismus, die Kälte, der Hitlergruß. Dort: Griechenland, der weltoffene Regionalismus, die orientalischen Weisheitslehren, die Einfachheit, die Toleranz, die Bescheidenheit, die Heiterkeit, der Gemeinschaftssinn, die Sonne – das Mittelmeer. Und keine Brücke dazwischen.

Im Kulturhaus wird Camus nicht mehr oft auftreten. Die von ihm bevorzugte Bildungsanstalt bleibt das Theater. Das von ihm gegründete «Théâtre du Travail» gibt seine Vorstellungen in der Salle Padovani, einem großen, auf Pfählen errichteten Vergnügungslokal, das sich am Strand von Bab-el-Oued zum Meer hin öffnet. Das Meer war auch der Bühnenhintergrund für die erste Inszenierung der kommunistischen Laienbühne: die «Zeit der

Verachtung» nach dem Roman von André Malraux, der Camus 1935 in Algier mit seinem Vortrag begeistert hatte.

Die Premiere im Januar 1936 besuchten zweitausend Zuschauer. In einer Szene erhob sich das Publikum und sang mit den Schauspielern die Internationale, begleitet vom Rauschen der Wellen, die am Strand ausrollten.

Ein großer Erfolg für den Regisseur Albert Camus, dem zu seinem Glück nur noch ein Studienabschluss fehlte. Um zur Universitätsprüfung zugelassen zu werden, ließ Camus sich von einem Amtsarzt untersuchen. Und der stellte fest: Der Kandidat ist 1,79 m groß, wiegt 65 Kilogramm, hat braun-grüne Augen, Blut und Urin sind in Ordnung – zugelassen zur Prüfung. Seine Examensarbeit schrieb er bei seinen Freundinnen Marguerite Dobrenn und Jeanne-Paul Sicard im «Haus vor der Welt» mit dem weiten Ausblick auf das Meer. Selbst die akademische Abschlussarbeit spielt, wie beinahe alle Bücher Camus', an der Küste des Mittelmeers. Ihr Titel: «Christliche Metaphysik und Neoplatonismus. Plotin und der heilige Augustinus».

Die Mittelmeerphilosophen Plotin und Augustinus

Augustinus wurde nicht weit von Camus' Geburtsort in der algerischen Hafenstadt Bône geboren. Plotin vertrat den griechischen Geist an den afrikanischen Küsten des Mittelmeers. Als der Journalist Carl A. Viggiani Camus im Jahr 1958 fragt, welche Gründe ihn bewogen hatten, seine Examensarbeit ausgerechnet über Plotin und Augustinus zu schreiben, sagt der: «Ich fühlte mich als Grieche in einer christlichen Welt.»[77] Camus ist fasziniert von den beiden afrikanischen Philosophen, in deren Zerrissenheit zwischen Hellenismus und Christentum er sich selbst wiederfindet.[78]

Heutigen akademischen Maßstäben würde die Arbeit kaum standhalten. Neben zahlreichen nicht ausgewiesenen Zitaten aus der Forschungsliteratur seiner Zeit übernimmt Camus vor allem aus der Studie «La philosophie de Plotin» von Émile Bréhier die Grundthese und Werkgliederung. Davon abgesehen spürt man die persönliche Anteilnahme des Verfassers, der über Plotin schreibt wie über sich selbst, wenn er etwa von dessen «Erschütterung angesichts der Schönheit der Welt» und von dessen Suche nach dem verlorenen Paradies «auf der Rückseite der Dinge» fabuliert. Bei Plotin findet der dreiundzwanzigjährige Examenskandidat, was ihm selbst gefallen würde: das Wiedereintauchen in die griechische Welt, die Hellenisierung der christlichen Kultur. Plotins «aus orientalischen Religionen und griechischer Mythologie gewirktes Christentum» erscheint ihm beispielhaft für den mediterranen Kulturraum – «eine Erfahrung, die man nicht stillschweigend übergehen sollte».[79]

Die Schlussthese der Diplomarbeit gipfelt in der schon vom kommunistischen Funktionär im Kulturhaus von Algier aufgestellten Behauptung, dass der mediterrane und griechische Geist das judaistische Urchristentum mäßigte und zivilisierte. Den gleichen Gedanken, wenn auch in ungleich grellerer nationalistischer Aufmachung, findet man zur selben Zeit bei den rechten Autoren der Action française um Charles Maurras; diese wollen das Christentum «besänftigt und gefiltert» sehen durch das «großzügige Genie Frankreichs».[80]

Unbekümmert von solchen Nachbarschaften, wird Camus an seinem geophilosophischen Masterplan stets festhalten: Der griechisch-orientalisch-mittelmeerische Geist ist in seinen Augen der Zaubertrank, der die Welt verwandeln kann.

EXKURS 1

Der Mittelmeertraum der französischen Intellektuellen

Die Mittelmeereuphorie der romanischen Intellektuellen, die Camus um 1935 begeistert aufgreift, hat eine lange und widersprüchliche Geschichte.[81] In Frankreich eroberte die Idee vom Mittelmeer als einer geistigen Landschaft in den dreißiger Jahren des 19. Jahrhunderts die Köpfe der Intellektuellen, als Autoren aus dem Umkreis Saint-Simons nach Ägypten reisten, das 1798 von Bonaparte besetzt worden war. Als Sohn des französischen Kolonialismus mochte Camus die Entwicklung anders sehen, doch die Mittelmeer-Utopie der französischen Intellektuellen folgte der französischen Besatzungspolitik auf dem Fuß. Im Jahr 1832 feierte der Ökonom Michel Chevalier in seinem Buch *Système de la Méditerranée* den Traum von einem mediterranen «Hochzeitsbett», in dem Ost und West sich lieben würden. Araber, Juden und Europäer sollten am Mittelmeer den ersten Schritt zu einer Vereinigung tun, welche als Vorbild für einen universalen Menschenbund dienen könnte. Doch 1863 sprach Chevalier vor dem französischen Senat und plädierte für eine breit angelegte Kolonialisierung Algeriens. So ist die Utopie eines mittelmeerischen Synkretismus der Kulturen nie weit entfernt gewesen von der offiziellen kolonialistischen Ideologie der französischen Großmacht, welche die Kolonialisierung als zivilisierende Maßnahme, als «mission civilisatrice» schönredete.

Vom Austausch der Ideen, der den Saint-Simonisten vorschwebte, blieb im Second Empire bald nur der Abtransport der Waren und Rohstoffe aus den besetzten Mittelmeerländern. Aus der kulturellen Utopie wurde ein wirtschaftliches Kalkül, das seine nüchternen Zwecke ideologisch verkleidete. Einige der eifrigen Mittelmeerideologen waren sogar persönlich involviert in die koloniale Enteignungspolitik in Algerien. Andere, wie der rechtskonservative Autor Louis Bertrand, favorisierten unverhohlen die «Latinisierung Afrikas», sprich seine Unterwerfung unter die französische Leitkultur.

Diese Doppelnatur – zur Befreiungs- und zur Unterdrückungsideologie zu taugen – bleibt das schwierige Erbe der Mittelmeerutopie. Die Mittelmeerpolitik unter Napoleon III. fiel zwiespältig aus, einerseits kriegerisch und imperial, andererseits an einer Kooperation der mediterranen Völker interessiert. Auch die Dritte Republik hob in Algerien die Unterdrückung der arabischen Bevölkerung nicht auf, die seit 1881 durch den «Eingeborenencode» ihrer elementarsten Rechte beraubt wurde; sie profitierte jedoch vom Geist des Austauschs unter den vielen Völkern und Sprachen in den besetzten Gebieten.

Mit dem Sieg der Volksfront in Frankreich und in Spanien 1936 bekommt die mediterrane Utopie neuen Auftrieb. Im November 1935, kurz nach der Eroberung Äthiopiens durch die italienischen Faschisten, veranstaltet die «Académie méditerranéenne» eine Mittelmeerkonferenz in Monaco unter dem Titel «Mediterranismus und Humanismus». Jean Ballard gibt in den *Cahiers du Sud* in den dreißiger und vierziger Jahren zahlreiche Sondernummern zu den Themen «Der Islam und der Westen» (1935), der «mediterrane Mensch» (1943), die «griechischen Mythen» (1939) oder das «ewige Griechenland» (1948) heraus. Auch Camus wird Essays beisteuern.

In den dreißiger Jahren entwickelt sich der frankoalgerische Schriftsteller Gabriel Audisio zum wichtigsten Anwalt der Mittelmeeridee in Frankreich und in Algerien. Der im Jahr 1900 in Marseille geborene Sohn des späteren Theaterintendanten von Algier veröffentlicht in den Jahren 1935 und 1936 bei Gallimard zwei Bände mit Reisefeuilletons rund um das Mittelmeer, *Jeunesse de la Méditerranée* und *Sel de la mer*, die für Camus und seine Freunde Jules Roy, Jean Amrouche, Emmanuel Robles und Claude de Fréminville von großer Bedeutung sind.

Audisio vertritt eine über das lateinische Erbe weit hinausreichende Auslegung der Mittelmeeridee. Er erinnert daran, dass neben den Römern an den Ufern des Mittelmeers auch Berber, Araber, Spanier, Vandalen, Türken, Juden, Phönizier, Libyer und viele andere Völker gelebt haben. Rom sei untergegangen, das Mittelmeer sei ewig und der Traum der ganzen Welt. Noch vor Camus erklärt Audisio die konföderale und multikulturelle mittelmeerische Existenz zum Zukunftsmodell für die gesamte abendländische Welt. Ihre Maximen sind bescheiden, wenn nicht asketisch: gut leben und gut sterben, die Achtung der inneren und äußeren Natur, die Beschränkung auf das Elementare, die Koexistenz mit dem anderen. In einer kleinen Skizze beschreibt Audisio die Deutschen, wie sie womöglich, wären sie nur bei den südfranzösischen Boulespielern in die Schule gegangen, die Welt niemals in den Zweiten Weltkrieg gestürzt hätten.

> «Ich bin sicher, dass die Deutschen hier mehr suchen als das angenehme Klima. Sie suchen das moralische Klima, vielleicht sogar das philosophische. Einer von ihnen, der die Bewohner von Toulon beim Boulespiel beobachtete, sagte mir, seine Landsleute hätten keine Probleme, wenn sie so sein könnten wie diese Leute. Er verstand die Einfachheit dieser Boulespieler, in der die ewigen und wirklichen Probleme unserer Existenz verborgen liegen: die Eroberung des alltäglichen Glücks und der friedliche Heroismus, das menschliche Maß nicht zu überschreiten. Gut leben und gut sterben.»[82]

Diese idyllische Spielart der mediterranen Ideologie, der Camus wie Audisio, Grenier und all die anderen jungen frankoalgerischen Intellektuellen begeistert folgen, steht am Ende der dreißiger Jahre in einem unauflösbaren Widerspruch zur imperialen Mittelmeerpolitik ihres Landes, die sich seit dem Ausbruch der Wirtschaftskrise noch verschärft hat.

So liegt von Anfang an ein Schatten auf dem «Sonnendenken» der mediterranen Intellektuellen. Die «pensée du midi», die Camus geprägt hat, entsteht im Umkreis privilegierter, durch die Bildungsanstalten der Dritten Republik erzogener Kolonistensöhne. Der großen Kluft, die sich zwischen ihrem sonnigen Mittelmeerdenken und der Wirklichkeit der französischen Kolonialherrschaft auftut, schenken die Mittelmeerphilosophen wenig Beachtung. Camus' schwärmerische Mittelmeerrede im Kulturhaus von Algier geht darüber hinweg, dass sie in einem Land gehalten wird, in dem die arabische Bevölkerung keine Bürgerrechte hat und einer gesonderten Strafgesetzgebung unterliegt. Gabriel Audisio nimmt in seiner Rolle als Direktor der algerischen Tourismus- und Landwirtschaftsbüros sogar persönlich am kolonialen Ausbeutungsgeschehen teil. Viele Autoren, die der Mittelmeeridee anhängen, werden in den kommenden Jahren kollaborieren. Jules Roy, ein junger algerischer Autor, der mit Camus zur sogenannten mediterranen «algerischen Schule» gehört, wird sich mit seinem Essay «La France sauvée par Pétain», «Frankreich durch Pétain gerettet», dem Vichy-Regime andienen. Der südfranzösische Mittelmeersänger Jean Giono wird einer der zuverlässigsten Teilnehmer der intellektuellen Kollaboration werden und nach dem Krieg vom nationalen Schriftstellerkomitee als «Verräter» angeklagt.

Keiner der Mittelmeerautoren, auch Camus nicht, wird sich jemals offen gegen die französische Eroberung Algeriens aussprechen. Einzig der Dichter Jean Amrouche, Sohn einer vollständig assimilierten und zum Katholizismus konvertierten Berberfamilie, wird sich in den fünfziger Jahren gegen die französische Besatzung seiner Heimat auflehnen. Seinem Beispiel folgt dann der junge frankoalgerische Autor Jean Sénac – mit Camus wird er sich in dieser Frage überwerfen.

Das Sonnendenken hat sich kompromittiert und ist in Vergessenheit geraten. Neben den Großideologien des 20. Jahrhunderts wirkte das Mittelmeerdenken zu regional, zu defensiv und auch zu vage, um im Wettkampf der Gesellschaftstheorien und Lebensmodelle eine führende Rolle zu spielen. Die Sprengkraft, die in ihm liegt, wird seither unterschätzt.

Als Nicolas Sarkozy im Jahr 2007 – auch im Namen Albert Camus' – für die Wiederbelebung einer Mittelmeerunion warb, die an den europäischen Traum der Kreuzfahrer im Nahen Osten und der Kolonisten im Maghreb anknüpfen sollte, erinnerte seine Rhetorik an die Floskeln von der «zivilisatorischen Mission» der Grande Nation. So verwundert es nicht, dass sein präsidialer Restaurationsversuch einer großfranzösischen Variante der Mittelmeeridee im krisengeplagten Europa wenig Anklang fand. Dennoch hat die Idee nichts von ihrer Anziehungskraft eingebüßt. Denn das regionale und konföderale Mittelmeerdenken hat die nationalen und politischen Großideologien überlebt und ist vielleicht die einzige Gesellschaftsutopie des 20. Jahrhunderts, die noch eine Zukunft hat.

EXKURS 2
Camus' Griechenlandidee aus Deutschland

Camus' gesamter mittelmeerischer Begriffshaushalt – die Mittelmeerkultur, das Sonnendenken, die «pensée du midi» – geht zurück auf seine Vorstellung vom alten Griechenland. Er fühle sich als Grieche, er habe ein griechisches Herz, sagt er oft. Was versteht er darunter?

Camus' Tagebuch der dreißiger Jahre nennt zwei deutsche Quellen, aus denen er seine Kenntnisse des Griechischen bezieht: Friedrich Nietzsche und den Nietzscheschüler Oswald Spengler. Gedanken und Zitate aus der Einleitung zu Spenglers *Untergang des Abendlands* füllen viele Seiten. Das 1917 mit dem ersten Band in Deutschland erschienene, sehr populäre und einflussreiche

Buch ist für Camus eine unerschöpfliche Inspirationsquelle. Von Spengler übernimmt Camus nahezu unverändert einen ganzen Satz geschichtsphilosophischer Ideen: die Gegenwart Westeuropas mit der spätrömischen Untergangszeit zu vergleichen; «die Vertikaltendenz» des eroberungswütigen Westeuropäers dem maßvollen griechischen Geist entgegenzusetzen; die Kritik an den «weltstädtischen Gehirnmenschen», die, so Spengler, «aus der Dampfmaschine eine das Bild der Länder verändernde Großindustrie entwickelt haben».[83]

Auf der welthistorischen Landkarte des Münchener Privatgelehrten kommt den Griechen, den angeblich naiven Lieblingen der deutschen Studienräte, der wichtigste Gegenpart zum untergehenden Abendland zu. Passend zu dieser Rolle, schneidert Spengler den Griechen ein sanftes Seelenkleid. Da für die abendländische Volksseele schon die «Vertikaltendenz», die Tatkraft und das kriegerische Gegeneinander reserviert sind, bleiben den Griechen in diesem Historienbild nur die Interesselosigkeit am Lauf der Welt, das friedfertige Nebeneinander, die Willenlosigkeit, die Gleichgültigkeit, die Einfachheit und die Freude an der reinen Gegenwart. Camus resümiert Spengler: «Die Griechen haben als glückliches Volk keine Geschichte».[84] Dasselbe wird er immer wieder von den Algeriern behaupten, die er nach Art der deutschen Historienmaler ebenfalls zu bukolischen Griechen erklärt.

Camus' Bild des Griechischen übertrifft in seiner Idyllik jedoch beinahe noch das seiner deutschen Erfinder, von Johann Joachim Winckelmann über Friedrich Hölderlin bis zu Oswald Spengler. An diesem von deutschen Philologen ersonnenen Phantom hält Camus noch ein Jahrzehnt später fest, als er in einer Sonderausgabe der *Cahiers du Sud* in seinem Essay «Helenas Exil» die unschuldigen Griechenlandträume der Deutschen unvermindert wiederholt:

«Für das griechische Denken war stets die Begrenzungsidee vorherrschend. Es hat nichts auf die Spitze getrieben, weder das Heilige noch die Vernunft, weil es nie etwas verleugnete, weder das Heilige noch die Vernunft. Es hat alles einbezogen, den Schatten durch das Licht ins Gleichgewicht bringend. Unser Europa hingegen, das sich berufen fühlt, alles zu erobern, ist die Tochter der Unmäßigkeit. Es leugnet die Schönheit, wie es alles leugnet, was es nicht anbetet. Und es betet, sei es auch auf verschiedene Weise, ein Einziges an: den zukünftigen Sieg der Vernunft. In seinem Wahn versetzt es die ewigen Grenzen, und in diesem Augenblick stürzen sich düstere Erinnyen darauf und zerreißen es. Nemesis wacht, die Göttin des Maßes, nicht der Rache. Alle, die die Grenzen überschreiten, werden von ihr unerbittlich gestraft.»[85]

Europa, das sich in der Welt zu Tode siegt, muss ein Korrektiv finden: eine Kritik der abendländischen Vernunft. Camus zeigt sich in dieser Frage hoffnungsvoll. Das Korrektiv ist das griechische Erbe. Die Griechen, oder das, wofür Camus sie hält, sind der Beweis, dass es für Europa einen anderen, einen dritten Weg gegeben hätte und noch immer gibt. Anders als Spengler, der von seinem Schwabinger Privatgelehrtensitz auf das Ameisengewimmel der untergehenden Kulturen mit dem unbewegten Herzen eines Insektenforschers herabblickt, ist Camus selbst leidenschaftlich griechisch.

«Wieder einmal wird sich die Philosophie des Dunkels verflüchtigen über dem strahlend hellen Meer», schreibt er am Ende seines Griechen-Essays. Drei Jahre nach dem Zweiten Weltkrieg, drei Jahre nach dem Holocaust wird Camus noch immer an die versöhnende Zauberkraft des strahlend hellen Mittelmeers glauben. Er ist sicher: «Wir werden die Griechen wieder erreichen». Und: «Der Sinn der Geschichte von morgen ist anders, als man glaubt».

Dies ist kein Startschuss, um barfuß in den Unschuldsstand der griechischen Antike zurückzustürmen, sondern ein Aufruf zu einem «griechischen» Leben in der Moderne. Denn das Elend Europas, seiner in Hässlichkeit erstarrten Städte, seiner unbarmherzigen Kollektivideologien, seiner Freudlosigkeit ist, mit griechischen Augen betrachtet, einzig das Ergebnis einer Niederlage des mittelmeerischen Geistes.

> «Die Menschen Europas, den Schatten preisgegeben, haben sich vom strahlenden Fixpunkt abgewandt. Sie vergessen die Gegenwart im Blick auf die Zukunft, den Gewinn der Menschen um des Rausches der Macht willen, das Elend der Vorstädte über durchlichteten Wohnsiedlungen und die tägliche Gerechtigkeit über einem eitlen verheißenen Land. Sie verzweifeln an der Freiheit der Person und träumen von einer befremdenden Freiheit der Gattung; sie lehnen den einsamen Tod ab und nennen Unsterblichkeit eine ungeheure kollektive Agonie. Sie glauben nicht mehr an das, was ist, an die Welt und den lebendigen Menschen; das Geheimnis Europas ist, dass es das Leben nicht mehr liebt. Seine Blinden haben kindisch angenommen, einen einzigen Tag des Lebens zu lieben sei gleichbedeutend mit der Rechtfertigung von Jahrhunderten von Unterdrückung. Deshalb wollten sie die Freude aus der Welt wegwischen und sie auf später verschieben. Die Ungeduld angesichts der Grenzen, die Abweisung ihres doppelten Wesens, die Verzweiflung, Mensch zu sein, warfen sie schließlich in eine unmenschliche Maßlosigkeit. Da sie die echte Größe des Lebens leugneten, mussten sie auf ihre eigene Vortrefflichkeit setzen. Mangels Besserem haben sie sich vergöttlicht, und ihr Elend begann: diese Götter haben blinde Augen».[86]

Man hat Camus stets als einen Gegner des Totalitarismus gelesen und darüber den Zivilisationskritiker und den Ästheten vernachlässigt. Doch in der «Theorie über den Mittelmeerraum»[87], die Camus vorschwebte, sollte alles zusammenkommen. Eine Kritik des hässlichen totalitären Denkens und eine Kritik dieses unvorstellbar hässlichen modernen Zweckbaus namens Europa. Die Schönheit ist für den Nietzscheschüler Camus ein Kriterium der Wahrheit. Je weniger Sinn und Ziel die Geschichte hat, umso schöner sollte das Leben sein. Eine andere Lebensrechtfertigung als die Schönheit kann es für Europa nicht geben. Am 15. Februar 1952 wird Camus dem Journalisten Pierre Berger entgegnen:

> «Ich habe nicht gesagt, die Lösung aller Dinge liege im Mittelmeer. Ich habe lediglich gesagt, dass sich, nach 150 Jahren, die europäische Ideologie gegen die Begriffe der Natur und der Schönheit und folglich auch der Grenze formiert hat. Begriffe, die im Zentrum des mittelmeerischen Denkens standen. Ich habe gesagt, dass damit ein Gleichgewicht zerbrochen ist. Von den Küsten Afrikas aus, wo ich geboren wurde, sieht man das Gesicht Europas besser. Und man weiß, dass es nicht schön ist.»[88]

Ein Abschied von sich selbst

Am 25. Mai 1936 erhält Camus sein Diplôme d'études supérieures. Man bewertet seine Arbeit über Plotin und Augustinus mit «gut». Er hat viele Pläne und wenig Geld. Er möchte unbedingt auf der Höhe seiner Einsichten leben. Das heißt heftig, «bis zu Tränen», und ohne sich zu verbiegen.

Im Sommer 1937 bewirbt er sich beim Rektorat in Algier um eine Hilfslehrerstelle. Das Rektorat antwortet postwendend. Er bekommt eine Stelle als Grammatiklehrer in Sidi-bel-Abbès, zwölf Zugstunden von Algier entfernt. Camus macht sich auf die Reise – um am nächsten Tag wieder zurückzufahren. Er hat es sich anders überlegt. Er möchte ein «wirkliches», kein «gesichertes» Leben führen. Er fürchtet die süße Trägheit, die das Angestelltendasein bereithält: «Ich schreckte zurück vor dem Trübsinnigen und Lähmenden dieser Existenz. Wenn ich länger als ein paar Tage geblieben wäre, hätte ich mich sicher damit abgefunden.»[89]

Auch für sich selbst sucht er nach einem dritten Weg. Es muss für ihn etwas anderes geben als «Heirat + 40 Stunden oder Revolver». Er gründet eine neue Theatertruppe, das Théâtre de l'Équipe.

Dieses Mal soll es kein tagespolitisches Theater werden, in dem die Zuschauer mit den Schauspielern die Internationale singen. Er wünscht sich das Theater groß, griechisch, schicksalhaft. Der Zuschauer soll nicht erzogen und nicht gebessert werden. Camus hält nichts vom epischen Theater Bertolt Brechts. Und er glaubt, dass das Vergnügen auf der Bühne nur ablenke von den großen Dingen, von Liebe, Verlangen und Tod. Er zeigt sich beeindruckt vom Theater der Grausamkeit Antonin Artauds und fordert: «Damit die Handlung auf dem Theater absurd wird, das heißt, die Art von Größe erreicht, die dem Menschen eigen ist, genügt es, dass sie zum Tod führt».

Allerdings muss der junge Autor auch Geld verdienen, seitdem Schwiegermutter und Onkel als Geldgeber ausgefallen sind und ihm eine Anstellung im höheren Schuldienst wegen seiner Lungenkrankheit versagt bleibt. Im meteorologischen Institut von Algier verdient er als Hilfsassistent 1000 Franc, die Hälfte eines Junglehrergehalts. Entgegen seinen Ambitionen führt er das Leben eines kleinen, alleinstehenden Angestellten, gescheitert in der Ehe, gescheitert in der akademischen Karriere, gescheitert im politischen Engagement.

Im August 1937 schreibt er in sein Tagebuch: «Ein Mann, der das Leben dort gesucht hat, wo man es zu suchen pflegt (Ehe, Stellung und so weiter) und unvermittelt beim Lesen eines Modejournals entdeckt, wie sehr er dem Leben fremd war. (Dem Leben, wie es in Modejournalen dargestellt wird).»[90] Diese Notiz ist die Geburtsstunde des *Fremden*, der Geschichte von dem kleinen, alleinstehenden Hafenangestellten in Algier, die Camus' Weltruhm begründen wird.

An den Abenden, nachdem er im Institut Tabellen ausgewertet und Aktenstücke sortiert hat, schreibt er weiterhin an zwei Büchern gleichzeitig: an *Der glückliche Tod*, dessen Held Mersault heißt, und an *Der Fremde*, den Camus Meursault tauft. Zwei Romane wie siamesische Zwillinge, die sich ein Herz teilen. Der eine heißblütig und redselig, der andere kalt und verschlossen. Camus lässt sich viel Zeit für die Entscheidung darüber, welcher der beiden überleben und das gemeinsame Herz behalten darf.

Im Sommer des folgenden Jahres zieht der Mentor seiner Jugend, Jean Grenier, aus Algier fort. Camus schreibt ihm am 18. Juni 1938 zum Abschied einen langen Brief, in dem er seine Seele bloßlegt. Er sei, beginnt er, nicht einverstanden mit dem Leben, das er führe, und nicht einmal sicher, ob er überhaupt ein Intellektueller sei – «quelqu'un qui pense», jemand, der denkt. Am Denken interessierten ihn nur die Würze, die Leichtigkeit, das Paradox und die Geschmeidigkeit, und das widerspreche jeder intellektuellen Rechtschaffenheit. Ob er nicht besser Schauspieler werden solle, nur wo? In Paris? Dort schätzt er seine Chancen gering ein. Er beschreibt sich als einen Mann, der vor dem Leben wegläuft und doch auf dessen Versuchungen hereinfällt. In ihm sei eine Bereitschaft zum Rückzug und zum Misstrauen, die alles verderbe, und wenn seine bisherigen Werke einen gezwungenen Ton hätten, so liege dies daran. Er strebe nach mehr Klarsicht –

«lucidité». Das Glück zu suchen, hält er für unmöglich, es bleibe immer jenseits des Beabsichtigten. Und er fährt fort:

> «Ich bin 25 Jahre alt, habe genug Erfahrung für dieses Alter (vor allem sehr vielfältige Erfahrungen) und, wie ich glaube, ein sehr klares Bewusstsein meiner Fehler. Mein Universum, wenn ich überhaupt eines habe, ist eine harte Welt, ohne Rücksicht. Sie setzt sich aus meinem Charakter und meinen Lebensumständen zusammen. Daraus folgt, dass ich mich selber nicht leicht betrügen kann. Deswegen weiß ich auch, dass es in mir nicht viele Dinge gibt, um derentwillen ich es verdiente, glücklich zu sein. Sie haben völlig recht, wenn Sie von meiner Anmaßung sprechen. Sie ist aber das Verletzlichste in mir.»[91]

Ein Abschiedsbrief nicht nur an Grenier, auch an sich selbst, einen jungen Mann, der auf die Welt mit ausgebreiteten Armen zulief. Bald wird Camus nach Paris gehen und dort das Meer und das einfache Leben an den Küsten vermissen. Er wird diesen Jahren wie einem verlorenen Paradies nachtrauern und später als berühmter Autor in einem kurzen, «Das Meer» genannten Text schreiben:

> «Ich wuchs am Meer auf, und die Armut schien mir kostbar; dann verlor ich das Meer, und aller Luxus erschien mir fortan grau und das Elend unerträglich. Seither warte ich. Ich warte auf die Schiffe der Rückkehr, auf das Haus der Gewässer, auf den hellen Tag. Ich gedulde mich, ich bin höflich mit allen meinen Kräften. Man sieht mich durch schöne, gescheite Gassen gehen, ich bewundere Landschaften, klatsche Beifall wie alle, schüttle Hände und bin es nicht, der redet. [...] Manchmal wache ich in der Nacht auf und glaube, noch halb im Schlaf, das Geräusch der Wellen zu hören. Ganz erwacht

merke ich, dass es der Wind in den Blättern war und das unselige Lärmen der öden Stadt. Dann brauche ich meine ganze Kunst, um meine Enttäuschung zu verbergen oder sie modisch zu verkleiden.»[92]

5. Kapitel

DAS ELEND

Ort und Zeit:
Algier 1938.
Kabylei 1939.
Deutschland fällt in Polen ein,
1. September 1939.

Lokalreporter

Pascal Pia ist fünfunddreißig Jahre alt und ein erfolgreicher Pariser Journalist, als ihn ein Telegramm aus Algier erreicht: «Die Sache ist abgemacht. Stelle Sie 1. September ein. Herzlich Faure».

Der Absender ist der Agraringenieur Jean-Pierre Faure, der in Algier eine linke, undogmatische Tageszeitung herauszugeben plant, den *Alger républicain*. Pascal Pia soll der Chefredakteur werden. Pia zögert. Er ist Nachrichtenchef der kommunistischen Pariser Tageszeitung *Ce Soir*, ein guter Freund von André Malraux. Von Algerien hat er nicht die geringste Ahnung, und er liebt Paris. Doch eine Edition frivoler erotischer Texte des 18. Jahrhunderts hat ihm dort Ärger eingebracht. Er sucht Abstand von den Literatenzirkeln im Quartier Latin. So trifft er im Sommer 1938 mit Frau, Kind und sehr vielen Büchern in Algier ein. Sein Auftrag: die Gründung einer Tageszeitung im Geist der Volksfront.

Pia sucht junge Mitarbeiter. Seine finanziellen Mittel reichen nicht aus, professionelle Journalisten zu engagieren, und Faure empfiehlt einen gewissen Albert Camus. Der schreibe, mache Theater und arbeite gegenwärtig im meteorologischen Institut, wo er Luftdruckdiagramme redigiere. Er habe einige Artikel im *Alger-Étudiant*, der hiesigen Studentenzeitschrift, veröffentlicht, außerdem einige Essays in winzigen Auflagen bei der Verlagsbuchhandlung «Aux vraies richesses» von Edmond Charlot publiziert und plane, bei der neugegründeten Literaturzeitung *Rivages* mitzuarbeiten.

Pia stellt Camus sofort ein. Nach dem ersten Treffen mit dem

Die Journalisten Albert Camus und Pascal Pia

in Scheidung von seiner drogensüchtigen Ehefrau Simone lebenden jungen Mann lobt er dessen gute Allgemeinbildung und die «für sein Alter erstaunliche Lebenserfahrung». Er bietet Camus 2000 Franc im Monat. Sein Berichtsgebiet: Lokales und Literatur. Dienstzeiten täglich von 17 Uhr bis 1 Uhr nachts. Die erste Ausgabe erscheint am 6. Oktober 1938, hat acht Seiten und kostet 40 Centimes.

Camus, der keine journalistische Erfahrung mitbringt, beginnt sofort, Gerichtsreportagen und Literaturrezensionen zu schreiben. In den 387 Ausgaben des *Alger républicain* wird er mehr als 150 Artikel veröffentlichen, über Lokales, Budgetfragen, Senatswahlen, Lebenshaltungskosten, die Arbeit der Landwirtschaftskammer oder die Lokalpolitik des nationalkonservativen Bürgermeisters Augustin Rozis. In seiner Literaturkolumne rezensiert er Jean-Paul Sartres Debüt *Der Ekel* und die neuen Romane von Aldous Huxley, Erich Maria Remarque, Paul Nizan, Jean Giono, Ignazio Silone. Sein Ton ist spielerisch, offensiv, selbstbewusst. So gut wie jetzt wird er als Pariser Journalist beim *Combat* nie wieder schreiben.

Der *Alger républicain* pflegt unter Pascal Pia einen kommentierenden, häufig beißend ironischen Journalismus. Camus experimentiert mit unkonventionellen Formaten wie einem «Offenen Brief an den Generalgouverneur» oder einem erdachten Gespräch zwischen einem «Arbeiter mit 1200 Franc im Monat» und dem Senatspräsidenten. Als Gerichtsreporter nimmt er Einfluss auf spektakuläre Prozesse wie den gegen Michel Hodent, den Angestellten eines dem staatlichen Getreideamt unterstellten Betriebes, der zu Unrecht wegen Unterschlagung angeklagt ist und seinen Freispruch nicht zuletzt dem unermüdlichen Einsatz dieses engagierten Gerichtsreporters vom *Alger républicain* verdankt. Ebenso rückhaltlos unterstützt Camus Scheich El Okbi, der beschuldigt wird, den Mord am Großmufti von Algier befohlen zu haben. Der Scheich wird freigesprochen, ob zu Recht oder zu Unrecht ist bis heute nicht entschieden; wegen der liberalen Haltung des Angeklagten und der Regierungstreue des Opfers hat sich Camus vielleicht allzu schnell auf eine Seite geschlagen.

Zu großer Form lief er schließlich in einem besonders grausamen Fall kolonialistischer Unrechtsgerichtsbarkeit auf. In dem Prozess wurden arme arabische Landarbeiter, die angeblich während eines Streiks Gebäude in Brand gesetzt hatten, zu mehreren Jahren Zwangsarbeit verurteilt. Camus beschrieb, welchen Foltermethoden der kolonialen Ordnungsmacht sich die Geständnisse der Landarbeiter verdankten: Auspeitschung am ganzen Körper, Untertauchen des Kopfes fast bis zum Ersticken in einem Wasserbecken, elektrische Stromschläge auf die nackten Fußsohlen. Anschließend habe man die Daumen dieser Analphabeten mit Gewalt auf ein Stempelkissen und zum Zeichen ihres Einverständnisses auf die Prozessunterlagen gedrückt. «Diese abscheulichen Methoden, die einem jeden von uns wie ein persönlich erlittenes Unrecht unerträglich sind, bringen die Unglücklichen ins Zuchthaus, deren Leben ohnehin nur eine Folge von Elend war.»[93]

Doch damit nicht genug, in einer mehrteiligen Serie schilderte Camus im Detail, was die Verurteilung der Landarbeiter für ihre Angehörigen bedeutete. Eine Familie sei nun darauf angewiesen, vom Tagelohn des zehnjährigen Sohnes zu leben. Die Frau eines anderen Verurteilten müsse für ihre fünf Kinder betteln gehen. Mutter und Bruder eines Dritten könnten die vier Kinder und die Ehefrau nur dadurch durchbringen, dass sie Holz und Kräuter sammelten. Camus nennt den Lohn der Kinder und der Frauen: 3 Franc, 6 Franc, 8 Franc am Tag.

Am meisten erstaunt, wie mühelos der Anfänger sofort die verschiedensten journalistischen Rollen beherrscht – den jungen Engagierten, den gravitätischen Besserwisser, den bissigen Beobachter, den sensiblen Reporter, den naiven Mann von der Straße. Er lässt auch den moralischen Belcanto hören, der ihn später in

Paris kennzeichnen wird, und gelegentlich erlaubt er sich eine zeitungsferne Empfindsamkeit.

«Wir wissen, dass zuweilen der Mensch hinter den Mächtigen dieser Welt zum Vorschein kommt. Es gibt auch für den Mächtigen Augenblicke, zwischen zwei Empfängen und drei Verlautbarungen, in denen er ein Stückchen Himmel betrachtet, das über den allzu gestutzten Bäumen in einem allzu herausgeputzten Park aufscheint. Und dann wünscht auch er sich, dass der hasserfüllte Lärm sich lege und alles die innere Stille wiederfinde, die er in sich aufsteigen fühlt.»[94]

Pascal Pia ist nicht nur älter und erfahrener, sondern auch desillusionierter und zynischer als sein begabter Mitarbeiter. Er ist der Erste, der am Mittag in der Redaktion erscheint, und der Letzte, der sie in den frühen Morgenstunden verlässt. Für Camus ist die Zeitung ein Beruf, keine Berufung. An Grenier schreibt er von oben herab, er treibe jetzt Journalismus, «überfahrene Hunde», Literaturkritiken, Reportagen und solche Sachen:

«Sie wissen mehr als ich, wie enttäuschend dieses Métier ist. Aber ich finde darin immerhin einen Anschein von Freiheit – ich werde zu nichts gezwungen, und alles, was ich tue, erscheint mir lebendig. Man trifft hier zwar auch Befriedigungen von eher minderer Qualität: was soll's. Man hat mir nun endgültig das medizinische Gutachten für das Lehrerexamen verweigert. Eine Regierungskommission hat lange über meinen Fall verhandelt. Das Ergebnis war negativ. Deswegen habe ich die Stelle beim ‹Alger républicain› angenommen. Ich weiß nicht, wie wir beide wieder zusammenkommen können. Je älter ich werde (das ist so eine Redensart), umso einsamer fühle ich mich.»[95]

Camus nutzt den späten Vormittag, um an seinen beiden Romanen über die Herren Mersault und Meursault, an dem Essay über das Absurde und am Theaterstück *Caligula* zu arbeiten. Er macht Pläne für das Théâtre de l'Équipe, wo er den *Caligula* aufführen und selbst die Hauptrolle spielen möchte, und gründet mit seinem Freund de Fréminville den Verlag «Cafre» (Ca für Camus und -fre für Fréminville). Nach wenigen Monaten geben sie ihn wieder auf. Der Journalismus, über den er sich so abfällig äußert, beeinflusst ihn stärker, als er zugibt.

Jean Grenier ist aus Camus' Leben verschwunden. Seinen Platz hat Pascal Pia eingenommen. Dessen abgeklärter, nüchterner Schreibstil ist die Lehre, durch die er nun geht. Nie wird man ganz ermessen können, ob (wie allgemein behauptet) der unrasierte Realismus der modernen American Novel Camus zu jenem neuen, illusionslosen Stil verhalf, mit dem er im *Fremden* bald überraschen wird, oder nicht doch, was viel wahrscheinlicher ist, Pascal Pia und dessen lakonischem Journalismus die Ehre dieser stilistischen Vaterschaft gebührt. Pia ist derjenige, der Camus mit dem Pariser Zeitgeist vertraut macht, der ihm die «Lyrismen à la André Gide» und das lyrische Geplauder à la Grenier abgewöhnt. Durch Pias Einfluss wird Camus zu jenem später von Roland Barthes gefeierten Helden des Schreibens «am Nullpunkt der Literatur».

Pia macht den mediterranen Provinzler mit der Gegenwart und einem schnellen urbanen Schreib- und Lebensstil bekannt, von ihm lernt er den harten, ironischen Hauptstadtton. Wenn Camus schreibt, er wisse nicht, wie er mit Grenier wieder zusammenkommen könne, ist dies keine Höflichkeits-, sondern eine Abschiedsformel. Die Welt der literarisierenden Lehrstuhlinhaber ist ihm fremder geworden denn je – an der Seite von Pascal Pia kommt Camus in der Moderne an.

Als im Mai 1939 seine lyrische Essaysammlung *Noces* (*Hochzeit des Lichts*) bei Charlot erscheint – eine Hymne an die Sonne und das harte Licht der Mittelmeerküste –, meldet Camus an Grenier, dies sei nun das Letzte von ihm «in diesem Genre» (was nicht stimmt, eine Fortsetzung der lyrischen Essays über Algerien wird 1956 erscheinen). Sein Essay über das Absurde werde ein sehr persönliches Buch. Nichts Akademisches. Keine Belehrungen. Und er plane, nach Griechenland zu reisen, man müsse sich beeilen, gewisse Dinge noch zu sehen, bevor die Kanonen alles ausgelöscht haben würden.

Camus weiß, dass es Krieg geben wird. Gemeinsam mit Pia, der wie Camus seinen Vater im Ersten Weltkrieg verloren hat, spricht er sich bis zuletzt im *Alger républicain* gegen einen Kriegseintritt Frankreichs aus.

Es ist ein Leben auf dem Pulverfass. Jeden Augenblick kann einem die vertraute Welt um die Ohren fliegen. Die beiden Männer, die in den Redaktionsräumen des *Alger républicain* bis spät in der Nacht ihre Artikel in die Schreibmaschine hacken, fühlen sich einsam und umzingelt von Feinden. Das Wort, das Camus in diesen Wochen mit Abstand am häufigsten in die Tasten drückt, ist «misère» – Elend.

Eine Reise zu den Berbern

Im Mai und Juni 1939 erscheint im *Alger républicain* eine elfteilige Artikelserie über die Lebensumstände der Berber in der Kabylei, die ersten drei Folgen auf der Schlussseite, alle nächsten sogar auf der Titelseite.

Zum ersten Mal bereist Camus das Hinterland Algeriens, zum ersten Mal kommt er durch Gegenden, in denen niemand Französisch spricht, zum ersten Mal sieht er derart großes Elend.

alger républicain

MISÈRE DE LA KABYLIE

I. — LA GRÈCE EN HAILLONS

par Albert CAMUS

« Vivement la guerre. On nous donnera de quoi manger... »

UNE DÉTRESSE INDICIBLE

DES SECOURS IMMÉDIATS

LE SEUL PROBLÈME DE LA KABYLIE D'AUJOURD'HUI

MISÈRE ET GRANDEUR DE LA KABYLIE

A ALGER

AUX ATTAFS

ALGER RÉPUBLICAIN

Das Elend der Kabylei

Die Kabylei ist eine Gebirgsregion im Osten Algeriens, in der seit der Antike Berberstämme zu Hause waren, die sich sogar gegen die römischen und arabischen Eroberer immer wieder erfolgreich zur Wehr setzen konnten. Noch den französischen Kolonisatoren haben die Berber der Kabylei lange widerstanden, Frankreich konnte das Gebiet erst 27 Jahre nach der Besatzung Algeriens vollständig einnehmen. Die Franzosen bemühten sich seither, den Widerstand der Berber durch deren absichtlich herbeigeführte Verelendung zu brechen.

Camus' Reportage unter dem Titel «Das Elend der Kabylei» beginnt wie zum Hohn im Stil des gehobenen kolonialen Feuilletons: «Wenn man sich den ersten Hängen der Kabylei nähert, die um ihren natürlichen Mittelpunkt gruppierten kleinen Dörfer betrachtet, die Männer in ihren weißen Wollgewändern, die von Kakteen, Oliven- und Feigenbäumen gesäumten Wege, diese Einfachheit des Lebens und der Landschaft, den Einklang zwischen den Menschen und seiner Erde, dann denkt man unwillkürlich an Griechenland.»[96]

Das sind die vertrauten mediterranen Idyllen, vertraut in den Ohren der gebildeten Söhne der Kolonialmacht, die ihre Heimat idealisieren, ohne sehr viel mehr von ihr zu kennen als die französischen Wohnviertel der Küstenstädte. Doch diesmal benötigt Camus keine zwei Absätze, um von den weißen Wollgewändern der Männer zur Kloake in den Dörfern zu gelangen, von den mit Olivenbäumen gesäumten Wegen zu den alten Frauen, die auf diesen Wegen jeden Tag stundenlang barfüßig unterwegs sind, um einen Krug Wasser nach Hause zu tragen. «Das Elend in diesem Land ist entsetzlich», schreibt der Reporter, dem nun die raue Seite der Wirklichkeit einfachen Lebens begegnet. In einem der schönsten Landstriche der Welt leidet ein ganzes Volk an Hunger und lebt von öffentlichen Zuwendungen. Oder lebt auch nicht, denn was Camus beschreibt, ist eher ein Dahinvegetieren. Kinder, die in der Schule vor Hunger in Ohnmacht fallen. Familien, die mit ihren Tieren in lichtlosen Hütten auf dem nackten Boden schlafen. Frauen, die bei der Entbindung unter Qualen sterben, weil der nächste Arzt viele Esel-Stunden entfernt ist. Der fassungslose Reporter stammelt immer und immer wieder einen Refrain:

«Niemals erschien mir das Gesicht des Elends verzweifelter.»

«Es gibt kein verzweifelteres Schauspiel als dieses Elend.»

«Die Menschen sprechen ausnahmslos nur von einem, und das ist das Elend.»

So hatte noch kein Franzose über das Leben der Ureinwohner Algeriens gesprochen. Camus schreibt nüchtern, persönlich und unversöhnlich. Er benutzt das ungeschützte Ich, auf das der New Journalism sich drei Jahrzehnte später viel einbilden wird, spricht von seinen Gefühlen und Erfahrungen. Da Camus weder Arabisch noch eine der Berbersprachen beherrscht, ist er auf einen Übersetzer angewiesen. Er fragt wie ein Ethnologe, der auf einen unbekannten Volksstamm getroffen ist: Wo ist Ihr Schlafplatz in der Hütte? Wie viele Kilometer müssen Sie laufen, um Wasser zu bekommen? Haben Sie in Ihrem Leben schon einmal ein Auto gesehen? Backen Sie das Fladenbrot mit Wasser oder mit Öl? Wie viele Schüler sind in einer Klasse? Er rechnet aus, wie viele Stunden ein kabylischer Arbeiter arbeiten muss, um zehn Franc zu verdienen, und vergleicht den Lohn von Männern und Frauen. Er kritisiert die schlechte Schulsituation. Er findet heraus, wie viele Ärzte in den Gemeinden für wie viele Einwohner zuständig sind: In Tizi-Ouzou ist es einer für 45 000 Menschen, in Michelet einer für 90 000, in Boghni einer für 60 000, in Sidi-Aïch einer für 125 000. Er erkundigt sich nach der Kindersterblichkeit, die sehr hoch ist, und nach einem Abwassersystem, das gar nicht vorhanden ist: «Die Straßen sind Kloaken».

Was tun? Camus bleibt vage:

> «Es genügt nicht zu sagen, dass man dieses Volk liebt. Liebe kann hier genauso wenig ausrichten wie Almosen oder gutgemeinte Worte. Hier geht es um Brot, Weizen, Hilfe, eine brüderliche Hand, die man reichen muss. Der Rest ist Literatur.»[97]

Der Wirklichkeitsschock irritiert die literarische Utopie von der algerischen Kolonie als einem mediterranen Garten der Kulturen. Obwohl Camus und Pia die Zustände in der Kabylei unerträglich erscheinen, denken sie nicht daran, im *Alger républicain* den Kolonialismus für das Elend verantwortlich zu machen oder gar die Unabhängigkeit Algeriens zu fordern. Eine solche Idee liegt jenseits ihres politischen Horizonts. Die Vorschläge des Reporters bleiben am unmittelbaren Problem orientiert – man müsse die Produktion der Trockenfeigen verbessern, den Unterdrückten Kredite und den Zugang zu französischen Bildungsanstalten gewähren. Für Camus ist die Kabylei ganz selbstverständlich ein Teil Frankreichs, und den Berbern wünscht er, sie sollten schnellstmöglich Franzosen werden: «Wenn man die Assimilation wirklich will, wenn man wirklich will, dass dieses ehrwürdige Volk französisch wird, darf man es nicht länger von den Franzosen trennen.»[98]

Solche Worte waren Skandal genug. Das Blatt wird nach dem Ende der Volksfrontregierung von der Pressezensur scharf beobachtet. Die Presseoffiziere haben im Frühsommer 1939 allerdings andere Sorgen, als sich um einen algerischen Journalisten zu kümmern, der sich für hungernde Berber interessiert. Camus erlangt mit diesen Reportagen lokale Berühmtheit. Er hat als einer der ersten französischen Journalisten offen über den Preis berichtet, den die Kolonisierten für ihre Kolonisation zahlen. In sein letztes Buch, das er zwanzig Jahre später herausgeben wird – die *Algerische Chronik* (*Actuelles III*) –, wird er sieben der elf Texte aufnehmen.

Das Lob der Armut

Armut und Elend liegen in der Begriffslandschaft Camus' ein Zeitalter voneinander entfernt. Das kolonialistisch erzeugte Elend der Berber hat ihn entsetzt. Die anspruchslose, aufs Nötigste beschränkte Armutskultur der ursprünglichen algerischen Gesellschaft bleibt für ihn jedoch das Urmodell des guten Lebens:

> «Was kann ein Mensch sich Besseres wünschen als Armut? Ich habe nicht Elend gesagt und rede auch nicht von der hoffnungslosen Arbeit des modernen Proletariers. Aber ich sehe nicht, was man sich mehr wünschen kann als mit tätiger Muße verbundene Armut.»[99]

Das Vorbild solch glückhafter Armut sind die Lebensverhältnisse seiner Kindheit in der Rue de Lyon. Er hat sie nie als Mangel empfunden, sie lagen so weit abseits von der zivilisierten Welt, dass seine Familie, mit einem auf die algerischen Ureinwohner gemünzten Wort des Soziologen und Algerienforschers Pierre Bourdieu, «nur im Hinblick auf einen Reichtum arm war, den sie von außen nicht erkannte und auch von innen nicht entdeckte».[100] Der hartnäckige und manchmal auch verzweifelte Armutsstolz der im Windschatten der Geschichte lebenden Algerier ist die Lebensstimmung, in der sich Camus' Existenzialismus entfaltet. Seine *Carnets* eröffneten das Jahr 1935 mit dem Satz: «Was ich sagen will: Dass man – ohne jede falsche Romantik – Sehnsucht nach einer verlorenen Armut haben kann.»[101]

Von der verlorenen Armut seiner Kindheit erzählen die ersten Texte, die er im Fleischerhaushalt seines Onkels schreibt. Die

Mutter, die Großmutter und der stumme Onkel, der auf dem Fußboden schläft, werden, kaum hat er sie verlassen, zu den Helden seiner ersten algerischen Armutserzählung *L'Envers et l'Endroit* (*Zwischen Licht und Schatten*), in der er die Entbehrungen, denen er entkommen ist, bereits verklärt: Armut wird zu wahrem Reichtum, Schweigen zur idealen Form des Gesprächs, Gleichgültigkeit zu Einverständnis mit dem Schicksal. Sogar der Anblick des Himmels ist nur für den Armen – Camus bemüht den biblischen Begriff häufig – «eine köstliche Gnade».

Als stolzer Abkömmling einer archaischen Armutskultur unterscheidet Camus ursprüngliche Werte, die wie ein Stein oder eine Blume einfach da sind, und künstliche Werte, die sich nur ableiten lassen aus den wankelmütigen Kategorien, Kursen und Tabellen der Zivilisation. Bei seiner Mutter hatten die Dinge einfache Namen, Topf, Teller, Vase. Bei seinem Onkel Acault wurde plötzlich nicht mehr von Tellern gegessen, sondern das Service aus Quimper aufgelegt oder das geflammte Steingut aus den Vogesen. Seitdem Camus diesen Vorboten der europäischen Zivilisation zum ersten Mal begegnet war, wuchs in ihm die Überzeugung, einmal an dem einzig richtigen Ort gewesen zu sein, an dem das Leben sich wie schlichte Töpferware formt, und diese wahren Reichtümer des Lebens verloren zu haben, als er seine Mutter verließ.

Das Lob der Armut ist ein riskantes intellektuelles Manöver. Camus weiß das. Er hat das erbärmliche, bedrückende Elend in der Kabylei gesehen. Er kennt die christlichen Mythen von den armen, aber aufrechten Menschen, die durchs Nadelöhr ins Himmelreich schlüpfen. Er sieht die Fallen der Doppelmoral, in die ein rundum versorgter Intellektueller gerät, der sich nach einer verlorenen Einfachheit zurücksehnt. Und dennoch ist er sich sicher: «In diesem Leben der Armut, unter diesen schlichten oder eitlen Leuten bin ich dem am nächsten gekommen, was mir als der wahre Sinn des Lebens erscheint.»[102]

Der *Soir républicain*

Am 1. September 1939 überfällt Deutschland Polen. Nach Art der berühmten Tagebucheintragung Kafkas vom 2. August 1914 – «Deutschland hat Russland den Krieg erklärt – nachmittags Schwimmschule» –, notiert Camus:

> «Der Krieg ist ausgebrochen. Wo ist der Krieg? [...] So wenig hat sich verändert. Später kommt dann ohne Zweifel der Kot, das Blut, der ungeheure Ekel. Aber am heutigen Tag wird einem nur klar, dass es mit dem Ausbruch von Kriegen ähnlich bestellt ist wie mit dem Beginn des Friedens: die Welt und das eigene Herz bemerken ihn nicht.»[103]

Die erste Folge des Krieges, die Camus bemerkt, ist die Einstellung des *Alger républicain*. Sein letzter Artikel vom 30. August 1939 mit der Überschrift «Vom Schicksal des einfachen Mannes» darf nicht mehr erscheinen. Frankreich mobilisiert, die telegrafische Verbindung nach Paris wird gekappt, die landesweite Auslieferung der Zeitung ist nicht mehr möglich.

Pascal Pia beschließt daraufhin, sie unter dem Namen *Le Soir républicain* als zweiseitig bedrucktes Flugblatt weiterzuführen, das nachmittags in den Straßen der Hauptstadt ausgerufen wird. Das kleine Journal trägt einen gewaltigen Beinamen: «Tageszeitung für Information und Kritik im Dienst des wahren Friedens». Ihre einzigen Redakteure: Albert Camus und Pascal Pia.

Aus Zufall entdeckt Pia in Algier einen alten Lagerbestand an Papierrollen, den er an den Behörden vorbei erwerben kann. Wenn dieser Vorrat zur Neige geht, wird man die Zeitung einstellen müssen, doch das bleibt das Geheimnis der beiden Chefredakteure. «Diese Gewissheit machte uns unbeugsam in der täglichen Auseinandersetzung mit dem Offizier, der für unsere letzten Korrekturfahnen zuständig war», wird Pascal Pia sich später erinnern. Und dennoch erscheinen viele Ausgaben mit weißen Stellen, wenn der Zensur eine Formulierung oder ein ganzer Artikel nicht passt und der Text in letzter Minute vor dem Andruck entfernt werden muss. «Wir protestierten energisch», so Pia, «wenn die Zensurbehörde uns dazu anhielt, Nachrichten zu unterschlagen. Man weiß, dass die häufig sehr dämlichen Anweisungen der Zensur auch immer besonders dämlich und stur umgesetzt werden. Aber ich kann versichern, dass die Zensurbehörde in Algerien sich in dieser Hinsicht noch selbst übertroffen hat.»[104]

Seit Kriegsausbruch hat sich die Pressezensur verschärft. Zwei Hauptmänner der Kavallerie werden für die Überwachung des *Soir républicain* abgestellt und bekommen von Camus höflichst einen Platz in einer Ecke der Druckerei zugewiesen. Die beiden Chefredakteure machen sich einen Spaß daraus, in ihren Artikeln Zitate von Voltaire, Montesquieu, Pascal oder Huxley zu verstecken und die Kavalleristen damit zu verspotten: «Meine Herren, dieser Satz ist von Montaigne, wir haben den Namen weggelassen, Sie wollen ihn zensieren?»[105] Es kommt auch vor, dass Camus einen Artikel absichtlich mit zusammenhanglosen Sätzen beendet, um den ratlosen Zensoren bei ihrem schwierigen Geschäft zuvorkommend seine Hilfe anzubieten. Nicht selten verbieten die dann gleich den ganzen Artikel. Manche Ausgaben des *Soir républicain* werden auch erst verboten, als sie die Druckerei schon verlassen haben. Die Zeitungsjungen freuen sich dann, in den Straßen von Algier auszurufen: «Kaufen Sie die verbotene Ausgabe des ‹Soir républicain›!»

Auch im Krieg bleiben Pia und Camus Pazifisten. «Wir sind zutiefst pazifistisch», erklären sie in einem «Glaubensbekenntnis» im November 1939. Der Ton des *Soir républicain* ist angespannt.

Die beiden Journalisten schreiben nicht nur gegen eine kriegführende Regierung und eine Stadt an, die nichts unversucht lässt, ihr tägliches Flugblatt zum Verschwinden zu bringen. Sie fühlen sich von der gesamten Welt verraten. Ihre Appelle klingen verzweifelt, auch verzweifelt allgemein. Ihr journalistisches und politisches Bekenntnis mündet in einen melancholischen Individualanarchismus:

> «Heute, wo alle Parteien uns verraten haben, wo die Politik alles erniedrigt, bleibt dem Menschen nur das Bewusstsein seiner Einsamkeit und sein Glaube an den Wert des einzelnen Menschen. Man kann von keinem Menschen verlangen, inmitten des universalen Irrsinns gerecht zu bleiben. Viele von denen, die uns nahestanden und die wir geliebt haben, haben ihre Klarsicht verloren. Aber man kann zumindest niemanden zwingen, ungerecht zu sein. Im vollen Bewusstsein dessen, was wir tun, lehnen wir uns gegen das Unrecht auf, solange wir können, und verteidigen den Einzelnen gegen die Partisanen eines anonymen Hasses.»[106]

Tag für Tag verhallen die libertären, pazifistischen Mahnungen und Meinungen aus der Rue Koechlin mehr oder weniger ungehört. Die Regierung von Ministerpräsident Édouard Daladier hat am 3. September 1939 die Kriegserklärung gegen Deutschland unterzeichnet. Der Bürgermeister von Algier, Augustin Rozis, sympathisiert offen mit dem spanischen und italienischen Faschismus. Selbst Jean-Pierre Faure, der Herausgeber und Gründer ihres Blattes, wendet sich von Pia und Camus ab. Sie hätten, so wirft er ihnen vor, aus der Volksfrontzeitung ein Anarchistenblatt gemacht.

All die zensierten Ausgaben und Artikel schienen verloren zu sein, wurden jedoch 2012 in den Übersee-Archiven in Aix-en-Provence wiederentdeckt.[107] Neben dem politischen «Glaubensbekenntnis» der beiden Redakteure vom November 1939 kennt man nun auch eine Stellungnahme zur Pressefreiheit, die Camus am 25. November 1939 nicht veröffentlichen durfte. Der Artikel ergänzt eine fünfteilige Serie von Pascal Pia über die Ethik des Journalismus und das Handwerk der Nachrichtenverarbeitung. Camus verteidigt darin einen freien und undogmatischen Journalismus, dessen Maximen der Klarheit, Ironie, Verweigerung und Hartnäckigkeit auch im Kriegsfall nicht geopfert werden dürften. «Eine unabhängige Zeitung», so Camus, «nennt ihre Informationsquellen, ermöglicht es ihren Lesern, die Nachrichten einzuordnen, verhindert jede Manipulation des Geistes, variiert zwischen Nachricht und Kommentar und dient der Wahrheit, so gut es in ihren Kräften steht.» Und den Blick auf seine Zensoren gerichtet, fährt er fort: «Ein freier Journalist im Jahr 1939 macht sich nicht viele Illusionen über die, die ihn unterdrücken. Er ist, was den Menschen betrifft, Pessimist.»

In diesen Wochen dürfte eine Saite gerissen sein im Herzen der beiden Idealisten. Ihre Hoffnungen, die Geschichte könnte aus dem Grauen des Ersten Weltkrieges gelernt haben, die Millionen Opfer könnten nicht vergebens gewesen und ihre Väter nicht umsonst gestorben sein, haben getrogen. Es gibt keinen Fortschritt. Das Grauen kehrt zurück. Die Geschichte dreht sich im Kreis. Die Signalworte, die seit dem Kriegsausbruch in Camus' Kommentaren wie dumpfe Kanoneneinschläge aufeinander folgen, lauten: Verzweiflung, Zusammenbruch, Indifferenz, Fatalismus. Manche Artikel unterschreibt er mit Jean Meursault – ein Name, mit dem sich für ihn ein fatalistisches Heldentum verbindet.

Pia und Camus halten daran fest, dass dieser Krieg vermeidbar gewesen wäre und jederzeit beendet werden könnte. Camus beklagt, dass die Härten des Versailler Vertrags Hitlers Aufstieg begünstigt hätten und es in der Zwischenkriegszeit keine Anstrengungen für eine tragfähige europäische Neuordnung gegeben habe. Doch die beiden Redakteure stehen auf verlorenem Posten, und sie wissen es.

Im Dezember 1939 veröffentlicht Camus noch einige kürzere Kommentare in seiner Rubrik «Schlaglichter des Krieges», in denen er unter anderem die Sowjetunion einen «imperialistischen Staat» nennt. In einem «Brief an einen jungen Engländer», der am 23. Dezember in dieser Rubrik, verstümmelt durch die Zensur, erscheint, kämpft er dafür, dass man dem Siegeswillen im Krieg nicht alle anderen Werte opfern dürfe. Camus, der schon bewiesen hat, wie glänzend er die modernen Stilmittel eines ironischen und angelsächsisch geprägten Journalismus beherrscht, passt sich nun immer mehr der pompösen Schicksalsrhetorik der Hauptstadtpresse an. Frankreich steht kurz vor dem Angriff der Deutschen.

In einem seiner letzten Artikel vom Januar 1940 verabschiedet sich der Chefredakteur des *Soir républicain* von seinen Lesern mit großem Pathos:

> «Es ist dies die Nacht der Menschlichkeit, in der ein Mensch, in seinem einsamen Schicksalskampf in die schweigende Welt ruft, dass man nicht schlafen, sondern bis zum Ende der Zeiten wachen müsse. Dieses Ende ist nah. Die Zeiten waren für das einzelne Individuum nie härter und bitterer als heute. Aber die einzigartige Größe des Menschen ist es zu bekämpfen, was mächtiger ist als er selber. Nicht das Glück soll man sich heute wünschen, sondern diese verzweifelte Erhabenheit».[108]

Ein starker Schlusssatz, den er unter eine glückliche Jugend in Algerien setzt. Das Glück, das er zum obersten Maßstab der Existenz erklärt hat, ist nichts mehr wert. Übrig bleibt nur eine durch was auch immer geadelte Verzweiflung – die gute Figur, die derjenige abgibt, der gerade ins Bodenlose fällt. Seit einer Weile arbeitet Camus nach Redaktionsschluss an seinem Essay über das Absurde.

Am 10. Januar 1940 erscheint die letzte Ausgabe des *Soir républicain*. Dann wird die Zeitung auf Erlass des Generalgouverneurs von Algerien verboten. Wenn der Generalgouverneur gewusst hätte, dass wir schon für die nächste Ausgabe kein Papier mehr hatten, dann hätte er es sicher vorgezogen, uns bei unserem Ende nicht behilflich zu sein, behauptete Pascal Pia später.

Pia reist am 8. Februar nach Paris ab. Camus hat das sichere Gefühl, die letzte Schonzeit sei vorüber. Bisher habe er zum Spaß geschrieben, gefühlt und sogar in gewissem Sinne gelebt, schreibt er an seine Freundin Francine Faure in Oran, die den arbeitslosen Journalisten aus Algier, der nun schon seit Jahren von seiner Ehefrau Simone getrennt lebt, gerne heiraten würde.

Ein Fegefeuer der Vergangenheit

Camus ist entschlossen, ebenfalls das Land zu verlassen. Die französische Armee verzichtet angesichts seines Gesundheitszustandes auf seine freiwilligen Dienste, zu denen er sich – man mag darin einen Vorgeschmack auf den heroischen Fatalismus des Essays über das Absurde erkennen – trotz seines Pazifismus verpflichtet fühlt: Er möchte, wenn der Krieg schon nicht mehr zu vermeiden ist, zumindest sein «Leben aufs Spiel setzen». Bei regierungstreuen Blättern wie dem *Écho d'Alger* kann der ehemalige Redakteur eines amtlich verbotenen Anarchistenblattes nicht nach einer Stelle fragen.

Das große Autodafé seiner Korrespondenz soll auch äußerlich einen Schlussstrich ziehen. Er will nicht mehr sein, wer er war.

Zwei Koffer voller Briefe aus den letzten fünf Jahren wirft er in seiner Wut eines Tages ins Feuer – Briefe von Max Jacob, Gabriel Audisio, Jean Grenier, André Malraux und Henry de Montherlant. Er verbrennt sein vergangenes Leben. Er möchte etwas ausmerzen, das seinen Wert für ihn verloren hat. Das Autodafé, die große Ernüchterung, der Verlust der politischen Illusionen, die persönliche Aussichtslosigkeit, der Abschied von Algerien – alles hängt und fällt mit dem Beginn des Zweiten Weltkrieges zusammen.

Es folgen noch einige Wochen quälenden Wartens. Pascal Pia versucht, für ihn in Paris eine Arbeit zu finden. Camus sitzt in Oran in der Rue d'Arzeu bei der Familie von Francine und wartet auf das Telegramm, das ihn nach Paris ruft. «Was Francine Faure angeht», schreibt er an Pia, «so sind wir übereingekommen, dass ich da leben soll, wo ich leben will. Übrigens glaube ich, dass sie mir nach Paris folgen wird».[109]

Er lässt sich treiben, unterhält seine Liebschaften in Algier, unterrichtet ein wenig Philosophie in Oran, schreibt am *Fremden* und am *Mythos des Sisyphos*, lebt an der Seite Francines und «langweilt sich wie ein tote Ratte»[110]. Häufig trifft er sich mit Pierre Galindo, dem Bruder einer seiner Nebenfreundinnen, Christiane Galindo. Die Tage scheinen kein Ende zu nehmen. Camus fühlt sich wie jemand, der auf einem Bahnsteig träumend eine Zigarette raucht und darauf wartet, «dass ein Pfiff uns wieder den Landschaften der Erde entgegenwirft»[111]. Die Stimmung dieser Monate wird man sieben Jahre später im Roman *Die Pest* wiederfinden.

Dem Gefühl der Leere und Langeweile vor der Abreise nach Paris entspricht militärgeschichtlich der Sitzkrieg an der französisch-deutschen Front, das Kriegsvorspiel, das die Franzosen Drôle de Guerre nennen. Vom 3. September 1939 bis zum 10. Mai 1940 stehen sich das deutsche und das französische Heer bewegungslos gegenüber. Hüben und drüben putzt man die Waffen, löffelt Suppe, zählt die Munition, empfängt Besuche von dickbäuchigen Generälen, die dann auf einem Acker stehen und mit entschlossenem Gesichtsausdruck ins Leere starren.

Jean-Paul Sartres postum veröffentlichtes Tagebuch aus der Drôle de Guerre handelt von allem Möglichen, von Lektüren, von Freundschaften, von Studienerinnerungen, von Frauengeschichten. Nur nicht von der so nahe bevorstehenden großen Katastrophe, die in der Luft liegt. Sartre, der dreizehn Jahre ältere, erfahrenere Autor, der während der Drôle de Guerre im Elsass stationiert ist und wie besessen bis zu zwölf Stunden am Tag schreibt, ist in keiner Weise alarmiert. Genauso wenig wie ein beträchtlicher Teil der französischen Intellektuellen. Diese heute durch die Strahlkraft der Namen Camus und Sartre zuweilen in Vergessenheit geratene bürgerliche bis rechtskonservative Intelligenz Frankreichs stand Nazideutschland vergleichsweise gelassen gegenüber. Ohne echte Sympathien für den Nationalsozialismus zu entwickeln, erschien der deutsche Faschismus Teilen der französischen Elite zumindest aus der Ferne zunächst durchaus erträglicher als die Volksfront eines Léon Blum.

Camus schreibt in Oran noch ein kurzes Prosastück, *Minotaurus*, das er seinem Freund Pierre Galindo widmet, der ihm als ein Vorbild für Meursault im *Fremden* dienen wird. «Will man die Welt verstehen», heißt es da, «muss man sich zeitweise fernhalten.»[112] Noch einmal erzählt er das Märchen von den leeren, geschichtsfreien Räumen Afrikas, besingt den afrikanischen Himmel, die Stille, die Sterne, die Steine, den Staub und die glühende Hitze.

Während man sich in Berlin für den Westfeldzug rüstet und die jungen Deutschen sich wie die Wiedergänger der germanischen Eroberer aufspielen, freut sich Camus in seinen poetischen Essays aus Oran über die schöne Einfalt der Oraner Jugend, deren Hauptvergnügen es sei, sich die Schuhe wichsen zu lassen und in diesen Schuhen über den Boulevard zu flanieren.

Camus erfährt bis in unsere Tage viel Spott für den naturmagischen Eskapismus seiner afrikanischen Prosa[113], die, während in Mitteleuropa zum Weltkrieg gerüstet wird und Vernichtungslager errichtet werden, den Rückzug in die Wüste oder in die Langeweile einer von der Geschichte vergessenen Stadt preist. Die algerischen Essays sind, im Stillstand des Frühjahrs 1940, der letzte literarische Versuch des abberufenen Journalisten, der Geschichte Europas zu entkommen und auf seinem mediterranen Außenposten lieber Sonnenstrahlen als Fallschirmjäger zu zählen.

Ein Massenmörder auf dem Theater – *Caligula*

Dabei hat Camus in den Nächten von Algier, in denen er nach Redaktionsschluss am Drama *Caligula* schrieb, die Abgründe, denen Europa entgegengeht, längst durchquert. Seine Begabung für das Drama ist nicht sehr ausgeprägt, doch *Caligula* wird sein bestes Stück. Der römische Kaiser – das reale Vorbild (12 bis 41 n. Chr.) hielt sich selbst für einen Gott – mordet und enteignet, wie es ihm in den Sinn kommt. Das Stück, in erster Fassung wenige Jahre vor dem Beginn des großen Massenmordens geschrieben, ist eine prophetische Studie über den sinnlosen Mord, der Camus sein Leben lang beschäftigt.

Camus' Imperator Caligula ist ein verzweifelter Tyrann. Nach dem Tod seiner geliebten Schwester kann er die «Welt in ihrer jetzigen Gestalt» kaum noch ertragen. «Die Menschen sterben, und sie sind nicht glücklich».[114] Er ist der erste Held Camus', der sich vor dem Absurden rettet, indem er sich das Absurde zu eigen macht. So wird er zum Massenmörder.

Der sinnlose Mord oder der Acte gratuit, wie das von André Gide geprägte Schlagwort für den literarischen Terrorismus heißt, nimmt die realen Gewaltexzesse des 20. Jahrhunderts ästhetisch vorweg. Gibt sich der literarische Terrorismus eher experimentell, dadaistisch oder nihilistisch, und hält sich der staatliche Terrorismus für das geeignete Mittel, Ordnung zu schaffen, so sind doch beide das Ergebnis einer grundstürzenden Krisenerfahrung: Das europäische Kolonialreich, in dessen Abendsonnenschein Camus heranwuchs, drohte zu zerfallen. In diesem Augenblick, in dem der europäische Kontinent, der die halbe Welt über Jahrhunderte zwangseuropäisiert hatte, auf seine ursprünglichen Ausmaße zurückschrumpft, entsteht auf dem Schreibtisch eines noch immer jungen Autors in einer der letzten europäischen Kolonien ein Theaterstück über den Zusammenhang von Größenwahn und Untergang großer Imperien. Caligula, der verrückte Herrscher eines untergehenden Großreiches, lässt seine Untertanen ermorden wie lästige Fliegen – ein Hitler, ein Stalin in römischen Sandalen. Seine verschreckten Opfer richten ihre Gebete an die «Göttin der Schmerzen und des Tanzes»: «Du, Leere und Glutverzehrte, Unmenschliche und doch so Irdische, berausche uns mit dem Wein deiner Gleichwertigkeit und sättige uns auf immer in deinem Herzen voll Schwärze und Salz».[115]

Die kalte Raserei des römischen Imperators nimmt den Nihilismus der Jahrhundertwende beim Wort – wenn nichts mehr zählt, ist alles erlaubt. Später wird Camus behaupten, der Gewaltrausch des Caligula sei nur eine Phase innerhalb seines Werks gewesen, ein Kapitel im Bildungsroman, das er hinter sich bringen musste. Er wird Caligulas Amoklauf «die Geschichte des menschlichsten und tragischsten aller Irrtümer» nennen – als hätte der delirierende Imperator sich mit etwas mehr Anstrengung auch ziviler benehmen können; er soll letztlich gelernt haben, dass «die Freiheit nicht auf Kosten der anderen verwirklicht werden kann».[116] Sein Autor wird so tun, als sei er nie von den Nachtseiten des Immoralismus fasziniert gewesen.

Jetzt, im Januar 1940, ist Camus noch immer krank. Tag für Tag sitzt er rauchend und schreibend auf seinem Zimmer in Oran. Sein Platz ist nicht mehr an den Stränden, auf den Meeresklippen, auf dem Fußballfeld, sondern im Lungensanatorium. Er ist ein Kandidat für den Zauberberg, ein Tuberkulosefall, der dem Leben mit einer Wolldecke über den Knien vom Liegestuhl aus zusehen sollte. Er ahnt, dass er jung sterben wird. Camus denkt aus der Panik eines Todeskandidaten. Die Bücher, die er noch schreiben wird, sind die eines Menschen, der davon überzeugt ist, keine Zeit mehr zu haben – für den Aufschub des Glücks, für die Verstellungskünste der Zivilisation, für das Irgendwann der Geschichtsteleologie.

Man muss ihm nicht glauben, dass die Raserei eines Verzweifelten wie Caligula nur eine Passage sei auf dem Weg zur bürgerlichen Vernunft. Er ist dabei, sich zu verbrennen. Er verbraucht sich selbst und alles um ihn herum: Zigaretten, Frauen, Gefühle, Kräfte.

Am Donnerstag, dem 14. März 1940, verlässt Camus seine Heimat. Er ist zu Schiff – nach Frankreich.

6. Kapitel

DIE WELT

Ort und Zeit:
Paris, Frühjahr 1940.
Clermont-Ferrand, Juni 1940.
Lyon, Herbst und Winter 1940.

Ein Algerier in Paris

Paris ist kalt und sonnig. Die Männer sind an der Front. Die Frauen flanieren auf den Boulevards. Simone de Beauvoir sitzt im Café Aux deux Magots, im Dôme, in der Rotonde oder in der Brasserie des Hotels Lutétia und schreibt täglich an Sartre, wobei sie ihre neu erworbenen Haarbänder mit derselben Akkuratesse vermerkt wie ihre Liebhaber und Liebhaberinnen. Sie geht ins Theater, zum Friseur, trinkt Cocktails in der Bar des Dôme. Im Hintergrund, immer näher kommend, der Krieg.

Man kann sich dieses Paris heute beinahe nur in Schwarzweiß vorstellen. Lange Mäntel, ernste Gesichter, Intellektuelle, die an den Caféhaustischen zusammenklumpen wie Rugbyspieler kurz vor dem Anpfiff. Die Busse fahren, die Geschäfte haben geöffnet, Vorlesungen werden gehalten, Bücher und Zeitungen erscheinen, in der Pariser Oper gibt man die «Zauberflöte». Aber es liegt etwas Unwirkliches in der Luft – vielleicht ist dies alles nur eine Kulisse, die jederzeit zusammenklappen kann.

Am 16. März 1940, einem Samstag, kommt Albert Camus in Paris an. Er weiß noch nicht, dass es endgültig ist. Er weiß noch nicht, dass Paris ihn erobern und nicht mehr loslassen wird. Noch glaubt er an einen vorübergehenden Aufenthalt. Er hält sich für einen Mann des Mittelmeers und der Sonne. Er will zurück. Er ist verliebt in Francine, die in Oran geblieben ist, Klavier spielt und Mathematik unterrichtet. Er ist verliebt in Yvonne, die in Algier lebt und mit der er gerne nach Portugal reisen würde. Er ist verliebt in seine Jugend, die gerade zu Ende gegangen ist.

Am Sonntag regnet es in Strömen. Im Radio spielt man «Séré-

Paris unter deutscher Besatzung, Einmarsch im Juni 1940

nade sans espoir». Camus nimmt sich ein Zimmer im Hôtel du Poirier in der Rue Ravignan. Pascal Pia hat eine Arbeit für ihn gefunden, die die geistige Lähmung, die Paris in Kürze befallen wird, schon vorwegnimmt: Er wird Redaktionssekretär bei der auflagenstarken, regierungstreuen Boulevardzeitung *Paris-Soir*. Redaktionssekretär heißt Umbruch erstellen, Bilder aussuchen, Schriftgrößen bestimmen und: keine Zeile schreiben, sich nicht einmischen, sich stumm und taub stellen. Camus verdient 3000 Franc monatlich und darf um 11.30 Uhr nach Hause gehen. Er vergräbt sich in dem Zimmer seines heruntergekommenen Hotels auf dem Montmartre, lässt sich von Francine Manuskripte nachschicken, lebt wie der Fremde, an dem er in diesem Frühjahr weiterschreibt. Er fühlt sich verlassen, auch gedemütigt. Was soll er in Paris? Im Tagebuch vermerkt er:

> «Was soll dieses plötzliche Erwachen – in diesem dunklen Zimmer – begleitet von den Geräuschen einer unvermittelt fremd gewordenen Stadt? Und alles ist mir fremd, alles, und kein Mensch, der zu mir gehört, keine Stätte, wo diese Wunde sich schließen könnte. Was tue ich hier, welchen Zusammenhang haben diese Gebärden, dieses Lächeln? Ich bin nicht von hier – auch nicht von anderswo. Und die Welt ist nur noch eine unbekannte Landschaft, in der mein Herz keinen Halt mehr findet. Fremd, wer könnte wissen, was dieses Wort bedeutet?»[117]

Dabei wird es im Großen und Ganzen bleiben. Er ist nicht von hier. Er wird sich in Paris vom ersten bis zum letzten Tag unwohl fühlen. Egal, wie viele Frauenherzen er in dieser Stadt brechen wird, egal, wie viel Erfolg, wie viele Weggenossen und Freunde er hier finden wird in den zwanzig Jahren, die ihm bleiben, die er in Paris bleiben wird. Er ist in «der Welt» angekommen, und die Welt ist ein Exil, fremd, unbekannt und kalt.

Sartre und Beauvoir lieben Paris. Es ist das warme Wasser, in das sie täglich eintauchen, die einzige Luft, in der sie atmen können. Soldat Sartre sitzt im Frühjahr 1940 an der Front auf seiner Wetterbeobachtungsstation im Truppenabschnitt 108 und schnappt begierig nach jeder kleinsten Nachricht aus dem vertrauten Habitat: «Erzählen Sie mir immer alles ganz genau, es ist ungeheuerlich, wie mich das interessieren kann», bittet er Simone de Beauvoir. Und sie schreibt ihm, oft dreimal täglich. Das spätere Vorzeigepaar, das bald gemeinsam mit Camus die weltbekannte Marke des Pariser Intellektuellen prägen wird, bewegt sich in Paris wie in seinem eigenen Wohnzimmer. Simone de Beauvoir und Jean-Paul Sartre fühlen sich in der Urbanität der französischen Metropole so wohl, dass sie ihr Leben auf den Pariser Straßen, in den Pariser Cafés, in der Pariser Öffentlichkeit verbringen und im Übrigen im Hotel oder in bescheidenen Appartements nächtigen.

Auch in den Romanen von Simone de Beauvoir spielt Paris – seine Theater, seine Boulevards, sein Regen, seine nervöse, menschendichte Stimmung – die Hauptrolle, ohne sie liefen alle amourösen Verwicklungen, die endlosen Debatten und Konflikte der eigentlichen Handlung ins Leere. In seinen Reportagen über die besetzte Hauptstadt spricht Sartre von Paris wie von seinem besten Freund: Wenn Paris sich erhebt, wenn Paris sich schlafen legt, wenn Paris um seine Freiheit kämpft. Paris ist für seine Schriftsteller seit jeher mehr als eine Stadt. Es ist eine Lebensform und das Nationaltheater, in dem die französische Kultur gespielt wird.

Doch was ist Paris für Camus, der im Alter von 26 Jahren gerade erst beginnt, ein Pariser Schriftsteller zu werden? Im Tagebuch findet er ein hartes, magisch schönes Wort für die graue Stadt an der Seine: Sie sei «für alle Zeit die einzig benutzbare Wüste».

Es ist ein neuer Versuch. Nach den Ausschweifungen unter der brennenden Sonne des Mittelmeers (in *Noces*), nach den Ausflügen ins Land einer wilden, dunklen Grausamkeit (in *Caligula*) nimmt Camus Fühlung auf mit dem verregneten 20. Jahrhundert der vereinsamten Angestellten, ihren hastigen Mahlzeiten, ihren leeren Sonntagen, der Hässlichkeit ihres Lebens. Paris ist die Hauptstadt einer der führenden Industrienationen der Welt. Und Camus ist empfänglich für den Preis, mit dem dieser Aufstieg bezahlt wird. Die Geschichte des «Fremden» ist nicht nur eine philosophische Erzählung über das Absurde, es ist auch das Porträt einer modernen Angestelltenseele, die allein ist, arbeitet, schläft und isst, um wieder zu arbeiten.

Es gibt allerdings noch etwas, das Camus in Paris zum Fremden werden lässt. Zum ersten Mal begegnet er einer der großen alten Hauptstädte des Christentums und gerät – im Geist eines rein alltagspragmatischen Katholizismus erzogen, aber im Herzen mehr heidnisch-griechisch als römisch-katholisch – auf unbekanntes Hoheitsgebiet. Paris tritt dem algerischen Einwanderer entgegen als eine Stadt der «gekreuzigten und ausgepeitschten Leiber», die den Körper und seine Begierden unter steifen Kleidern begräbt. Für das nervöse Reizklima der katholischen Kultur, die zwischen Reinheitsideal und Libertinage, Orthodoxie und Entgrenzung, Frömmigkeit und Blasphemie zerrissen ist, wird Camus immer unempfänglich bleiben. In den Tagen, in denen das Paris-Kapitel seines Lebens beginnt, notiert er im Tagebuch:

> «Reißen wir die letzten Seiten des Evangeliums heraus, so wird uns eine menschliche Religion geboten, ein Kult der Einsamkeit und der Größe. Ihre Bitterkeit macht sie natürlich unerträglich. Aber hier liegt ihre Wahrheit und die Lüge alles Übrigen beschlossen»[118].

Das ist die vorsichtige Umschreibung einer Ungeheuerlichkeit: Camus entwirft sich gleich in den ersten Tagen nach seiner Ankunft ein Christentum ohne Auferstehung, ohne Himmelfahrt und ohne Heiligen Geist. Ein Christentum, in dessen Zentrum die Verzweiflung des Gottessohnes steht, der sich am Kreuz für Augenblicke von Gott verlassen glaubt. In dieser Einsamkeit des von Gott verlassenen Christus erkennt Camus die Grund-Einsamkeit des Menschen wieder – vor allem die eines völlig verarmten nordafrikanischen Ankömmlings in einer der schillerndsten katholischen Kulturmetropolen des Westens, die von einer Bildungselite dominiert wird, deren Sprache er nicht spricht, deren Code er nicht beherrscht und deren Herkunft er nicht teilt.

Vollkommen allein ist er dennoch nicht und wird es nie sein. Pascal Pia macht ihn bald mit seinem Freund André Malraux bekannt, man verabredet sich zum Mittagessen. Camus befreundet sich mit den Setzern und Sekretärinnen beim *Paris-Soir*, unter anderem mit der jungen Janine Thomasset, die am 4. Januar 1960 hinter ihm in dem Auto sitzen wird, das ihr Mann, Michel Gallimard, auf der Landstraße bei Villeblevin gegen einen Baum fährt. Als habe er eine Ahnung, wie wenig Zeit ihm noch bleibt, schreibt er in diesen Wochen an Yvonne Ducailar, die zurückgelassene Geliebte in Algier: «Ich werde Journalist sein und jung sterben» – «warum sollte man den Leben nachtrauern, die man nicht gehabt hat?»[119]

Seit zwei Jahren trägt er den *Fremden* mit sich herum. Manchmal meint er, in seinem Kopf sei alles schon fertig. Manchmal glaubt er, nichts als Unsinn zu Papier gebracht zu haben. Manchmal treffen ihn seine eigenen Sätze wie ein Blitz, und er ist von ihrer Wahrheit restlos überzeugt. Camus arbeitet jetzt Tag und Nacht an den beiden Werken, die ihn unsterblich machen werden, und in gewisser Weise ist es ein Wettlauf mit der deutschen Wehrmacht.

Er weiß, Paris hat ihm diese Konzentration ermöglicht. An

seine Oraner Geliebte Francine schreibt er: «und ich glaube, dass ich Paris alles verzeihen kann, weil es mir erlaubt hat, so ganz und gar in meine Arbeit abgekapselt zu leben»[120]. Die Pariser Wüste und das einsame Hotelzimmer kann man zwischen den Sätzen des *Fremden* noch immer herauslesen. Im Tagebuch pflegt er den Mythos des Dachstubeneremiten, der den Ratschlag von Blaise Pascal beherzigt und sein Leben allein in seinem Zimmer verbringt, unerreichbar und unbeeindruckt von seiner Zeit; die ersten sechs Wochen verlängert Camus in die Zukunft:

> «Wie kommt es, dass die Fähigkeit, ein Jahr allein in einem ärmlichen Zimmer in Paris zu wohnen, den Menschen mehr lehrt als hundert literarische Salons und vierzig Jahre Erfahrung im ‹Pariser Leben›. Es ist etwas Hartes, Entsetzliches, zuweilen Peinigendes, und stets dem Wahnsinn so nahe. Aber in dieser Nachbarschaft muss das Wesen eines Menschen sich stählen – oder zugrunde gehen.»

In Wahrheit passt die heroische Einsamkeitspose – der Einzelgänger, der in einer ärmlichen Pariser Klause seine Socken in einer kleinen Plastikschüssel wäscht und ziellos durch die Stadt streunt, ist seit Emmanuel Bove ein Klassiker der französischen Junggesellenliteratur – überhaupt nicht zu Camus. Der war bisher kein der Weltverachtung zugeneigter Außenseiter, sondern ein zur Freundschaft begabter, gegenwartshungriger Mensch. Am wohlsten fühlt er sich in der Fußballmannschaft, im Redaktionsteam oder unter seinen Schauspielern. Doch Paris hat ihn verändert. Die sonnendurchglühte emphatische Tonlage seiner frühen algerischen Texte wird er nie wieder finden. Und den anspielungsreichen, perlend-urbanen Stil der Pariser Intelligenz wird er nie beherrschen. Aus dieser Not entsteht der einzigartige Ton des *Fremden.*

Es gibt eine Tonaufnahme, in der man ihn hören kann, diesen

anderen, so ganz unpariserischen Tonfall Camus'. Sie stammt aus dem April 1954, als Camus an drei Tagen in einem Pariser Studio von Radio France den gesamten Roman eingesprochen hat. Es ist eine schnelle, eine moderne Stimme, die ohne große Ausschläge und Kunstfertigkeiten, in einem wie wegwerfenden, an sich selbst und der Welt überdrüssigen Ton die Tragödie eines Mannes aus Algier erzählt, der zum Mörder wird, weil die Sonne ihn geblendet hat. Es ist vor allem diese in Camus' Vortrag nachzuempfindende Tonlosigkeit, in der sich Generationen von jungen Nachkriegseuropäern dann wiedererkennen werden. Manchem jüngeren Autor wie beispielsweise dem hinter dem Eisernen Vorhang in dürftigen Verhältnissen lebenden ungarischen Holocaustüberlebenden und späteren Nobelpreisträger Imre Kertész wird diese Tonlosigkeit einmal eine Sprache für das Unsagbare geben, nachdem das Pathos und die Rhetorik des alten Europa davor völlig versagt hatten.[121]

Der Fremde

Die erste Notiz zum *Fremden* findet man in den Tagebüchern vom August 1937[122], die letzte im Mai 1940.
Jean-Paul Sartre erkannte als Erster, dass dieses Werk viel mehr war als nur ein weiterer großer Roman der französischen Literatur. Obwohl seine 21-seitige Kritik, die er im Februar 1943 in den *Cahiers du Sud* veröffentlicht, im Zwischentonbereich bereits jenen feinen Spott enthält, mit dem er Camus später bloßstellen wird, hat er das Umstürzende des Romans doch sofort erfasst: Dieses Buch will die Welt und die Art, über sie zu sprechen, noch einmal neu erfinden.

Sartre erkennt die Sprengkraft des *Fremden*, auch wenn er die Originalität seines Autors nicht anerkennt und Camus in seiner langen Rezension zu einem kleinen Hemingway des Montparnasse macht, zu jemandem, dessen bleibendes Verdienst vor allem darin besteht, ein etwas ruppiges, neorealistisches Amerika ins Café de Flore gebracht zu haben.[123]

Genau das stimmte nun gerade nicht. Der Ton des *Fremden* ist zwar so unsentimental und direkt wie der neue schnelle Ton der jungen Amerikaner, doch er ist nicht so hart und männlich wie dieser. Camus' Fremder spricht wie ein Kind, dem der zweite Blick, der durch Vorwissen formatierte Blick, auf die Welt fehlt und das alles wie zum ersten Mal sieht. Wollte man Vorläufer suchen, fände man sie in der romanischen Literatur des Ennui, in Alberto Moravias *Die Gleichgültigen* (1929), in Emmanuel Boves *Meine Freunde* (1924), in Sartres *Der Ekel* (1938).

Doch geht Camus viel weiter. Er überlässt seinem anspruchslosen Helden – diesem ersten kleinen Mann der französischen Literatur, der nichts Großartiges mehr vorhat – die Regie. Und die Welt schrumpft entsprechend auf die Größe dieses Angestellten mit festen Bürostunden, der allein in zwei Zimmern in der Vorstadt von Algier lebt. Seine Mutter ist gerade im Altersheim gestorben. Aus seinem Fenster sieht er auf eine belebte Straße. Straßenbahnen fahren, und Menschen eilen vorüber. Das zweite Zimmer bewohnt er nicht. Der Esstisch und das Bett stehen im selben Raum. Außerdem gibt es dort ein paar durchgesessene Strohstühle, einen Schrank und einen Toilettentisch. Mehr Komfort braucht er nicht – physisch, seelisch und literarisch nicht. Die Kargheit seiner Behausung entspricht seinem kaum möblierten Innenleben.

Am Sonntag stellt er einen Stuhl ans Fenster, sieht stundenlang hinaus und raucht. Er verbringt seine Tage in einem Büro im Hafenviertel. Auf dem Schreibtisch stapeln sich Seefrachtbriefe, die er bearbeiten muss. Er macht das ohne Widerwillen. Am meisten stört ihn, dass das Rollhandtuch, an dem sich die Angestellten die Hände abtrocknen, am Abend feucht ist. Solchen Kleinigkeiten schenkt er besondere Beachtung. Die Beerdigung seiner Mutter beobachtet er wie ein zufälliger Gast. Sartre nannte das: Er sieht die Welt wie hinter Glas. Dabei ist er äußerst feinfühlig. Es sind nebensächliche Dinge, die ihm auffallen: die Tränen, die sich in den tiefen Gesichtsfurchen der alten Leute aufstauen; die dicken Bäuche der alten Frauen unter den eng gebundenen Schürzen; die Art, wie die Hosen der Männer auf den Schuhen aufliegen; das glänzende Schwarz des Straßenbelags. Er ist auch sehr empfänglich für Geräusche und für Farben. Später im Gefängnis wird er behaupten, dass man an einem einzigen Tag genug erlebe, um sich hundert Jahre lang daran zu erinnern. Am Tag nach der Beerdigung lernt er eine Frau im Schwimmbad kennen, mit der er am Abend ins Bett geht. Als sie ihn bald darauf zur Heirat drängt, stimmt er zu. Als sie fragt, ob er sie liebe, verneint er. Seine Gefühlskälte ist so stark, dass man sie heldenhaft nennen kann. Mit dem Unterschied, dass der klassische männliche Held seine Gefühle nur beherrscht, während Meursault gar keine Gefühle hat.

Er ist der direkte Nachfahre des erwähnten Protagonisten Mersault aus Camus' gescheitertem Roman *Der glückliche Tod*. Doch es gibt große Unterschiede zwischen den beiden. Mersault war ein Abenteurer, ein Eroberer, ein Mörder aus Vorsatz und Eigennutz. Er wollte, was seit Balzac alle bürgerlichen Romanhelden wollen, Geld, Reisen, Sex, Immobilien. Meursault hingegen erwartet nichts vom Leben. Er war einmal in Paris und hatte Ambitionen. Aber er fand die Stadt grau und schmutzig. Die Pariser waren ihm zu blass, und er mochte die Tauben dort nicht. Also kehrte er zurück in die Welt der Verlierer und kleinen Leute in der Provinz. In diesem Punkt nimmt Meursault einen im Westen wenig verbreiteten Standpunkt ein: Er ist an der Verbesserung seiner Lage nicht interessiert. Damit fehlt ihm die Grundausstattung neuzeitlicher Bürgerlichkeit. Der Fremde ist ein Mann der

Vormoderne, ein Held des Verzichts und des wunschlosen Unglücks.

Auch seine Herkunft ist nicht bürgerlich. Seine Freunde in der algerischen Vorstadt sind der Wirt Céleste, bei dem er täglich isst; der alte Nachbar, der seinen räudigen Köter beschimpft und nach dessen Verschwinden verzweifelt weint; und der Zuhälter Raymond, von dem er sich widerstandslos in die Geschichte mit den Arabern hineinziehen lässt, in deren Verlauf er zum Mörder wird. Diese Welt der einfachen Leute ist ein Reservat des Allzumenschlichen, der ehrlichen Tränen und der wortlosen Freundschaft in diesem Roman, der nicht jeden Winkel mit dem unbarmherzigen Lichtstrahl seines Desillusionismus ausleuchtet.

Der erste Teil des Buches wirkt wie ein Kurzfilm zu Camus' vergangenem Leben in Algier. Der Kameraeffekt ergibt sich aus der Ich-Erzählung: Meursault selber ist die Kamera, und der Leser wird eingeschlossen in seinen Lebensfilm, der beinahe ein Stummfilm ist, so wenig teilt er uns mit über seine Gefühle, Überlegungen und Ansichten. Wir sehen Meursault dabei zu, wie er am Freitag am Sarg seiner Mutter schwarzen Kaffee trinkt, wie er am Samstag im Kino die Brüste der Stenotypistin Maria streichelt, wie er am Sonntag eine Werbeanzeige für Salz aus einer alten Zeitung ausschneidet und danach mit seinem Nachbarn Blutwurst isst und Wein trinkt. Mit ihm gemeinsam spüren wir das endlos langsame, sinnlose Ticken der Uhr, die unser Leben abzählt.

Die alles entscheidende Szene, in der Meursault sein Leben verspielt und das eines anderen beendet, vollzieht sich am Strand außerhalb der Stadt. Meursault und seine Freunde geraten in eine Schlägerei mit zwei Arabern, ein Araber hat ein Messer, die Männer ziehen sich zurück. Meursault kehrt später allein an den Strand zurück. Die Sonne blendet ihn, deshalb macht er eine heftige Bewegung, und der Araber zieht noch einmal sein Messer, das in der Sonne funkelt. Meursault wollte nicht schießen, doch «der Abzug hat nachgegeben». Insgesamt hat er dann fünf Mal geschossen, jeder Schuss ein Schlag, mit dem er – wie Meursault dann doch überraschend poetisch formuliert – «an das Tor des Unglücks hämmerte». Schuld daran war, wie er behauptet, die Sonne. In den entscheidenden Augenblicken seines Werks stößt man bei Camus auf den von der hohen Mittagssonne beschienenen Fatalismus seiner Kindheit im algerischen Armenviertel.

Im zweiten Teil des Romans sitzt Meursault im Gefängnis. Er wird verhört, und man macht ihm den Prozess. Der Angeklagte verteidigt sich nicht. Im Sommer 1939 hatte es tatsächlich drei Mordprozesse in Algier gegeben, bei denen die Sonne und der Alkohol eine Rolle spielten, als der eine zu schnell in seine Tasche griff und der andere sofort schoss. Der *Alger républicain* hatte darüber berichtet.

Meursaults Untersuchungsrichter ist jedoch mit einer fatalistischen Erklärung der Tat, wie der Beschuldigte sie bietet, nicht zufrieden. Er erfindet eine modernere, psychologische Erzählung, die zu diesen fünf Schüssen hinführen soll. Zum wichtigen Baustein dieser Geschichte wird das kühle Verhalten des Angeklagten bei der Beerdigung seiner Mutter und dass er obendrein schon am nächsten Tag schwimmen gegangen ist und eine Frau kennengelernt hat. Das Gericht hält jemanden, der keine Gefühle beim Tod der Mutter zeigt, für verdächtig. Da der Angeklagte auch in den Vernehmungen keine Reue zeigt und nicht bereit ist, um Vergebung für seine Sünden zu bitten, ist der Staatsanwalt von seiner Schuld überzeugt.

Am Ende steht das Todesurteil. Und es sieht so aus, als werde Meursault eher für seine Fühllosigkeit als für den Mord an jenem gesichts- und namenlos bleibenden Araber verurteilt. Nicht die Tat macht ihn schuldig – ein französischer Kolonist ist im kolonialen Frankreich für einen Mord an einem Araber kaum mit dem Tode bestraft worden –, sondern sein Widerstand gegen die geltenden Gefühlskonventionen der westlichen Moderne. Mit orientalischem Gleichmut bricht er alles, was ihm widerfährt, auf eine einzige Formel herunter: «Das hat keine Bedeutung.»

Das größte Wunder des Buches bleibt die Kühnheit seiner Erzählperspektive. Was hat diesen unscheinbaren Büroangestellten zu einem Buddhisten des Herzens werden lassen, der sich der Gefühls- und Verhaltenskultur, in der er lebt, verweigert und innerlich zu allem und jedem nur wie Herman Melvilles Schreiberling Bartleby sagt: «I would prefer not to»?

Der Roman ist ein Schlüsselwerk der europäischen Literatur, er ist vor allem aber auch ein Schlüssel zum Leben seines Verfassers. Getrennt in zwei beinahe unverbundene Teile, in deren Mitte sich ein Schuss löst und ein Mensch stirbt, zwei Teile wie die beiden unverbundenen Leben Camus'. Der erste Teil enthält die bekannten Lebensmotive des jungen Angehörigen des algerischen Proletariats: die Einfachheit, die Mittagssonne, das Glück am Strand. Es ist jener Ausschnitt seines Lebens, in dem Camus sich im Rückblick als Teil einer stummen elementaren Welt sehen möchte, die sich ein tiefes, wortloses Wissen bewahrt hat. Das ist oft missverstanden worden: Die Gleichgültigkeit und Fremdheit des Fremden ist für Camus kein Mangel, sondern ein Reichtum. Sie öffnet sich in die Stille, Weite und Mehrdeutigkeit der Welt und des Inneren.

Der zweite Teil bildet die Erfahrungsräume des Bildungsaufsteigers ab: die Öffentlichkeit, die Kultur, die Justiz, die christliche Moral, den Journalismus, die Politik, die Religion. Es ist die Welt, in der er im Jahr 1940 lebt, schreibt und politisch handelt. In einem jungen Journalisten, einem Gerichtsreporter, hat Camus sich selbst porträtiert:

> «Die Journalisten [...] machten alle dasselbe gleichgültige und ein wenig spöttische Gesicht. Einer von ihnen allerdings, sehr viel jünger, in grauem Flanell mit blauem Schlips, hatte

seinen Stift vor sich liegen lassen und sah mich an. In seinem etwas unregelmäßigen Gesicht sah ich nur seine sehr hellen Augen, die mich aufmerksam musterten, ohne etwas Bestimmbares auszudrücken. Und ich hatte das sonderbare Gefühl, von mir selbst angesehen zu werden.»[124]

Es sind die beiden Pole seines Lebens, die Camus in seinem ersten Roman wie zwei Züge mit hoher Geschwindigkeit aufeinanderzurasen lässt. Zwei Menschen sterben bei diesem Zusammenstoß: der arabische Ureinwohner und der französische Kolonist – und mit beiden der Traum, dass es eine Versöhnung zwischen Traditionalismus und Moderne, Orient und Okzident, zwischen Frankreich und dem Maghreb und auch zwischen den zwei Leben des Schriftstellers Albert Camus geben könnte.

Das unmittelbare Ergebnis dieses Zusammenstoßes zweier historisch und geographisch weit auseinander liegender Lebensgefühle ist das Absurde. Meursault glaubt in einer Komödie zu leben, die die Gesellschaft um ihn herum aufführt. Aus Gründen, die im Roman im Dunkeln bleiben, ist er mit den Ansprüchen, die eine moderne westliche Gesellschaft an das Innenleben und das Sozialverhalten ihrer Mitglieder stellt, nicht vertraut. Diese Unvertrautheit wirkt so grundsätzlich, dass sie metaphysische Züge trägt.

In den Jahrzehnten nach dem Erscheinen des Romans wird das Entfremdungsgefühl Meursaults zur Kollektiverfahrung mehrerer Generationen von amerikanischen und europäischen Intellektuellen, die sich in der westlichen Mainstreamkultur oder im totalitären System ihrer Heimatländer unbehaust fühlen und ihre Gegenwart absurd nennen werden. *Der Fremde* wird für diese Generationen zum Kultbuch und zu einem weltweit millionenfach verkauften Erfolg. Inzwischen – nachdem die Mainstreamkultur überall auf der Welt das Absurde in die Arme geschlossen und in ihre Kunst- und Satirekanäle eingespeist hat – ist dem

Wort «absurd» die ursprüngliche Schärfe Camus' abhandengekommen.

Im Roman selbst taucht das Wort «absurd» nur an einer einzigen Stelle auf. Ganz am Schluss – ein Priester besucht den Todeskandidaten zum letzten Mal – hält Meursault eine kurze, merkwürdig bühnenreife Rede. Der Pater, sagt er, lebe wie ein Toter. Er hingegen sei sich seines Lebens und seines Todes sicher. Aus der «Tiefe» seiner Zukunft, so behauptet er, sei während dieses ganzen «absurden Lebens», das er geführt habe, ein «dunkler Atem» zu ihm aufgestiegen, und dieser Atem mache auf seinem Weg alles «gleich», was man ihm in den «unwirklichen Jahren» geboten habe. Zum ersten Mal erklärt sich der Fremde – mit großsprecherischem Pathos. An solchen Stellen meint man zu verstehen, warum Camus eine Angriffsfläche bietet für Kritiker, die ihn, wie Jean-Jacques Brochiers in den siebziger Jahren, einen «Philosophen für die sekundäre Oberstufe» nennen.[125]

Doch die Erklärungsrhetorik einer solchen Passage kann nicht darüber hinwegtäuschen, dass das Absurde bei Camus ein unauflösbares Paradox bleibt, eine Wunde, die sich nie schließen wird, mit der gelebt werden muss, zu rätselhaft, um zum Schulstoff zu taugen. Die beste und dunkelste Erklärung des Absurden stammt von seinem Freund Maurice Blanchot. Der schreibt in einem kurz nach Camus' Tod veröffentlichten Text mit dem Titel «Der Umweg zur Einfachheit», das Absurde «steht in unserer Sprache da wie etwas Nacktes, das seine Gründe nicht nennt, ein Grenzzeichen, das sich weigert, zu dem von ihm Begrenzten zu gehören: ein unnachgiebiges Wort, das Abschied nimmt und gibt.»[126]

Wenn Meursault sein Leben absurd nennt, meint er das so, wie Maurice Blanchot es verstanden hat. Sein Leben ist nackt, und es gibt keine Gründe dafür. Einsamer als ihn kann man sich einen Menschen kaum vorstellen. Erst auf den allerletzten Metern, beinahe schon auf dem Weg zum Schafott, mildert Camus das Schneidende und Unnachgiebige dieser absurden Engführung.

Ein letztes Mal lässt er seinen Helden einen Blick in den Himmel werfen, der plötzlich wie zur Christnacht «voller Zeichen und Sterne ist». Und als sei das Absurde ein Gott, der sich von Zeit zu Zeit in seiner erhabenen Sinnlosigkeit offenbart, öffnet der Todeskandidat sich «zum ersten Mal» – so die legendäre Formulierung – «der zärtlichen Gleichgültigkeit der Welt».

Meursault nennt sich in diesem Augenblick einen glücklichen Menschen und denkt an seine Mutter. Er behauptet, er sei mit ihr in Wahrheit die ganze Zeit über in derselben «zärtlichen Gleichgültigkeit» verbunden gewesen, die auch den Himmel und alles Lebendige erfülle. Nicht aus Fühllosigkeit, sondern einzig wegen dieser Überwältigung durch das Unaussprechliche sei er so stumm und kalt gewesen. Nicht die Leere, sondern die Überfülle des Empfindens habe ihn daran gehindert, die zivilisatorischen Standards des Lebens zu beachten. Es ist ein großes Finale. Und ein kleiner Trost, der plötzlich durch das Wörtchen «zärtlich» aus dem kalten Kosmos herabschwebt wie eine Schneeflocke.

Beinahe unbemerkt bahnt Camus am Romanende einen semantischen Pilgerweg zum letzten Satz des sterbenden Christus, als er den Fremden sagen lässt, er wünsche sich viele Zuschauer bei seiner Hinrichtung, die ihn mit Schreien des Hasses empfangen mögen, damit «alles vollbracht» sei («pour que tout soit consommé»). In einem späteren Vorwort zu einer amerikanischen Universitätsausgabe des Romans wird Camus sogar so weit gehen, zu behaupten: «Ich habe versucht, in meiner Figur den einzigen Christus darzustellen, den wir verdienen».[127]

Dennoch ist Camus kein Christ und Meursault kein Erlöser vom Absurden. Im Gespräch mit dem Weggefährten Jean-Claude Brisville wird Camus im Jahr 1959 sagen, er habe einen «Sinn für das Heilige», aber er glaube nicht «an das ewige Leben».[128] Die Versöhnlichkeit am Ende des *Fremden* verdankt sich zum einen dem Muttermythos seines Verfassers: Der Muttersohn Camus teilt mit dem Muttersohn Meursault die stumme Verehrung der

Mutter, an die nichts Weltliches heranreicht. Zum anderen zeugt sie vom religiösen Atheismus Camus', dessen Kirche die Literatur und dessen Liturgie das Paradox ist – von der größten Hoffnungslosigkeit soll man nicht erlöst werden, denn sie selbst ist die Hoffnung. Am Horizont des Romans ist eine negative Theologie wirksam, in der Leere und Gleichgültigkeit dem Göttlichen den Platz freihalten, den es nicht einnimmt. Samuel Beckett wird die atheistische Transzendenzerwartung des *Fremden* wenige Jahre später in seinem Stück *Warten auf Godot* in die philosophische Groteske fortschreiben.

Für Camus ist *Der Fremde* ein Meilenstein und eine Wegscheide. Es ist der erste Roman eines in Paris angekommenen algerischen Vorstadtautors, der versuchen muss, mit der unüberbrückbaren Zerrissenheit seiner Biographie zu leben. Im *Fremden* hat er zu den zwei, drei Urmotiven seines Lebens zurückgefunden, auf die es ihm ankommt – das Schweigen einer Mutter, die Verlorenheit eines Sohnes, die Gleichgültigkeit, die zu einer Heimat werden kann. Das Buch spricht nicht nur von Verlorenheit und Zerrissenheit, es ist selbst Zeugnis eines heimatlosen Lebens zwischen zwei Weltepochen. Begonnen in der Vorzivilisation der mütterlichen Wohnung in der Rue de Lyon von Algier, abgeschlossen in einem Pariser Hotelzimmer am 1. Mai 1940, zehn Tage vor Beginn der Frankreichoffensive der Deutschen. Der Kommentar im Tagebuch lautet lapidar: «L'Étranger ist beendet».

Der Einmarsch

Die Nachrichtenlage bleibt undurchsichtig. Camus schreckt morgens durch das Brummen der Flugzeuge und die Schüsse der Flak aus dem Schlaf. Er ist erschöpft und unsicher, ob sein Buch etwas taugt. Er will zunächst alles in der Schublade liegen lassen und warten. In der Zwischenzeit schreibt er weiter am Essay *Der Mythos des Sisyphos*. Seine «drei Absurden», das Theaterstück *Caligula, Der Fremde* und der Essay, sollen zusammen erscheinen.

Camus ist von Anfang an ein Baumeister seines Werkes. Er denkt in didaktischen Zusammenhängen und architektonischen Räumen und hat drei Etagen entworfen, in denen er drei Existenzweisen in je drei literarischen Sparten nachbuchstabieren will – das Absurde, die Revolte und die Liebe im Spiegel des Romans, des Essays und des Dramas. An seine Freundin Francine Faure schreibt er:

> «In den Momenten, in denen ich aufwache, sehe ich manchmal eine ganze Reihe von Werken deutlich vor mir, die ich genau wie dieses [*Der Fremde*] unter Diktat schreiben werde, als herrschte nun Klarheit in meinen Plänen und in dem Universum, das ich beschreiben möchte.»[129]

Camus möchte noch immer Soldat werden, sich noch einmal einer Musterungskommission stellen. Über die Todesgefahr, der er sich damit aussetzt, sagt er in den Worten seines Helden Meursault, sie habe keinerlei Bedeutung. Doch zu einer erneuten Musterung kommt es nicht mehr. Die Ereignisse überschlagen sich.

Der Vormarsch der deutschen Truppen scheint unaufhaltsam

zu sein. Nachdem die französischen Verteidigungslinien in den Ardennen am fünften Kriegstag durchbrochen worden sind, gilt der Krieg als verloren. Dennoch versuchen die Zeitungen, Erfolgsmeldungen zu bringen und die militärische Lage zu beschönigen. Die Wahrheit sieht man auf den Straßen: Der «Exodus», die Massenflucht der nordfranzösischen Zivilbevölkerung vor den Deutschen, treibt Millionen von Menschen Richtung Süden. Auch Paris beginnt sich zu leeren. Mit vollbepackten Wagen machen sich lange Kolonnen auf den Marsch ins Ungewisse. Über ihren Köpfen dröhnen die deutschen Kampfflugzeuge. Kinder gehen im Chaos der Flucht verloren, verzweifelte Eltern schreien unaufhörlich deren Namen. Verwaltungen, Läden, Praxen schließen, ein Bleiben erscheint unmöglich. Nordfrankreich wird zu einer Geisterzone, in der nur noch die Spatzen wohnen.

Camus hat das Gefühl, mitzuerleben, wie eine Welt versinkt. «Manchmal stürzen die Kulissen ein», schreibt er in seinem Essay über das Absurde, in dem manche Szene von dem Drama zeugt, das sich in den französischen Städten abspielt. Das Debakel vom Mai und Juni 1940 ist ein Schock, der die ganze Nation befällt. Der Soldat Sartre, der in diesen Tagen in den äußersten nordöstlichen Winkel Frankreichs kommandiert wird, findet dort tote Städte vor. Er hat den Eindruck, in einer Filmszene mitzuspielen, glaubt, all dies sei gar nicht wahr.[130]

Ende Mai verlegt *Paris-Soir* die Redaktion nach Nantes. Camus bleibt als einer der Letzten in dem fast menschenleeren Zeitungsgebäude und lebt im Hotel zwischen zwei gepackten Koffern. Der militärischen Niederlage folgt eine Phase tiefer Verunsicherung. André Gide notiert am 30. Mai in sein Tagebuch: «An gewissen Tagen, oder vielmehr zu gewissen Stunden jedes Tages (ich spreche von der letzten Zeit) fühle ich mich von meinen eigenen Büchern so entfernt, als wären sie das Werk eines anderen.»[131] Sartre schreibt an Beauvoir: «Alles, was ich in den Jahren zuvor gelernt, geschrieben habe, erscheint nicht mehr gut, nicht einmal so, als hätte es einen Inhalt.»[132] Und Camus notiert wenige Tage vor Hitlers Einmarsch in Paris trotzig: «Es gibt kein Schicksal, das nicht durch Verachtung überwunden werden kann».[133]

In der zweiten Juniwoche fahren keine Züge mehr nach Paris. Die letzten Regierungsmitglieder verlassen die Stadt zu Fuß und mit Karren. In abgelegenen Schlössern auf dem Land kommen sie notdürftig unter, bevor sie sich in Tours zur Beratung zurückziehen. Am Freitag, dem 14. Juni, nimmt der Oberbefehlshaber der Heeresgruppe B von Bock am Arc de Triomphe die Siegesparade ab. Am Sonntag, dem 16. Juni, bildet Marschall Pétain eine neue Regierung. Am Montag um 13 Uhr verkündet er der Nation, die Kampfhandlungen würden eingestellt. Frankreich verpflichtet sich, alle Flüchtlinge, die im Land Schutz gesucht hatten, an Deutschland auszuliefern. Am Samstag, 22. Juni, wird das Waffenstillstandsabkommen unterzeichnet. Frankreich ergibt sich. Der Krieg mit Deutschland ist beendet. Am Sonntag besucht Hitler in Begleitung von Arno Breker und Albert Speer in den frühen Morgenstunden das ausgestorbene Paris. Hitler vor dem Eiffelturm. Hitler auf den Champs-Élysées. Camus schreibt an Yvonne: «Das Leben in Frankreich bedeutet von jetzt an die Hölle für den Geist».[134] In dieser Hölle wird er seine Bücher veröffentlichen und in einem der wichtigsten Verlage arbeiten.

Die letzten Mitarbeiter des *Paris-Soir* verlassen die Stadt zwischen dem 10. und 12. Juni. Die Redaktion befindet sich inzwischen in Clermont-Ferrand. Camus kommt im Auto nach, im Gepäck das fertige Manuskript des *Fremden*. Es ist ein Frieden mit Lebensmittelkarten und Schwarzmarkthandel. Camus glaubt zu ersticken, raucht Kette, spielt mit dem Gedanken, zu Fuß nach Marseille zu laufen und ein Schiff nach Afrika zu nehmen, und teilt ihn sowohl Francine als auch Yvonne mit. Züge und Busse fahren nicht mehr. Das Benzin ist knapp.

In Clermont gibt es ein Irrenhaus mit über tausend Kranken. Einer von ihnen schreit den ganzen Tag über. Camus sieht in diesem Haus «den Erdball in verkleinerten Maßstab».[135] Das Eingeschlossensein unter Kranken wird zur Ursituation des Romans *Die Pest* werden, der langsam in ihm entsteht. An den Abenden und im Morgengrauen schreibt er in einem provisorisch eingerichteten Hotelzimmer, das er sich mit einem Kollegen teilt, weiter an seinem Essay über das Absurde.

Frankreich bricht in zwei Teile, zwischen denen zunächst keine Verbindung besteht. Wer von der besetzten Zone im Norden in die freie Zone im Süden reisen will, muss einen von den deutschen Behörden ausgestellten Ausweis bei sich führen. Reisen nach Paris werden selten genehmigt. Auf dem Eiffelturm flattert die Hakenkreuzfahne. Die in der Hauptstadt verbliebenen Zeitungen unterstehen der deutschen Propaganda.

In Clermont-Ferrand, das in der freien Zone liegt, kann man die Deutschen im Alltag manchmal vergessen. Nicht vergessen kann man jedoch den Zusammenbruch aller Institutionen und der gesamten Infrastruktur – die Niederlage, die jeden lähmt und verzweifeln lässt.

Niemand begreift in diesen Wochen, wie es dazu kommen konnte. Der greise Marschall Pétain erscheint den Franzosen jetzt wie ein Retter. Am 17. Juni hält er eine Rede, in der er unter anderem die «Atmosphäre der Genusssucht» für diesen Untergang verantwortlich macht. Am 10. Juli löst die Nationalversammlung sich selbst auf. 85 Prozent der Abgeordneten stimmen dafür, die Verantwortung zur Bildung einer neuen Verfassung allein in die Hände des Marschalls zu legen. Das ist das Ende der Dritten Republik. Das Frankreich, in dem aus dem Kind einer mittellosen Analphabetin ein Camus werden konnte, gibt es von diesem Augenblick an nicht mehr.

Die Heirat

Erwarte nichts und lebe, wie es sich gehört», schreibt Camus in diesen Wochen an Francine Faure, die in Oran noch immer als Lehrerin arbeitet und bei ihrer Mutter wohnt. Die Familie drängt auf eine baldige Heirat. Camus scheint das wenig zu bedeuten. Er korrespondiert weiterhin mit mehreren Geliebten gleichzeitig, rühmt sich vor Yvonne, zum ersten Mal in seinem Leben für drei Monate keine Frau angerührt zu haben.

Er lebt allein mit einem zugelaufenen Hund, den er Blaise Blatin nennt, trägt in zwei Koffern seine Habseligkeiten und ein Jahrhundertmanuskript mit sich herum und weiß wieder einmal nicht, was aus ihm werden soll. Wie wäre es, einen Bauernhof in Algerien zu bewirtschaften? Oder lieber ein Geschäft eröffnen? Die Zeitung hat ihm angekündigt, seiner Hilfe nur noch bis zum Sommer zu bedürfen.

Als die Zeitung im September nach Lyon weiterzieht, hat Camus den ersten Teil des *Sisyphos* beendet. Pascal Pia war im Juli von der Front nach Paris zurückgekehrt. Im Oktober trifft auch er in Lyon ein und nimmt die Arbeit beim *Paris-Soir* wieder auf. Die Freunde wohnen im Hotel «Eden», einem ehemaligen Bordell.

Ende November kommt Francine Faure nach Lyon. Am 3. Dezember 1940 soll geheiratet werden. Die Ehe wird genau zwanzig Jahre, einen Monat und einen Tag halten, bis zum Tod des Ehemannes am 4. Januar 1960. Francine Camus wird im Laufe dieser Ehe die Hilfe der Psychiatrie benötigen und einen Selbstmordversuch unternehmen.

Warum Camus diese Verbindung trotz seiner ausschweifend promisken Lebensführung eingeht, ist eine Frage, die sich erst aus heutiger Perspektive stellt. In der Liebesordnung des mittelmeerischen Mannes waren Ehe und Eros getrennte Sphären. Es wird nicht lange dauern, und Camus wird von seiner Ehefrau als von seiner «Schwester» sprechen. Im *Caligula* hatte er seinen Helden sagen lassen: «Einen Menschen lieben, heißt einwilligen, mit ihm alt zu werden. Dieser Liebe bin ich nicht fähig.»[136] Und im Don-Juan-Kapitel des *Mythos des Sisyphos*, das er in den Wochen nach der Heirat in Angriff nimmt, schreibt er: «Warum sollte man selten lieben, um stark zu lieben?»[137] Die Liebe ist in der Moderne eine der letzten Illusionsbastionen. Camus reißt sie ein. Sein Liebesamoralismus ist bitter, aber nicht unversöhnlich: In jungen Jahren liebe man nicht, man gefalle einander. Erst wenn man alt und impotent sei, könne man einander lieben.

Im Werk Camus' gibt es keine Liebe zwischen Mann und Frau, nicht im zeitgenössischen Sinn. Dem Autor fehlen dazu alle Voraussetzungen. Das Liebesmodell bürgerliche Ehe ist ihm in keiner Lebensphase vorbildhaft begegnet, weder als Kriegswaise noch als Unterschichtskind oder als algerischer Dandy. Er hat historisch weit auseinander liegende Gefühlszeitalter in Windeseile durchquert, ist aus einer vormodernen Lebenswelt mit Siebenmeilenstiefeln im Milieu der Pariser Künstlerbohème gelandet, ohne je mit den bürgerlichen Seelenlandschaften in tiefere Berührung gekommen zu sein.

In den Fragen des Herzens ist Camus ein Mann des frühen 18. Jahrhunderts, das die Idee von der romantischen Liebe noch gar nicht entdeckt hat, welche das Paar Sartre-Beauvoir in seinen angestrengten erotischen Kalkulationen schon wieder weit hinter sich gelassen hat. In seiner Liebespraxis ähnelt er dem Libertin und dem adligen Lebemann. Das Unglück, das er damit anrichtet, ist ihm nicht gleichgültig. Er betrachtet es jedoch wie ein Schicksal, dem man nicht entkommen kann.

Camus' allerletzte Aufzeichnungen, ein paar Seiten seines Tagebuches, geschrieben in Lourmarin, Tage oder Stunden vor der Abfahrt in den Tod, ziehen eine Art Resümee seines Liebeslebens. Es fällt bitter aus.

> «Ich habe mein Leben lang, sobald ein Mensch mir Zuneigung entgegenbrachte, alles getan, damit er sich zurückzog. Natürlich gibt es meine Unfähigkeit, Verpflichtungen einzugehen, mein Gefallen an den Menschen, an der Vielfalt, meinen Pessimismus, was mich betrifft. Aber vielleicht war ich weniger leichtfertig, als ich behaupte. Das erste Geschöpf, das ich geliebt habe und dem ich treu war, ist mir in den Drogen, im Verrat entglitten [seine erste Frau Simone Hié]. Vielleicht rührt vieles von dort her, aus Eitelkeit, aus Furcht, wieder zu leiden, dabei habe ich doch viele Leiden auf mich genommen. Aber seitdem bin ich meinerseits allen entglitten, und irgendwie wollte ich, dass mir alle entglitten. […] Manchmal klage ich mich an, unfähig zu sein, jemanden zu lieben. Vielleicht stimmt das, aber ich war fähig, ein paar Menschen zu *erwählen* und ihnen, unabhängig von ihrem Tun, getreulich das Beste meiner selbst zu bewahren».[138]

Die Heirat am 3. Dezember in Lyon ist schlicht.

Pascal Pia ist Trauzeuge, die Ringe sind aus Metall, einige Kollegen von der Zeitung begleiten das Brautpaar ins Rathaus, danach geht man etwas trinken. Noch im Hochzeitsmonat Dezember schreibt Camus in sein Tagebuch: «Bewusst oder unbewusst nutzen die Frauen immer das Gefühl für die Ehre und das gegebene Wort, das im Manne so lebendig ist».[139]

Francine und Albert mit dem Trauzeugen Pascal Pia in Lyon

Der absurde Mensch – *Mythos des Sisyphos*

Die erste Aufgabe, die Francine in ihrer Ehe zufällt, besteht darin, das Manuskript ihres Mannes über das Absurde abzuschreiben. Sie erledigt die Arbeit mit Handschuhen, denn das Zimmer im Hotel Eden lässt sich nicht heizen. Mit klammen Fingern kopiert Francine im Winter 1940 den berühmten Anfang des Essays:

> «Es gibt nur ein wirklich ernstes philosophisches Problem: den Selbstmord. Sich entscheiden, ob das Leben es wert ist, gelebt zu werden oder nicht, heißt auf die Grundfrage der Philosophie antworten.»

Camus schreibt nun schon, auf dem grauen Manuskriptpapier von *Paris-Soir*, seit über einem Jahr an dem Text, und zwar in Teilen, die er später zusammensetzen wird.

Camus ist kein Philosoph, das hat er immer wieder betont,[140] und dieser Essay ist keine philosophische Arbeit. Wenn im *Mythos des Sisyphos* dennoch Philosophen auftreten – Heidegger, Kierkegaard, Jaspers, Schestow –, werden sie in ein intimes Gespräch verwickelt über die Gleichgültigkeit des Kosmos. In seiner Rezension des *Fremden* und des *Sisyphos* beliebt Sartre bewusst zu übertreiben, wenn er behauptet, der Absolvent der Universität von Algier scheine die «Zitate von Jaspers, Heidegger und Kierkegaard, mit denen er seinen Text kokett ausstattet, nicht immer ganz zu verstehen».[141]

Der Mythos des Sisyphos erreicht bis heute vor allem junge Leser, weil er direkt und persönlich ist. Camus will aus lebenswarmer Perspektive philosophieren und zieht es vor, von sich selbst zu sprechen, von seiner Einsamkeit, seinem Lebensekel, seiner Lebenslust, und nicht vom Weltgeist, dessen deutsche Vertreter gerade auf den Champs-Élysées paradieren. Er denkt ohne begriffliches Sicherheitsnetz. Seine Denkfiguren sind nicht das «An-Sich» und «Für-Sich», sondern heißen Don Juan, Kirilow, Kafka oder Hamlet. Es ist ein szenisches Denken, bezeugt von Lebensgefühl und Erfahrung, und seine Mittel sind plastisch – Bilder, Figuren und Konstellationen anstelle von Logik und Systemphilosophie. Sein Denken entspringt einer existenziellen Lebensweise; alles, was er nicht aufgrund eigener Erfahrung selbst zu Ende gedacht hat, verkommt ihm zur Ideologie.

Die Tuberkulose hat Camus die Türen zur École normale supérieure verschlossen, dieser Lordsiegelbewahrerin des methodischen Rationalismus, der subtilen Rhetorik und des Bildungskanons der Nation, aus der Jean-Paul Sartre, Simone de Beauvoir, Henri Bergson, Jean Giraudoux, Maurice Merleau-Ponty, Michel Foucault, Jacques Derrida, Pierre Bourdieu, Bernard-Henri Lévy und viele andere hervorgegangen sind. Aus dieser Schwäche macht Camus eine Stärke, indem er die Philosophie literarisiert – nach dem Vorbild Montaignes, Pascals, Nietzsches und des schreibenden Schullehrers Jean Grenier, dessen philosophische Essays ihn so früh geprägt hatten.

Camus macht sich nicht die Mühe, eine Perlenkette scharfsinniger Argumente aufzubieten, um zu beweisen, dass einzig das Absurde der Existenz zugrunde liegt. Für ihn ist das Absurde eine allen begrifflichen Ableitungen vorausgehende Empfindung, die jeden jederzeit grundlos überfallen kann: Man steht auf, man trinkt Kaffee, duscht, liest die Zeitung, fährt zur Arbeit, und plötzlich sieht man sich dabei zu und versteht nicht mehr, warum man tut, was man tut. In der absurden Welt ist jeglicher Zweckrationalismus, der die Kläglichkeit des Augenblicks in der Hoffnung auf eine umso strahlendere Zukunft vergessen lässt – ich arbeite, um reich / beliebt / schön / schlau / erfolgreich zu werden; ich bin fromm, um in den Himmel zu kommen –, bedeutungslos. Der absurde Mensch rechnet nicht mit der Zukunft, sondern mit dem Tod. Erst wenn jeder langweilige und öde Tag betrachtet wird, als sei er der letzte, versteht man seine radikale Unversöhnlichkeit.

Lebe tief und heftig

Die Botschaft von der Absurdität des Lebens hat entgegen jeder landläufigen Erwartung nichts von dem Trübsinn oder der Melancholie des Nichts-geht-mehr. Dem absurden Lebensgefühl folgt im Gegenteil eine Lebenslust, deren Erfüllung sich nicht auf den Sankt-Nimmerleins-Tag verschieben lässt. Der absurde Mensch hat es eilig, seine Zeit ist jetzt.

> «Wir leben auf die Zukunft hin: ‹morgen›, ‹später›, ‹wenn du eine Stellung haben wirst›, ‹mit den Jahren wirst du's verstehen›. Diese Inkonsequenzen sind bewundernswert, denn schließlich geht es ums Sterben. Es kommt gleichwohl der Tag, da stellt der Mensch fest oder sagt, dass er dreißig Jahre alt ist.»[142]

Camus beharrt auch hier auf der Lebensperspektive des Todeskandidaten, der sich auf nichts vertrösten und der sich nichts versprechen lässt. Sein Vorgehen ist einfach, und die These seines Essays ist es auch: Jahrhundertelang haben wir das Absurde versteckt hinter unseren Ideen, Vorstellungen und Phantasmen. Nun ist es Zeit, damit aufzuhören. Camus' Provokation entspricht der des Kindes im Märchen von Hans Christian Andersen, das plötzlich ruft: «Der Kaiser ist nackt.» Wir sterben, und «man kann nie genug darüber staunen, dass alle so leben, als ob niemand ‹wüsste›».[143] Diese kindliche Naivität ist eine Desillusionsmaschine, vor der selbst die kleinsten Lebenslügen nicht sicher sind und vor der die großen teleologischen Systeme, das Christentum, der Totalitarismus und der Idealismus, ihre Macht einbüßen – sie alle machen Versprechungen für eine Zukunft, die sie nicht kennen. In Wahrheit sind sie alle nackt, alle absurd.

Für einen ersten Rundumschlag, mit dem er der bekannten Welt die Kleider vom Leib reißt, braucht der junge Essayist keine zwanzig Seiten. Der Stil ist schlicht, persönlich und eindringlich, beinahe privat. Niemand außer dem Schreibenden selbst bürgt für die Wahrheit des Textes. Doch woher nimmt er diese ungewöhnliche Kraft der Destruktion? Aus der Auseinandersetzung mit seiner tödlichen Krankheit? Aus dem Schwindelgefühl, verursacht durch seinen rasanten sozialen Aufstieg? Aus dem Scheitern seiner Ehe mit Simone Hié? Aus dem Zusammenbruch seiner politischen Kinderstube, der Dritten Republik? Oder aus den Büchern, die er gelesen hat – Nietzsche, die Stoiker, die altindischen Upanischaden, Spengler, Kierkegaard, Dostojewski? Das alles mag eine Rolle spielen, denn auch das Absurde hat eine Ahnenreihe, einen Ort und eine Zeit, die ihm günstig sind. Und welche Zeit, wenn nicht diese, in der Millionen Franzosen mit Handkarren, Koffern und Kindern auf den Straßen Frankreichs auf der Flucht sind, wäre geeigneter für das Aufkommen eines absurden Lebensgefühls. Und doch behauptet Camus, dass das Gefühl des Absurden «jeden beliebigen Menschen an jeder beliebigen Straßenecke anspringen kann».[144] Es ist, wie der Igel im Märchen, immer schon da, wohin man auch kommt.

Camus ist dem Tod in seiner Kindheit nur knapp entkommen. Und er ist nicht geheilt. Das «Nichts» – Titelheld des philosophischen Hauptwerkes Sartres – ist für ihn in den Monaten und Jahren der Arbeit am *Sisyphos* vor allem etwas, das stetig seine

Lungen frisst. Die linke Hälfte ist bereits befallen, bald wird es auch die rechte sein.

Die Geburt des absurden Denkens im Leben dieses jungen Schriftstellers, der noch vor kurzem – wenn auch aus halber Lunge – das Glück des Sommers, das Licht, das Meer, den Strand und das Einssein mit den Naturmächten besungen hat, dokumentiert ein altes Notizheft, das Camus in Oran zurücklassen wird, wenn er 1942 erneut nach Frankreich aufbricht, und das bisher wenig Beachtung gefunden hat.[145] Er beschreibt darin in kurzen unverbundenen Notizen auf kariertem Papier ein paar entscheidende Tage seines Lebens, die voller Verzweiflung waren.

> «Das Entscheidende für alles, was danach kam, war, dass ich an diesem Abend ohne überhaupt darüber nachzudenken die Idee zu sterben akzeptiert habe. Ich fühlte mich nicht mehr wie ein lebendiger Mensch, sondern wie ein zum Tode Verurteilter. Es spielt keine Rolle, wie lange das dauerte. Wichtig ist einzig, dass ich in der darauf folgenden Nacht nicht geschlafen habe und im Zimmer auf und ab gegangen bin. Es ist egal, ob ich jemals wieder in der Lage sein werde, so extreme Schmerzen zu empfinden. Wichtig ist nur, dass ich danach drei Tage lang nicht mehr rausgegangen bin und stundenlang meine Hände angesehen habe oder zum Spiegel gerannt bin, um diese vereiste und fremde Gestalt zu betrachten, die gerade geboren wurde. Ich sage ja nicht, dass alles in diesen drei Tagen entstanden ist – aber doch das Wichtigste. Vorher hatte ich Ziele, war um meine Zukunft besorgt und suchte nach Rechtfertigungen (für wen oder was spielt hier keine Rolle). Ich rechnete mir Chancen aus, ich zählte auf das, was noch kommen sollte. Ich tat so, als könnte ich auf diese Chancen und auf diese Zukunft bauen. Aber in dieser Nacht brach das alles in sich zusammen.»[146]

Das Gefühl des Absurden wurde in der Nacht geboren, in der für den lungenkranken Oberschüler in Algier die Welt zerfiel. Aus dem Zusammenbruch geht eines der wichtigsten Paradoxa Camus' hervor – eine Lebensintensität, die stärker ist als alle Sinnversprechen, bedeutsamer als die großen Begriffe Ich, Liebe, Gott, Geist, die wie Sand zwischen den Fingern zerrinnen. Er schlägt vor, das Denken des Verstandes durch ein lebendiges Denken zu ersetzen, das eher ein Erleben denn ein Begreifen wäre – äußerste Wachheit, vergleichbar der Überempfindlichkeit Meursaults. Je sinnloser das Leben ist, umso heftiger wird es erlebt. «Bin ich glücklich oder unglücklich? Die Frage ist kaum von Bedeutung. Ich lebe mit solcher Besessenheit», hieß es im Tagebuch.[147] Diese Lebensbesessenheit ist sein wichtigstes Vermächtnis. Sie trifft ins Herz der Jugendkulturen des 20. Jahrhunderts. Seiner Parole «Lebe tief und heftig» wird sich bald eine Generation bedienen, die unter dem Pariser Pflaster den Strand sucht, den er so geliebt hat. Noch einmal das unbekannte Notizheft aus Oran:

> «Die göttliche Freiheit des zum Tode Verurteilten, vor dem sich im Morgengrauen die Gefängnistüren öffnen und der allem außer der reinen Flamme des Lebens gegenüber eine fürchterliche Gleichgültigkeit hegt, war auch das letzte Ziel meines Lebensweges. [...] Und mein Trost (der in meinen Augen lächerlich war) bestand nur darin, dass diese Freiheit des Geistes mir die Kraft geben würde, mehr als jemals zuvor zu leben, so tief und so heftig, dass jeder andere darüber verrückt geworden wäre. Diese furchtbare Klarsicht und diese hassenswerte Lebenskraft wurden mir am Ende zuteil.»[148]

Sisyphos in Auschwitz

Das letzte Kapitel des Essays erzählt die antike Geschichte des Sisyphos, den die Götter dazu verurteilt hatten, einen Felsbrocken wieder und wieder den Berg hinaufzurollen, als ein Gleichnis für das Leben, das man nicht in der Hand hat. Sisyphos könnte ein Angestellter sein, der jeden Morgen im selben Pendlerzug sitzt. Er könnte ein Arbeiter am Fließband, er könnte ein Soldat im Schützengraben sein. Er könnte ein kleiner unbedeutender Redaktionssekretär in Paris sein, der nach der Arbeit im Morgengrauen allein durch die schlafende Stadt nach Hause geht. «Wir müssen uns Sisyphos als einen glücklichen Menschen vorstellen» – der berühmte Schlusssatz des Buches bekräftigt noch einmal die stoische Schicksalsverachtung des lungenkranken Autors. Der Mensch hat die Pflicht zum Glück. Doch ist dies nicht das herkömmliche Glück neuzeitlicher Selbstverwirklichung, sondern ein anderes, ein buddhistisches Glück der Selbstentblößung, das die Grenzen des modernen Ego und seiner endlos komplizierten Ansprüche hinter sich lässt. Der Fatalist weiß, dass man das Glück nicht zwingen kann.

Der Amor Fati des Schlusses passte in die Stimmung der Zwischenkriegszeit, in der das Buch entworfen wurde und zum größten Teil entstanden ist. Als der Essay dann jedoch 1942, mitten im Zweiten Weltkrieg, im besetzten Paris mit nationalsozialistischer Genehmigung erscheint, ist seine Begeisterung für den «Wein des Absurden» und das «Brot der Gleichgültigkeit»[149] völlig unangebracht. Während Camus 1941 den letzten Satz über das Glück des Sisyphos, der sein absurdes Schicksal glücklich erträgt, zu Papier brachte, wurden in Auschwitz die ersten Vergasungen durchgeführt und das spätere Vernichtungslager Birkenau errichtet. Der

Beginn der systematischen Massenvernichtungen der europäischen Juden und das Erscheinen des Essays fallen zusammen.

Dennoch ist der unmögliche Gedanke vom Glück in der größten Hoffnungslosigkeit, von dem der *Mythos des Sisyphos* erzählt, seither nicht mehr verstummt. So wie sich das Erwachen der Gottesliebe und das Erscheinen Gottes nach Simone Weil, der von Camus tief verehrten jüdischen Philosophin, am tiefsten Grund des Unglücks ereignet, so wird selbst Auschwitz – unfassbar und kaum zu verstehen – im Werk des leidenschaftlichen Camus-Lesers Imre Kertész zu einer Quelle der Gnade. Als Sechzehnjähriger wurde der jüdische Schüler nach Auschwitz deportiert. In seinem Lebensbuch *Roman eines Schicksallosen* wird er später mit den Sätzen schließen: «Denn sogar dort, bei den Schornsteinen, gab es in der Pause zwischen den Qualen etwas, das dem Glück ähnlich war. Alle fragen mich immer nur nach Übeln, den ‹Greueln›: obgleich für mich vielleicht gerade diese Erfahrung die denkwürdigste ist. Ja, davon, vom Glück der Konzentrationslager, müsste ich ihnen erzählen, das nächste Mal, wenn sie mich fragen.»[150] So war das Denken des Paradoxen nicht zuletzt dank Camus in den dunkelsten Momenten des 20. Jahrhunderts manchmal eine Erlösung.

7. Kapitel

DIE EHRE

Ort und Zeit:

Marokko 1905.

Lyon 1940.

Oran 1941.

Le Panelier 1942.

Paris 1943/44.

Im Jahr 1905 nahm der zwanzigjährige Lucien Auguste Camus am Marokkokrieg teil. Seine Truppe lag in irgendeinem Winkel des Atlasgebirges. Eines Nachts beim Wachwechsel fand er seinen Kameraden unter einer Hecke mit sonderbar zum Mond hingedrehtem Kopf – jemand hatte ihm die Kehle durchgeschnitten, das Geschlechtsteil abgetrennt und dem Toten in den Mund geschoben. Den zweiten Wachposten entdeckte Lucien, auf ähnliche Weise zugerichtet, hundert Meter weiter unter einem Felsen. Er schlug Alarm, die Wachen wurden verdoppelt. Als er im Morgengrauen an der Seite eines Kameraden ins Lager zurückkehrte, sagte er, die so etwas gemacht hatten, seien «keine Menschen». Als daraufhin der andere einwandte, man sei schließlich in fremdes Land eingedrungen, der Gegner verteidige sich eben mit allen Mitteln, beharrte Lucien Camus: «Ein Mensch macht so etwas nicht, ein Mensch hält sich in Zaum».

Camus erzählt diese Geschichte in seinem nachgelassenen autobiographischen Roman *Der erste Mensch*; «ein Mensch hält sich in Zaum», «non, un homme ça s'empêche», das war der Ehrenkodex, der ihm vom Vater – weitergegeben über einen alten Lehrer, der den Vater gekannt hatte – überliefert wurde.

Die Ehre bleibt Camus zeitlebens sehr wichtig. Sie ist eine Art Urmaß, das er aus der Kindheit in der Armut Algiers in die moderne Welt mitbringt. Camus-Forscher haben das Wort in seinem Theaterstück *Der Belagerungszustand* zweiundzwanzigmal, mehrfach in seinen Leitartikeln für den *Combat* und dreimal allein im Vorwort zur *Algerischen Chronik* gezählt. Die Ehre galt es, immer und unbedingt zu verteidigen: im französischen Widerstand, im spanischen Bürgerkrieg oder – im kleineren Maßstab auf einem für Camus jedoch überaus wichtigen Kampfplatz – in harschen Repliken auf die Kritik der Kollegen. Sie gehörte in unmittelbare Nachbarschaft zu dem, was Camus seinen «spanischen Stolz» nannte, eine Eigenschaft, die er auf seine spanischen Wurzeln mütterlicherseits zurückführte.

Jean Grenier erinnerte sich, dass sein Schüler ihm 1941 einmal schrieb, dass «die Ehre und die Treue ihren Wert auch in einer absurden Welt bewahren»[151], Grenier vergaß auch den Nachmittag nie, als er seinen Schüler in der Rue de Lyon in Belcourt aufsuchte und Albert die Arme hinter dem Rücken verschränkte und die Hand, die der Lehrer ihm bot, ausschlug, weil er sich für die Armut, in der er lebte, vor seinem Lehrer so schämte.

Die Polarnacht von Paris

Im Dezember 1940 steht die Ehre einer stolzen Kultur auf dem Spiel. In Paris haben die Nachtlokale, die Cabarets, Clubs, Musikhallen und Bordelle wieder geöffnet. Man spielt Jazz und trinkt Whiskey. Die Pariser sind zurückgekehrt. In den Varietés sind die ersten Reihen mit Herren in grauen Wehrmachtsuniformen besetzt. Die deutschen Besatzer geben sich entspannt. Die Comédie-Française spielt *Was ihr wollt* in einer Inszenierung ihres Intendanten Jacques Copeau. Man sitzt bis spät in die Nacht zusammen im Deux Magots, im Dôme, in den Trois Mousquetaires und läuft durch die Kälte nach Hause, weil die Métro nach Mitternacht nicht mehr fährt.

Leutnant Gerhard Heller, ein junger Romanist aus Potsdam,

hat als Zensurbeauftragter des Reichspropagandaministeriums in Paris Posten bezogen und wacht über die Buchproduktion in der besetzten Zone. Auch alle Texte, die auf Pariser Bühnen vorgetragen werden, alle Cabaret-Programme und Satiren, müssen von der Propagandastaffel genehmigt werden. Der deutsche Botschafter im besetzten Frankreich, Otto Abetz, und der Militärbefehlshaber in Frankreich, General Otto von Stülpnagel, besuchen Ballettaufführungen in der Oper. Allein im Juli nehmen einhundert Pariser Kinos den Betrieb wieder auf und zeigen ausschließlich französische oder deutsche Filme.

Der alte Glanz ist oberflächlich wiederhergestellt, doch er kann nicht darüber hinwegtäuschen, dass die Kulturdarbietungen vor den deutschen Wehrmachtssoldaten Unterhaltungsdienste für ein Besatzungsregime sind, das sich zivilisiert gibt, seine wahren Absichten jedoch keineswegs verbirgt. Jüdische Schauspieler, Regisseure und Musiker werden aus dem Kulturleben entfernt. Elf jüdische Verlagshäuser werden enteignet und geschlossen, siebzig weitere von der deutschen Militärpolizei überfallen und geplündert. 2200 Tonnen Bücher werden verbrannt. Die verbliebenen Verlage verpflichten sich zur «Selbstzensur» und unterzeichnen ein «Abkommen», in dem sie zusichern, keine Bücher von Juden, Freimaurern oder deutschfeindlichen Autoren zu verlegen. Im September wird die nach Otto Abetz benannte «Liste Otto» veröffentlicht: 1060 Titel, die unverzüglich aus dem Verkehr zu ziehen sind, darunter Bücher von André Malraux, Arthur Koestler, Louis Aragon, Julien Benda, Sigmund Freud, André Gide, Paul Éluard, Jean Paulhan und sogar Gustave Flaubert. Die Bücher werden in einer riesigen Garage in der Avenue de la Grande-Armée gestapelt und später makuliert. Es ist «die Polarnacht des Geistes», von der Camus im *Sisyphos* schreibt.

Gaston Gallimard, der Gründer des gleichnamigen Verlages, in dem *Der Fremde* und der *Mythos des Sisyphos* erscheinen werden, flüchtet zunächst in die freie Zone, kehrt jedoch im Oktober

1940 zurück – und kollaboriert mit der deutschen Propagandastaffel. Leutnant Heller geht in der Rue Sébastien-Bottin, dem Sitz des Verlags, bald aus und ein. Bücher von jüdischen Autoren oder über jüdische Autoren werden aus dem Programm genommen, die jüdischen Lektoren entlassen.[152]

Während der Weihnachtstage 1940 herrscht in Paris herrliches kaltes und trockenes Wetter. André Malraux ist im Gefangenenlager. André Gide liest in Grasse Goethes *Leiden des jungen Werthers.* Marguerite Duras bezieht ihre Wohnung in der Rue Saint-Benoît und diskutiert mit ihrem Mann Robert Antelme und Freunden aus der Widerstandsgruppe des Musée de l'Homme, wie man gegen die Besatzer kämpfen könnte. Simone de Beauvoir sehnt sich nach ihrem «süßen kleinen» Sartre, der gemeinsam mit 25 000 anderen französischen Soldaten in einem Gefangenenlager in Trier interniert und in der Künstlerbaracke des Lagers bester Dinge ist, eifrig schreibt, Vorträge hält oder über Malraux, Heidegger und Rilke diskutiert. Sie schwärmt von Paris, vom Quartier Latin, vom Beethoven-Konzert, das Charles Münch im Konservatorium dirigiert, vom Café de Flore, wo alles wieder «wie in den Glanzzeiten» aussieht. Die Stadt ist voller deutscher Soldaten, überall deutsche Wegweiser und Hakenkreuzfahnen.

Die Frage, wie man sich angesichts der neuen Macht verhalten soll, deren letztliche Niederlage im Dezember 1940 noch nicht abzusehen ist, lässt sich öffentlich nicht debattieren. Der unmittelbare lähmende Schock ist vorüber, was im ersten Moment unannehmbar erschien, ist es nicht mehr ganz und gar.

Jüdische Künstler werden aus den Theatern gejagt: Soll man dort weiterhin arbeiten? Jüdische Journalisten werden aus den Zeitungsredaktionen ausgeschlossen: Darf man hier weiter publizieren? Jüdische Lektoren werden aus den Verlagen geworfen: Soll man dort weiterhin seine Bücher herausbringen? Jüdische Gelehrte werden aus dem Staatsdienst entlassen, verlieren ihre Professuren und Lehraufträge: Darf man sich dennoch als Lehrer im besetzten Frankreich anstellen lassen, darf man auf den frei gewordenen Professorenstühlen Platz nehmen? Jean-Paul Sartre, Simone de Beauvoir, Jean Grenier und viele andere werden genau dies tun. Und Camus?

Camus sitzt Ende Dezember 1940 noch immer in Lyon. Die Aussichten sind auf ganzer Linie dürftig. Kriegsheimkehrer beanspruchen ihre alten Arbeitsplätze beim *Paris-Soir*, der inzwischen auf vier Seiten geschrumpft ist. Francine sucht eine Wohnung für das Ehepaar. Albert betreibt welthistorische Studien. Im Tagebuch ist viel von den Griechen die Rede, vom Untergang Roms, vom Heiligen Römischen Reich Deutscher Nation. Der Winter ist besonders schneereich. Der *Paris-Soir* kämpft um sein Überleben, die dritte Entlassungswelle Ende Dezember trifft Camus. Zum Jahreswechsel sieht man das Paar noch in Lyon, im Januar 1941 bringt sie das Schiff von Marseille zurück nach Algerien. Zum zweiten Mal in seinem Leben begibt sich Camus in ein durch eine Schwiegermutter bereitetes Nest.

Eine «Hölle» des Wartens in Oran

Fernande Faure ist eine couragierte, berufstätige Witwe, die ihrer Familie, ähnlich wie Camus' Großmutter Sintès, als unerschütterliche Matriarchin vorsteht. Ihre eigene, bereits verstorbene jüdisch-berberische Mutter spielt im Familiengedächtnis eine wichtige Rolle, ihre drei Töchter arbeiten als Lehrerinnen, eine Tante wohnt nebenan. Fernande gehört zu den wenigen Algerienfranzösinnen, die nicht für Pétain sind. Sie sammelt Geld für entlassene jüdische Lehrer und hört die Radioansprachen des exilierten de Gaulle.

Francines Schwester Christiane überlässt dem Paar ihre Wohnung in der Rue d'Arzew und zieht ins Nachbarhaus zur Mutter. Francine unterrichtet wieder. Camus schreibt an seinem Essay, geht aus, besucht Fußballspiele; hin und wieder fährt er nach Algier zu Yvonne Ducailar, der jungen Philosophiestudentin, deren Bekanntschaft er im Oktober 1939 gemacht hat und der er schon vor seiner Heirat sehnsuchtsvolle Briefe aus Paris schrieb.

Er streift durch die Wohnung der Faures und weiß nicht, womit er die Tage füllen soll. Mit beinahe 28 Jahren ist er wieder mittellos und abhängig von einem Frauenhaushalt, in den er erst vor kurzem mit wenig Überzeugung eingeheiratet hat. Er hasst seine Lage, auch das ist eine Frage der Ehre. Er hasst Oran, diese Stadt, die dem Meer den Rücken kehrt. Im Tagebuch klagt er: «Man irrt in diesen anmutlosen und hässlichen Straßen im Kreis.»[153]

Camus irrt auch im eigenen Leben im Kreis. An Yvonne schreibt er nach sechs Wochen Ehe:

> «Hier ersticke ich, bin ich unglücklich, ich habe beschlossen wegzugehen. Ich weiß nicht genau, was ich tun werde, aber ich gehe weg. Ich liebe hier nichts und niemanden, und ich habe es schließlich Francine gesagt.»[154]

Mit Yvonne möchte er eine «Fahrkarte ans Ende der Welt» lösen. Dann beklagt er wieder Beklommenheit, seine unüberwindliche Mattigkeit, sein «lichtloses Herz», seine Antriebslosigkeit.

Die Kleinbürgerlichkeit des Schwiegermutterkäfigs wird ihm unerträglich: «eine Hölle». Das Tagebuch karikiert eine namenlose Frau, «die aussieht, als litte sie an drei Jahre alter Verstopfung», ihr Ideal der Zivilisation bestehe aus «einem Mann mit 1200 Franc im Monat, einer Zweizimmerwohnung mit Küche und Bad, sonntags Kino und für wochentags eine Inneneinrichtung aus den ‹Galeries Barbès›».[155]

Am 21. Februar 1941 schließt Camus den *Sisyphos* ab. Damit sind seine «drei Absurden» vollendet. Er fühlt sich befreit. Das Manuskript des *Fremden* hat er Pascal Pia anvertraut, der es André Malraux und Jean Paulhan empfiehlt. Er wartet.

Der Frühling kommt – schon im März schalmeit Camus wie eh und je von der Jungmädchenblüte an den algerischen Stränden, vom Honigduft der gelben Rosen und von den Blumen auf den Höhen von Algier. Er unternimmt ausgiebige Wanderungen bis zur Erschöpfung. Im April 1941 meldet das Tagebuch: «II. Reihe. Die Welt der Tragödie und der Geist der Revolte [...] Pest oder Abenteuer (Roman).»[156] Er hat sich mit seinem Leben als Schwiegersohn abgefunden. Offenbar auch mit seiner Ehefrau, zumindest für den Augenblick.

Im Haus der Faures entstehen die ersten Entwürfe zur *Pest*. Aus Algier ordert Camus Fachliteratur über die Seuche. Er beginnt auch zu arbeiten. Eine jüdische Lehrerfamilie, die eine Privatschule gegründet hat, bietet ihm eine Stelle an; er erteilt den jüdischen Kindern, die man aus den staatlichen Schulen geworfen hat, Französischunterricht und trainiert auch die Fußballmannschaft.

Im Sommer verbringt er eine unvergessliche Woche in einem Zelt am Meer – mit Yvonne. Die Tagebuchpassage über diese Reise gehört zu den hymnischsten seines ganzen Werkes. Der ausgenüchterte Ton Meursaults ist wie weggeblasen. Alles wird noch einmal bejubelt: die Schönheit der gebräunten Körper auf den Dünen, die Unschuld ihrer Spiele und ihre Nacktheit im Licht der Sonne, das ultramarinblaue Meer, die blutrote Straße, die Nächte der Umarmungen und eines Glücks ohne Maß unter einem Sternenregen. Und er schließt: «So eine Vereinigung ist unvergesslich. Schreiben können: ich bin acht Tage lang glücklich gewesen.»[157] Familie Faure ist nicht amüsiert.

Camus lenkt ein. Wie noch so oft. Der folgende Eintrag klingt wieder ganz nach Regen, nach Paris, nach Etagenwohnung und

Eheleben: «Man muss zahlen und sich mit dem gemeinen menschlichen Leiden besudeln». Und wenig später: «Um es noch einmal zu sagen: das Wichtigste ist, dass man sich beherrschen lernt.»

Camus ist zerrissen zwischen den Gegensätzen seines Lebens und möchte alles zugleich. Norden und Süden, französische Kultur und mediterrane Lebensart, Askese und Ausschweifung. Wenn der Wagen, in dem er am 4. Januar 1960 sitzen wird, auf dem Weg zwischen dem südfranzösischen Lourmarin und der französischen Hauptstadt an einem Baum zerschellt, stirbt er buchstäblich auf halber Strecke zwischen den beiden Polen seines Lebens, zwischen denen er sich nie entscheiden konnte.

Im Laufe des Frühjahrs und Sommers kommen Briefe aus Frankreich. Jean Grenier hat den *Fremden* gelesen und weiß nicht, was er davon halten soll. «Sehr geglückt», schreibt er und schränkt sofort ein: «vor allem der zweite Teil, trotz des Einflusses von Kafka, der mich stört». Den ersten Teil findet er nur noch «interessant», einzelne Charaktere erscheinen ihm gelungen, beispielsweise der Alte mit seinem räudigen Hund, auch Maria findet er sehr berührend, aber im Ganzen seien die Sätze doch zu kurz und die Aufmerksamkeit des Lesers werde zu sehr strapaziert. Der Lehrer stört sich an der Modernität des Romans, dessen Größe er schlicht verkennt. Camus zeigt sich verunsichert. Im nächsten Brief zieht Grenier alles zurück: Nein, der Roman sei exzellent.

Im Sommer folgt der *Sisyphos*. Diesmal nimmt Grenier sich kaum die Zeit zur Lektüre: «Auf den ersten Blick hat mir das Manuskript gut gefallen. Sie sagen Dinge, die ich gesagt haben könnte, wenn ich dem Weg, der sich meinem Geist geboten hat, bis zum Ende gefolgt wäre.»[158] Vier Wochen später ein weiterer Brief mit Korrekturvorschlägen und Anmerkungen zu einzelnen Manuskriptseiten, in einem vagen, studienratshaften Ton: «Was Sie da über Kafka schreiben, ist tiefsinnig und inspiriert».

Nichtsdestoweniger erbietet er sich, auch dieses Manuskript

an Jean Paulhan zu schicken, der zwar die Herausgeberschaft der *N.R.F.* abgegeben hat, doch noch immer im Lektoratskomitee bei Gallimard mitwirkt – neben Marcel Arland, Brice Parain und Ramon Fernandez, der wiederum in seinem Haus einen Salon führt, in dem Leutnant Heller, der Direktor des Deutschen Instituts Karl Epting und Drieu La Rochelle, aber auch Fernandez' Wohnungsnachbarin Marguerite Duras verkehren.

Pascal Pia, der in Lyon geblieben war und dort schon wieder rastlos versucht, eine unabhängige literarische Zeitung zu gründen, die der kollaborierenden *N.R.F.* den Rang ablaufen soll, ist ein Mann von völlig anderem Zuschnitt. Noch bevor ihn das Manuskript des *Fremden* überhaupt erreicht hat, bedrängt er Camus, den Roman in der neuen Zeitschrift zu veröffentlichen. In schlaflosen Nächten schreibt er ihm endlose Briefe, in denen er die Autoren aufzählte, die er sich wünscht, und Themen der neuen Kulturzeitschrift entwirft: ein Aufsatz über den gerade verstorbenen Joyce, einen über Freud, Essays über Bergson, Sherwood Anderson, den verrückten Saint-Pol-Roux. Er fragt Camus nach seinen Lektüren, könnte er vielleicht etwas zu Sartre schreiben? Einem Mann wie ihm, der mit Kierkegaard frühstücke, mit Heidegger diniere und mit Husserl soupiere, müsse doch schließlich etwas einfallen. Pia steckt voller Elan und voller Projekte, die er in seinen Briefen der besseren Übersicht halber nummeriert. Auch in Algier wäre er gern wieder publizistisch tätig. Vielleicht könnte man dort einen Ableger des *Paris-Soir* herausbringen?

Ohne Pascal Pia an seiner Seite wäre Camus in diesen Jahren verloren gegangen. Er wäre das fünfte Glied einer braven Lehrerfamilie in Oran geblieben, still vor sich hin leidend, ab und zu einer Affäre nachgehend, seine Bücher im algerischen Kleinverlag Charlot publizierend. Ohne diesen großartigen, begeisterungsfähigen und bedingungslos engagierten Journalisten hätten wir von Camus wahrscheinlich nie etwas gehört.

Am 25. April 1941 schreibt Pia den entscheidenden Brief an

Camus. Er hat den *Fremden* endlich gelesen und ist restlos begeistert: «Cher Camus, es ist lange her, dass ich etwas von dieser Qualität gelesen habe. Ich bin sicher, dass der ‹Fremde› früher oder später einen der allerersten Ränge einnehmen wird.»[159] Die letzten fünfzehn Seiten des Romans gefallen Pia so gut wie die besten Seiten von Kafka. Zielsicher greift er einen der schönsten Sätze heraus (über die Tränen des alten Perez, von denen es heißt: «Sie breiteten sich aus und flossen wieder zusammen und bildeten einen Wasserfirnis auf diesem zerstörten Gesicht»), um zu zeigen, dass Camus weder in die Falle getappt war, so experimentell zu schreiben wie seiner Meinung nach de Sade oder Benjamin Constant, noch so blumig wie der junge André Gide.

Im Mai gibt Pia unverzüglich die guten Nachrichten von Jean Paulhan weiter: «Einverstanden mit Camus. G. G. [Gaston Gallimard] nimmt ihn. Schick ihm den Text nach Cannes». Am 27. Mai folgt die Zusammenfassung eines Briefes von André Malraux, der das Manuskript des *Étranger* in einem Zug gelesen hatte: «Der ‹Fremde› ist ganz klar eine wichtige Sache». Er machte detaillierte Verbesserungsvorschläge in vier Punkten, etwa zur Auflockerung des monotonen Satzbaus. Pia verwirft diese Kritik: Ihn störe der trockene Stil nicht, solange ein Sprachstil korrekt sei, sei er persönliche Geschmackssache. Er rät Camus, sich nun direkt mit Malraux, der an der Côte d'Azur in Cap d'Ail logierte, in Verbindung zu setzen.

Pia gibt auch nicht auf, Paulhan zu bedrängen, alle drei Manuskripte Camus', den *Fremden, Sisyphos* und *Caligula*, gleichzeitig bei Gallimard herauszubringen. Am 31. Mai meldet der Unermüdliche, er habe nun ebenfalls den Dichter Francis Ponge für Camus' Texte zu begeistern versucht. Anfang Dezember schließlich berichtet er von einem Brief Malraux', den er soeben erhalten habe: Gallimard bestätigte offiziell, den *Fremden* und *Sisyphos* veröffentlichen zu wollen.

Von Paulhan kann Pia inzwischen eine Einschätzung des

Sisyphos weitergeben: Der Essay sei intelligent, jedoch nicht mehr als eine intelligente Zusammenfassung der «metaphysischen Ereignisse» der letzten zehn Jahre und zu sehr von Malraux und Schestow beeinflusst. Für die Erstpublikation des *Fremden* schlage Paulhan die *N. R. F.* oder die *Comœdia* vor. Pia will allerdings Paulhan dazu bewegen, sein Urteil über den *Sisyphos* zu revidieren, entschieden rät er von einer Veröffentlichung in der *N. R. F.* unter Drieu La Rochelle ab: Das sei ein Ort, der mehr stinke als jemals zuvor. Über *Comœdia* weiß Pia zu dem Zeitpunkt noch nichts zu sagen, doch auch diese kulturelle Wochenzeitung aus dem Haus Gallimard, die sich der mehrfachen Mitarbeit Sartres, Claudels, Valérys und Cocteaus rühmen konnte, wird unter der Leitung von René Delange offen kollaborieren. Hier wird zwar eine der ersten begeisterten Kritiken des *Fremden* aus der Feder von Marcel Arland erscheinen, doch hielt sie ihre Spalten auch für Propagandanachrichten aus Nazideutschland frei. Pias Warnungen waren berechtigt, und Camus wird sie befolgen, anders als Sartre wird er niemals in der Kollaborationspresse veröffentlichen.

Und Pia tat noch mehr, er suchte nach einem Aufenthaltsort in Frankreich für Camus' angegriffene Gesundheit. Er verhandelte mit Gallimard über eine Verdoppelung der Abschlagszahlungen auf die Tantiemen für den *Fremden*. Er kümmerte sich um die biographischen Angaben für das Buch und einen Vorschuss. Einen besseren und umsichtigeren Freund und literarischen Agenten als Pascal Pia kann man sich nicht vorstellen.

Ein Erfolg von deutschen Gnaden

Im März 1942 geht der erste Zug mit 1100 Juden von Paris nach Auschwitz ab. Von Juni 1942 an müssen die Pariser Juden den gelben Stern tragen. Bei der großen Verhaftungsaktion unter Mitwirkung der französischen Polizei am 15. und 16. Juli 1942 – nach dem Sammelpunkt später rafle du vélodrom d'hiver oder kurz rafle du vél d'hiv genannt – werden in Paris 13 000 Juden, darunter 4000 Kinder, verhaftet und nach Auschwitz deportiert. Hauptmann Ernst Jünger, von dem Camus einmal sagt, er sei der «einzige Mann von höherer Kultur, der dem Nazismus einen Anstrich von Philosophie gegeben hat»[160], schreibt in sein Tagebuch: «Gestern wurden hier Juden verhaftet, um deportiert zu werden – man trennte die Eltern zunächst von ihren Kindern, sodass das Jammern in den Straßen zu hören war.» Am Tag darauf streift Jünger über den Friedhof Père-Lachaise, gerührt vom «Geheimnis der Grüfte». Über die Pariser Studenten, die sich aus Protest Judensterne mit der Aufschrift «Idealist» und Ähnliches anheften und damit auf den Champs-Élysées spazieren gehen, schreibt er in diesen Tagen: «Das sind Naturen, die noch nicht wissen, dass die Zeiten der Diskussion vorüber sind.»[161]

In der ersten Juniwoche, vier Wochen vor den Ereignissen im Vélodrom, erscheint in Paris *Der Fremde* in einer Auflage von 4400 Exemplaren. Leutnant Heller, der für die Zensur zuständige Sonderführer der NS-Propagandastaffel, erinnerte sich später: «Gaston Gallimard ließ mir im Januar 1942 durch seine Sekretärin Madeleine Boudot-Lamotte das Manuskript des ‹Fremden› überbringen. Damals war ich noch bei der Propagandastaffel (bis Juli), und Gallimard wollte wissen, welchen Eindruck ich von dem Buch hatte und ob er mit einer Veröffentlichung wohl gegen die zwischen französischen Verlegern und deutschen Dienststellen festgesetzten Regeln der Selbstzensur verstoßen würde. Ich ließ alles stehen und liegen und machte mich noch am gleichen Nachmittag an die Lektüre des Manuskripts, das ich erst gegen vier Uhr früh, als ich es ausgelesen hatte, wieder aus der Hand legte. Ich war fasziniert: Dieses Buch brachte einen ganz neuen Ton in die französische Literatur! Im Laufe des Vormittags rief ich Madeleine Boudot-Lamotte an, teilte ihr mein uneingeschränktes Einverständnis mit und bot meine Hilfe an, falls Schwierigkeiten auftreten sollten, um zumindest die nötige Menge Papier zu beschaffen.»[162]

Leutnant Gerhard Heller, ein junger Frankreich-Schwärmer, der sich später unter anderem als Übersetzer von Julien Green einen Namen machen wird, stellte sich zeitlebens als einen entdeckungsfreudigen Romanisten dar, der das Pech hatte, seiner Liebhaberei durch eine bedauerliche Wendung des Schicksals in der Uniform des deutschen Faschismus nachgehen zu müssen, zu dem er sich auch in seinen späteren Memoiren keine ausdrückliche Meinung gestattete. Geradezu unfassbar ist die Einfalt, mit der er noch in den 1980er Jahren die prachtvollen Champagner-Empfänge der reichen Amerikanerin Florence Gould rühmte, auf denen er von April 1942 an zwischen Friedrich Sieburg, Ernst Jünger, Jean Cocteau, Jean Paulhan, René Delange, Marcel Arland, Henry de Montherlant, Jean Giraudoux oder Jean Jouhandeau in der Avenue Malakoff an schwarzen Lacktischen Platz nahm, während auf den Straßen jüdische Kinder nach ihren Eltern schrien und Zehntausende deportiert wurden.

Dennoch hat Heller im Jahr 1942 nicht nur den *Fremden*, sondern auch Antoine de Saint-Exupérys *Flug nach Arras* genehmigt und sich, wo er konnte, der offiziellen deutschen Besatzungspolitik entgegengestellt, die die französische Kultur insgesamt lieber kleinhalten als fördern wollte.[163]

Camus hat kein Glück: Wenige Wochen nach dem Erscheinen des *Fremden* hustet er wieder Blut. Die Krankheit ist mit Macht zurückgekehrt. Im Sommer 1942 fährt er in Begleitung seiner Frau, wie immer mit dem Schiff, nach Marseille und weiter nach Lyon, um sich in dem kleinen Weiler Le Panelier in der Nähe von Le Chambon-sur-Lignon einzuquartieren, wo eine entfernte Verwandte seiner Frau auf 1000 Metern Höhe eine Familienpension betreibt: Camus' Zauberberg. Nach Francines Rückreise am Ende der Sommerferien wird er hier im Herbst und Winter große Teile der *Pest* schreiben, einsam, bei nur vier Zigaretten am Tag, unter ärztlicher Kontrolle und sanft unterstützt von einem keuschen, sanatoriumsähnlichen Lebenswandel.

Die ersten Kritiken zum *Fremden* sind verheerend, die Kollaborationspresse findet den Helden träge und amoralisch und bestätigt damit das Urteil des im Roman tagenden Gerichts. Auch im *Figaro*, der in der freien Zone erscheint, attestiert man Camus allenfalls ein mittelmäßiges Talent. Radio Vichy missfällt die Willensschwäche und Verantwortungslosigkeit der Hauptfigur. Allein in Gallimards Hauszeitschriften *N. R. F.* und *Comœdia* erscheinen fabelhafte Kritiken.

Camus reagiert, wie später noch so oft, tief gekränkt auf die Verrisse und verfasst sofort eine seiner berühmten Repliken – vorläufig nur für sich im Tagebuch. An den Kritiker André Rousseaux vom *Figaro* schreibt er in seinem Pensionszimmer:

> «Sie unterstellen mir völlig unbegründet eine lächerliche Philosophie. In der Tat rechtfertigt keine einzige Stelle des Buches Ihre Behauptung, ich hielte den Menschen für ein rein biologisches Wesen, ich setzte ein menschliches Wesen einem pflanzlichen Geschöpf gleich, die menschliche Natur stehe außerhalb der Moral usw. [...] Ich sage es Ihnen ohne Zorn: dies ist verabscheuenswert. Weder Sie noch sonst jemand ist berufen zu entscheiden, ob ein Werk der Nation im Augen-

blick oder für immer nützen oder schaden kann. Ich weigere mich jedenfalls, mich einer solchen Gerichtsbarkeit zu unterwerfen. [...] Ich wende mich nicht als verärgerter Autor an Sie. [...] Ich veröffentliche gegenwärtig Bücher, an denen ich jahrelang gearbeitet habe, ganz einfach deshalb, weil sie fertig sind und ich die nächsten vorbereite. Ich erwarte mir von ihnen keinerlei materiellen Vorteil und keinerlei Ansehen. Ich hoffte nur, mir mit ihnen die Aufmerksamkeit und Geduld zu erwirken, die man jedem ehrlichen Unterfangen zuzubilligen pflegt. Offenbar war auch dieser Anspruch übertrieben. Dennoch erlaube ich mir, Sie meiner aufrichtigen Hochachtung zu versichern.»[164]

Camus war gut beraten, den Brief nicht abzuschicken. Der in seiner Ehre verletzte Autor mochte anfangs übersehen haben, dass dies keine literarische Kontroverse Mann gegen Mann war, sondern eine weltpolitische Auseinandersetzung im Wasserglas der Literaturkritik: Es gab 1942 keine freie Presse und keine freie Literaturkritik in Frankreich. Es gab auch keine freie Verlagslandschaft. Camus hatte sich dazu bereit erklärt, seinen ersten Roman unter deutschem Besatzungsrecht zu publizieren, und er wurde von Kritikern beurteilt, die entweder unter Aufsicht der nationalsozialistischen Propaganda-Bürokraten standen oder deren Broterwerb von der Willkür des marionettenhaften Vichy-Regimes abhing. Die Ehre gab es nur noch im Untergrund.

Das Haus Gallimard versuchte nicht ohne Erfolg, sich mit vielen kleinen und großen Kompromissen durch die Zeiten zu manövrieren. Das Besatzungsregime hatte den Verlag am 9. November 1940 kurzerhand geschlossen und die Türen versiegelt. Unter der Bedingung, dass Pierre Drieu La Rochelle an Stelle von Jean Paulhan die Chefredaktion der renommierten Hauszeitschrift übernahm, durfte Gallimard im Dezember 1940 wieder öffnen. Drieu schien den Nazis der richtige Mann zu sein.[165] Leutnant

Heller nahm höchstselbst die Siegel der Türen ab. Das Familienunternehmen in der Rue Sébastien-Bottin, in dem Camus 1943 sein Büro als Lektor beziehen wird, entließ, dem Judenstatut gehorchend, im selben Monat seinen langjährigen jüdischen Geschäftsführer Louis-Daniel Hirsch (der aufs Land zieht und Schafhirt wird) sowie die jüdischen Cheflektoren Robert Aron (der nach London flieht) und Benjamin Crémieux (der nach Buchenwald deportiert wird). Die geräumten Büros bezog nun also Drieu La Rochelle, der dort installierte faschistische Leiter der Hauszeitschrift *Nouvelle Revue Française*, der auf Einladung von Otto Abetz am Nürnberger Reichsparteitag der NSDAP teilgenommen und im Anschluss das Konzentrationslager Dachau besichtigt hatte.

Der charmante und sensible Drieu – Marguerite Duras nennt ihn in den noch unveröffentlichten Anmerkungen zu ihrem Roman *Der Liebhaber* «schön wie ein arischer Römer mit einer Haut aus Alabaster»[166] – stand zwar eindeutig aufseiten der Nationalsozialisten, dennoch blieben die Fronten im Hause Gallimard in den Besatzungsjahren unübersichtlich. Der NS-Zensuroffizier Heller war gewissermaßen ein Mitglied des Lektorenkomitees. Der junge Gallimard-Lektor Dionys Mascolo gehörte zur Résistance und hielt in seiner Schreibtischschublade stets einen Revolver bereit. Ramon Fernandez, ein gebildeter Schöngeist mit einer Leidenschaft für Rennwagen, hatte sich offen auf die Seite der Kollaborateure geschlagen und publizierte in der Hetzpresse der französischen Faschisten, deren Partei er angehörte. Der faschistische Drieu arbeitete Tür an Tür mit dem ebenfalls im Widerstand engagierten Lektor Jean Paulhan, der ihm jederzeit und freigebig mit Rat und Tat behilflich war und seinerseits freundschaftlichen Umgang mit Leutnant Heller von der deutschen Propagandastaffel pflegte.

Auch Drieu und Heller arbeiteten eng zusammen – und nicht immer in die vom Besatzerregime gewünschte Richtung. Drieu begleitete Heller gemeinsam mit Ramon Fernandez (Gallimard), André Fraigneau (Grasset), Robert Brasillach (Denoël), Jacques Chardonne (Stock), Marcel Arland (Gallimard) und Paul Morand (Gallimard) im Oktober 1940 zum Schriftstellerkongress nach Weimar. Er bedrängte Heller, unter allen Umständen für die Freiheit von Gaston Gallimard, André Malraux, Louis Aragon und Jean Paulhan zu garantieren. Drieu selbst nutzte seine Beziehungen, um Paulhan im Mai 1941 aus der Gestapohaft zu befreien, nachdem dessen Verbindungen zur Résistance entdeckt worden waren. Wenn Paulhan 1944 erneut denunziert wird, warnt Heller ihn angeblich vor. Nach der Befreiung kann er nichts mehr tun – Drieu nimmt sich am 16. März 1945 das Leben, während der ehemalige NS-Offizier Heller einem friedlichen Lebensabend in Baden-Baden entgegensieht, wo er sich als Mitbegründer des später von Karl-Heinz Bohrer und Kurt Scheel geführten *Merkur* verdient machen wird.

Im literarischen Paris des Jahres 1942 ist Camus' Essay über den Heroismus des Duldens und Durchhaltens in aussichtsloser Lage keine Provokation. Im Gegenteil: *Der Mythos des Sisyphos*, der vor dem Zweiten Weltkrieg konzipiert wurde, erscheint der Propagandastaffel in seinem unspezifischen Leidensstolz als ganz und gar ungefährlich. Es ist nicht überliefert, wie Camus es aufgenommen hat, dass der NS-Zensor Heller im Herbst 1942 seinen *Sisyphos* als «völlig unpolitisch» durchwinkt. Da hatte Gallimard bereits mit Zustimmung Camus' in vorauseilendem Gehorsam das Kapitel über den Juden Franz Kafka entfernt.

Der aufrechte Pascal Pia hatte vorgeschlagen, den Text in der französischen Schweiz unverstümmelt zu publizieren, doch Camus – dessen ausgeprägte Empfindsamkeit für die Fragen von Ehre und Moral hier schweigt – entscheidet sich für die Publikation der selbst zensierten Fassung im besetzten Paris bei Gallimard. Das Kafka-Kapitel wird durch ein neues über Dostojewskis Romanfigur Kirilov ersetzt. Als Text für die Banderole schlägt Camus dem Verlag die Zeile «Sisyphos oder das Glück in der Hölle» vor. Der Essay über das Absurde erscheint am 16. Oktober 1942, vier Monate nach dem *Fremden*, drei Monate nach dem Beginn der Massendeportation der Pariser Juden nach Auschwitz.

Von der Gleichgültigkeit zur Revolte – der Mensch im Widerstand

Camus liefert seiner Zeit das entscheidende, gefährliche Schlagwort: Gleichgültigkeit. Ob zärtlich oder heroisch gestimmt, die Gleichgültigkeit, deren archaischem Zauber er zum ersten Mal bei seiner alles still erduldenden Mutter erlegen ist, beschreibt im Pariser Sommer 1942 eine Form der Schicksalsergebenheit, die den nationalsozialistischen Aufsichtsbehörden, um das Mindeste zu sagen, nicht missfallen hat. In seinen Vorschlägen für die Verlagsanzeige erklärt Camus das Absurde zu einer Zeitkrankheit, einem «Mal du Siècle». Der *Sisyphos*, heißt es da, sei eine Diagnose der Leiden der Gegenwart, gewissermaßen eine Bestandsaufnahme des zeitgenössischen Nihilismus. Diesem könne man nicht entkommen. Weder die Rückkehr zur guten alten Zeit noch das sogenannte «natürliche» Leben und schon gar nicht die Religion empfählen sich als Arznei gegen die Hoffnungslosigkeit.

Camus gibt sich als nüchterner Arzt, der seinem Patienten nichts versprechen und ihn über seine unheilbare Krankheit auch nicht länger täuschen will. Ein schlechterer Publikationszeitpunkt und ein unpassenderes Verlagsumfeld für diesen Essay über das heroische Ertragen des Unvermeidlichen hätten sich kaum finden lassen.

Doch die radikale Hoffnungslosigkeit ist nicht sein letztes Wort: Auf seinem Zauberberg in Le Panelier arbeitet Camus bereits an einem sehr viel weniger schicksalsergebenen Buch, dem Roman *Die Pest*. Sorgsam, wie ein geduldiger Handwerker seinem einmal gefassten Arbeitsplan folgend, baut er an der zweiten Etage seines Werks. Wohnen in der ersten, die im Wesentlichen in der Vorkriegszeit entstanden ist, die Hoffnungslosigkeit, die Desillusion und das Absurde – Begriffe seiner Jugend, in denen der Geist der Jahrhundertwende, des Ennui, der Umwertung aller Werte und der Avantgarden des Ersten Weltkriegs nachklingt –, so handelt nun der zweite Werkszyklus, der mit dem Zweiten Weltkrieg zusammenfällt, von Revolte, Widerstand und Kampf.

Das Bild von den Stockwerken ist insofern ein wenig irreführend, als im Werk Camus' fehlt, was im Hausbau selbstverständlich ist – die Treppe. Wie gelangt Camus von der Gleichgültigkeit zur Revolte? Wie vom stolzen Fatalismus des *Sisyphos* zum Widerstand des Résistance-Kämpfers gegen die braune «Pest»?

Auf einem undatierten Blatt hat Camus mit Bleistift einen stenographischen Miniaturessay hinterlassen, in dem er die gegensätzlichen Pole seines Denkens zusammenführt:

> «Das Leben hinnehmen, so wie es ist? Dumm. Mittel, es anders zu machen? Wir sind weit entfernt davon, das Leben zu beherrschen, das Leben ist es, das uns beherrscht und uns bei jeder Gelegenheit das Maul stopft.
> Das menschliche Schicksal hinnehmen? Im Gegenteil, ich glaube, dass die Revolte zur menschlichen Natur gehört. Es ist eine finstre Komödie, so zu tun, als ob man bereit wäre, das zu akzeptieren, was uns auferlegt ist. Es geht vor allem darum zu leben. So viele Dinge sind es wert, geliebt zu werden, und es ist lächerlich, so zu tun, als ob man nur den Schmerz lieben könnte.

Komödie. Verstellung. Man muss aufrichtig sein. Aufrichtig um jeden Preis, auch wenn es uns schadet.
Also weder Revolte noch Verzweiflung. Das Leben, mit allem, was dazugehört. Wer gegen das Leben revoltiert oder es nur erduldet, verschließt sich vor ihm. Reine Illusion.
Wir sind im Leben. Es schlägt uns, es verletzt uns, es spuckt uns ins Gesicht. Es erleuchtet uns auch mit einem plötzlichen und verrückten Glück, das uns teilhaben lässt. Das dauert nicht lange. Aber es reicht. Man soll sich nicht täuschen: Der Schmerz ist da. Kann man nicht leugnen.
Vielleicht ist in unserem tiefsten Inneren der wesentliche Teil des Lebens. Unsere Widersprüche. Die Mystiker und J.-C. Liebe. Vereinigung. Sicherlich, aber wozu Worte darum machen? Bis später.»[167]

Ein emphatisches, auch kryptisches Manifest, das alle Widersprüche unter dem flussdeltaartigen Großbegriff «Leben» vereint: Die Revolte ist sinnlos, aber sie gehört zur Natur des Menschen. Meursault findet sein Glück in der Gleichgültigkeit, Doktor Rieux im Kampf. All das gehört zum «Leben» – dieser fundamentalen Kategorie im Denken Camus', entscheidender noch als das Absurde oder die Revolte, die beide lediglich Ausdrucksweisen dieses «Lebens» sind. Im «Leben» existiert alles, was Vernunft und Ratio unterscheiden und hierarchisieren, neben- und durcheinander: die Gleichzeitigkeit des Ungleichzeitigen. Man ist immer und überall im Leben. Es überfällt uns mit einem plötzlichen verrückten Glück, und es quält uns mit seiner sinnlosen Willkür. Anders als in der nietzscheanischen Lebensphilosophie, der Camus' Denken die entscheidenden Impulse verdankt, ist das «Leben» bei Camus kein nach Macht verlangender Vitaltrieb oder «Wille», sondern ein kosmisches Urgeschehen, dem keine Dynamik der Steigerung innewohnt. Der «Wille zur Macht» – Nietzsches philosophische Metapher für die Selbststeigerungstendenz des Lebens – ist für den «Griechen» Camus eine zu deutsche Angelegenheit, wie überhaupt der französische Nietzscheanismus den fröhlichen, den spielenden, den irisierenden Nietzsche bevorzugt und, anders als die deutsche Schule, vom Pathos des Übermenschen unbeeindruckt bleibt. Für Camus lauert an der äußersten Grenze des Horizonts ein unauflösliches Geheimnis: der ewig gleiche, grausam ungerührte Kosmos, der nur in seltenen, überwältigenden Augenblicken zärtlich herablächelt.

Camus radikalisiert sich, als die Niederlage der Deutschen zum Jahreswechsel 1942/43, mit der sich anbahnenden Wende von Stalingrad absehbar wird. Anfang Januar 1943 reist er auf Einladung seines Verlags nach Paris, um Jean Paulhan, Gaston Gallimard und auch dessen Neffen, seinen späteren Freund Michel Gallimard, kennenzulernen. *Der Fremde* ist inzwischen ein Erfolg, und Gaston Gallimard hat eingewilligt, seinem Autor ein festes monatliches Gehalt zu zahlen.

Zurück in seinem Bergdorf, bei seinen Entwürfen zur *Pest*, beginnt Camus, Beziehungen zur Combat-Bewegung zu knüpfen. Pascal Pia – natürlich – steckt bereits tief drin und reist in geheimer Mission zwischen Frankreich und der Schweiz hin und her; er führt seinen algerischen Freund in die Résistance-Kreise ein. In seiner Pension trifft Camus Mitglieder des Widerstands, unter anderem den Dominikanerpater Bruckberger, aber auch den Dichter Francis Ponge, mit dem er eine einfühlsame Korrespondenz beginnt, in der er die Verwandtschaften zwischen der Ding-Poetik des Lyrikers und seiner eigenen Philosophie des Absurden herausstreicht: «Eine Folge des absurden Denkens ist die Gleichgültigkeit und die vollkommene Entsagung – die des Steins.»[168] Ponge bedankt sich mit ausführlichen Briefen zum *Sisyphos*: «Natürlich, die Welt ist absurd. Natürlich, sie hat keine Bedeutung. Aber was ist daran tragisch?»[169] Für Ponge, der in seinem Prosaband *Im Namen der Dinge* eine Poetik der gegenständlichen Welt ohne Menschen entworfen hat, ist das Absurde kein metaphysischer Skandal.

Bei Pia in Lyon lernt Camus den Widerstandskämpfer und Dichter René Leynaud kennen, mit dem er sich anfreundet und dem er, nachdem er 1944 von den Deutschen hingerichtet worden ist, einen bewegenden Text widmen wird. Noch nie, wird Camus behaupten, habe ihn der Tod eines Menschen so tief berührt wie der seines Freundes Leynaud.

Bei Pia verkehren auch Louis Aragon und dessen Frau Elsa Triolet, die von Camus begeistert ist. Pia und Ponge trägt er Szenen seines neuen Dramas *Das Missverständnis* vor. Es gehört zur zweiten Werksetage, Drama, Roman und Essay entstehen nach dem bewährten Prinzip gleichzeitig und befruchten einander. In Brüssel veröffentlicht Camus einige Seiten aus der *Pest* – wie für Pia, wie für Ponge und für Leynaud soll es nun auch für den Gallimard-Autor Camus keine Kompromisse mehr mit den Deutschen geben.

Allerdings ist an eine Veröffentlichung der *Pest* und des Essays *Der Mensch in der Revolte* mit dem Segen der NS-Propaganda auch im Traum nicht mehr zu denken. Kein noch so schöngeistiger NS-Zensor würde diese Bücher als unpolitisch einschätzen und durchwinken. So unpolitisch wie Sartres 700-seitiges philosophisches Hauptwerk *Das Sein und das Nichts*, das im Juni 1943 die Schreibtische der Herren von der NS-Propaganda anstandslos passiert.

Camus hat die philosophische Erkundung der Welt abgeschlossen. Wer mehr über das Absurde zu sagen versucht, glaubt am Ende doch an die Erklärbarkeit der Existenz. Für Camus bleibt sie im Innersten unverstehbar. Jetzt will er sich um die Menschen kümmern.

Im November 1942 besetzten die Deutschen auch das freie Frankreich, was den Feuervogel Pia, der inzwischen Chefredakteur der 1941 in Lyon von Henri Frenay im Untergrund gegründeten Résistance-Zeitung *Combat* geworden war, zu einem Umzug mit seiner Mannschaft nach Paris veranlasste. Und Camus folgt seinem Freund – wieder einmal. Bisher ist er in allen wichtigen Lebensabschnitten unverbrüchlich der Mann an Pias Seite. Im Oktober 1943 bezieht er ein Zimmer in der Rue de la Chaise. Im November 1943 wird er Lektor im Verlag Gallimard, unter Leutnant Heller und Tür an Tür mit dem Faschisten Drieu, dem faschistischen Parteimitglied Ramon Fernandez, dem Sprachphilosophen Brice Parain, dem Schriftsteller Raymond Queneau, dem Germanisten Bernard Groethuysen und dem Résistance-Mitarbeiter Paulhan. Der entlassene jüdische Lektor Benjamin Crémieux, vormals ein renommierter Linksintellektueller der Dritten Republik und Generalsekretär des französischen PEN, dessen verwaisten Platz Camus im Lektorenkomitee einnimmt, ist zu diesem Zeitpunkt noch am Leben. Er wird 1944 in Buchenwald sterben. Das Verlagsprogramm, für das Camus jetzt mit verantwortlich ist, darf nicht nur keine Bücher jüdischer Autoren, sondern seit 1943 auch keine Übersetzungen aus dem Englischen und Amerikanischen mehr enthalten. Darüber hinaus hat das Lektorenkomitee die Auflage, sich an einer von der NS-Propaganda zusammengestellten «Gesamtliste des förderns-werten Schrifttums» zu orientieren.

Camus, der sich ein paar Jahre zuvor geweigert hatte, eine Lehrerstelle in der algerischen Provinz anzunehmen, die seinem Lebensideal widersprach, tritt die Lektorenstelle bei Gallimard Ende 1943 ohne Zögern an. In seiner Freizeit wechselt der geräuschlos kollaborierende Gallimard-Lektor den Schreibtisch und unterstützt Pascal Pia in der geheimen Untergrundredaktion des *Combat*. Es kommt vor, dass er Mitarbeiter der Untergrundbewegung in seinem Verlagsbüro empfängt. Die Widersprüche dieses Lebens könnten kaum größer sein.

In der Pariser Bohème

Am 7. November 1943 wird Camus dreißig Jahre alt. Er hat das Pariser Lehrerpaar Sartre und Beauvoir kennengelernt, er sitzt mit den berühmtesten französischen Schriftstellern in der Jury des «Prix de la Pléiade», er arbeitet beim renommiertesten Verlag Frankreichs, er verbringt seine Abende in den Cafés von Saint-Germain-des-Prés. Man trifft sich in der Wohnung von Michel Leiris oder im Zimmer von Simone de Beauvoir. Die Stimmung ist gelöst, es wird viel geraucht, viel getrunken, viel gescherzt. Man veranstaltet heitere Zimmertheateraufführungen mit Camus, Sartre, Beauvoir, Picasso, Leiris, Lacan und Éluard mal in den Hauptrollen, mal in den Zuschauerreihen.

Zum Jahreswechsel 1943/44 inmitten der Pariser Bohème: Camus trägt gestreifte Anzüge mit Einstecktuch, schwere Tuchmäntel, deren Kragen kleidsam hochgeschlagen werden. Und immer die Zigarette im Mundwinkel. Es ist der dritte Winter der Okkupation. Hat man die Ausgangssperre um Mitternacht verpasst, bleibt man die Nacht über zusammen. Im Morgengrauen fährt Camus dann mit dem Fahrrad durch die menschenleere Stadt nach Hause. Eine schöne Frau vor sich auf der Fahrradstange.

Ein Widerstandsleben ist das nicht. Während Pia in die Leitung des Comité national de la Résistance aufsteigt und von der Gestapo gesucht wird, führt Camus im besetzten Paris ein mondänes Literatenleben als Dandy und Angestellter eines kollaborierenden Verlagshauses. Er hat sich wieder einmal verliebt. Diesmal in die zweiundzwanzigjährige Schauspielerin Maria Casarès, die er im Salon von Michel Leiris trifft und mit der er ein stadtbekanntes Verhältnis eingeht; die beiden werden ein glamouröses

Illustre Zimmertheateraufführungen im besetzten Paris,
mit Picasso, Beauvoir, Sartre u. a.

Liebespaar, Stars der Pariser Nachtclubs. Francine ist im fernen Oran. Sartre bittet seinen späteren Rivalen, sein neues Theaterstück *Hinter geschlossenen Türen* zu inszenieren und auch eine Rolle darin zu übernehmen. Man führte ein heftiges, wild bewegtes Leben inmitten einer «Attrapenwelt», wird Sartre in der Rückschau schreiben.[170]

Die Deutschen, die tagsüber in ihren feldgrauen Uniformen überall in den Cafés brav ihre Limonade trinken und nachts so geräuschlos wie möglich Feinde verhaften, foltern und exekutieren, werden im Alltag übersehen wie Möbelstücke, die einem nicht gefallen, an die man sich aber schließlich gewöhnt hat. Während die Alliierten die Landung in der Normandie vorbereiten, um Frankreich zu befreien, lebt man in Paris mit einer solchen Gier, als wären es die letzten Tage der Menschheit.

Maria besucht ihren Geliebten in seinem Atelier. Das Paar verbringt leidenschaftliche Wochen zusammen, denn das Ende des Krieges, so ist es beschlossen, soll auch das Ende ihrer Liebe sein – es sei denn, man mache den Traum wahr und fliehe gemeinsam nach Mexiko. Vorerst lebt man zusammen, man ist, wie Maria Casarès später in ihren Memoiren schreiben wird, «stolz aufeinander, man trägt sich gegenseitig, man treibt sich gegenseitig voran, man brennt um die Wette, lacht gemeinsam, quält sich gemeinsam, tanzt zusammen, bekämpft sich, entzündet sich aneinander in einer vollkommenen Unschuld, in der königlichen Freiheit, die man der Zeit gestohlen hat, in den Tagen, die einem noch gemeinsam bleiben sollten bis … zum Ende des Krieges.»[171]

Pascal Pia hat jetzt die Organisation und Koordination sämtlicher Untergrundaktivitäten der Combat-Bewegung übernommen und muss die Chefredaktion der gleichnamigen Untergrundzeitung abgeben; im Frühjahr 1944 bietet er Camus seinen Posten an, und der willigt sofort ein. Nach ihrer gemeinsamen Arbeit beim *Alger républicain*, beim *Soir républicain* und beim *Paris-Soir* ist es einmal mehr Pia, der Camus in den Journalismus und nun auch in den aktiven Widerstand hineinzieht und Camus' kometenhaften Aufstieg initiiert: Ohne die Vorarbeit dieses kompromisslosen Moralisten wäre Camus kaum zu dem einflussreichen und moralisch unangreifbaren Pariser Chefredakteur geworden, der er nach dem Krieg sein wird.

Der Untergrund-*Combat* umfasste zunächst ein einzelnes Blatt, das mit einer Auflage von 10 000 Stück gestartet war und inzwischen in 250 000 Exemplaren gedruckt wurde. Die Artikel waren nicht namentlich gezeichnet, und nicht alle der im Nachhinein Camus zugeschriebenen Texte klingen wirklich nach ihm. Möglicherweise waren es nur zwei Artikel, die er in den verbleibenden Wochen bis zur Befreiung in der geheimen Widerstandszeitung veröffentlicht hat. Doch es kommt nicht auf die Zahl an: Während Sartre weiterhin seine Pfeife im Café de Flore raucht, im Lycée Condorcet unterrichtet und am 5. Februar 1944 zum letzten Mal in der kollaborierenden Gallimard-Zeitung *Comœdia* publiziert, hat Camus etwas riskiert. Camus' Kommentar zu Sartre im Juli 1943: «Man muss wissen, was man will. Der Anschein trügt, ich habe nicht viele Gemeinsamkeiten mit Sartre, weder mit dem Mann, noch mit dem Werk».[172] Umgekehrt äußert sich Sartre über die Bedeutung der Résistance im November 1944 auffallend kühl: «Die Résistance war nur eine individuelle Lösung, und wir haben es stets gewusst: auch ohne sie hätten die Engländer den Krieg gewonnen, auch mit ihr hätten sie ihn verloren, wenn sie ihn hätten verlieren müssen. In unseren Augen hatte die Résistance vor allem einen symbolischen Wert; und deswegen waren viele Résistanceangehörige verzweifelt: immer Symbole. Eine symbolische Rebellion in einer symbolischen Stadt; einzig die Folterungen waren echt».[173]

Camus hat sich über seine Rolle im Widerstand stets sehr zurückhaltend geäußert und den Orden, der ihm später für seine Verdienste im Widerstand verliehen wurde, so gut wie nie getragen. An Francine schreibt er im September 1944 nach Oran:

«Nachdem ich versucht habe, über Spanien nach Hause zu kommen, und es angesichts der Aussicht, dabei verhaftet und in meinem Zustand mehrere Monate in ein Lager oder ein Gefängnis gesperrt zu werden, wieder aufgegeben habe, bin ich der Widerstandsbewegung beigetreten. Ich habe darüber lange nachgedacht und mich ganz bewusst dafür entschieden, weil es meine Pflicht ist. Ich habe schon in der Auvergne damit begonnen und danach mit Pia in Paris in der Combat-Bewegung weitergemacht».[174]

Noch in Lyon bekommt Camus falsche Papiere auf den Namen Albert Mathé, Journalist, geboren 7. Mai 1911. An Kämpfen oder Anschlägen war er nie beteiligt. Sein Beitrag zur Résistance sind seine Worte. Im General de Gaulle ergebenen *Combat* schreibt er nach der Landung der Alliierten in der Normandie feurige Aufrufe an «die Franzosen», sich am Widerstand zu beteiligen: «Es gibt nur einen einzigen Kampf, und wenn ihr daran nicht teilnehmt, wird euch unser Feind Tag für Tag beweisen, dass er auch euer Feind ist. Nehmt eure Plätze ein, wenn euch das Schicksal all dessen, was ihr liebt und achtet, etwas wert ist.»[175] Nur wenige Monate nach dem Erscheinen seines Plädoyers für den heldenhaften Gleichmut vor dem absurden Schicksal ruft der Verfasser des *Sisyphos* die Nation zum Kampf auf.

Camus fühlt sich nicht wohl mit diesem Widerspruch. Er versucht sich zu erklären. An Grenier schreibt er:

«Mein Essay fasst noch nicht alles zusammen. Die logischen Folgen einer Philosophie des Nichtbedeutens blieben bisher im Dunkeln. Ich habe versucht, das zu zeigen. Ich habe mehr als jeder andere die Widersprüche dieser Haltung aufgespürt. Sie hängen damit zusammen, dass diese Philosophie alle Werturteile eliminiert. Das geht nicht, denn alle Handlungen unseres Lebens sind Werturteile.»[176]

Briefe an einen deutschen Freund

In dem Dilemma, einerseits die stoische Gleichgültigkeit vor dem Absurden und andererseits den Widerstand gegen die Deutschen zu propagieren, schreibt Camus *Briefe an einen deutschen Freund*. Es sind auch Briefe an sich selbst. Denn seine Philosophie des Absurden, das weiß er, hat ihre Wurzeln in Deutschland, sie ist herangewachsen in der Kinderstube Friedrich Nietzsches, als dieser noch nicht beim «Übermenschen» und beim «Willen zur Macht» angekommen war. Dem imaginären deutschen Freund erklärt er nun, warum man selbst in einer sinnlosen Welt das entfesselte Denken, das sich nicht um seine Folgen schert, niemals auf die Wirklichkeit ausdehnen dürfe. Caligula durfte das auf dem Theater. Doch Literatur ist Spiel, und die Idee von der Umwertung aller menschlichen Werte war nur ein Spiel im Spiel, gespielt von Dichtern und Philosophen. Nie hätte man damit Ernst machen dürfen – wie die deutschen Nationalsozialisten, die eine avantgardistische Philosophie missbrauchten. Aus philosophischem dürfe niemals politischer Nihilismus werden. Seitdem Camus vor dem Nietzscheanismus der Nationalsozialisten graut, zweifelt er auch an dem eigenen. Auch seine Leitbegriffe stammen aus der Zwischenkriegszeit, auch er muss sich philosophisch neu erfinden.

> «Ich will Ihnen sagen, wie es möglich ist, dass wir so ähnlich waren und heute Feinde sind, wie ich an Ihrer Seite hätte stehen können und warum jetzt alles aus ist zwischen uns. Lange Zeit haben wir gemeinsam geglaubt, diese Welt habe keinen tieferen Sinn und wir seien um etwas betrogen. In gewisser Hinsicht glaube ich es heute noch. Aber ich habe

andere Schlüsse daraus gezogen als jene, von denen Sie mir damals sprachen und denen Sie seit so vielen Jahren geschichtliche Wirklichkeit zu verleihen suchen. Ich sage mir heute, dass ich Ihnen in Ihrem Tun recht geben müsste, wenn ich mich wirklich von Ihren Gedankengängen hätte überzeugen lassen. Und das ist so schwerwiegend, dass ich mich damit befassen muss, im Herzen dieser Sommernacht, die so trächtig ist an Verheißungen für uns und Drohungen für Sie.»[177]

Die *Briefe* werden in Teilen 1943 und 1944 in den Untergrundzeitungen *La Revue Libre* und *Cahiers de Libération* sowie 1945 in *Libertés* veröffentlicht. Die Deutschen, so sieht es Camus in den Wochen und Monaten vor der Befreiung, hatten sich an ihrer absurden Weltsicht berauscht. Er selbst sei von diesem Weg, der in einen Machtrausch führte, rechtzeitig abgebogen: «Ich dagegen lehnte diese Verzweiflung und diese gequälte Welt ab und begehrte nur, dass die Menschen ihre Solidarität wiederfinden, um den Kampf gegen ihr empörendes Schicksal aufzunehmen» (Vierter Brief).

Der Nihilismus Nietzsches und dessen nächster Verwandter, der philosophische Amoralismus, hätten außerhalb der Kunst und des Denkens keinerlei Berechtigung mehr. Jetzt, im Frühjahr 1944, seien die schlichten Anstands- und Ehrbegriffe des Bürgers gefragt. Für Camus ist eine Philosophie, die sich über die einfache menschliche Ehre – «Ein Mensch macht so etwas nicht» – hinwegsetzt, nichts mehr wert. Beinahe unbemerkt führt Camus' Brief an einen deutschen Freund auch zu einer Revision seiner Philosophie des Absurden, insofern sie sich ab sofort nur noch auf dem eingezäunten philosophischen Spielplatz für unverantwortliches Denken austoben darf.

Sein Widerstand erwacht spät. Zu einem Zeitpunkt, als allen klar ist, dass Deutschland den Krieg verloren hat, erklärt Camus es zu seiner «Pflicht», den Nationalsozialisten den «Kampf» anzusagen. «Ich jedoch habe mich für die Gerechtigkeit entschieden, um der Erde treu zu bleiben», schreibt er dem feindlichen Freund, ein Nietzsche-Wort («Bleibet der Erde treu») zitierend. Dem deutschen Philosophen bleibt er nach dieser Abrechnung mit dem deutschen Nietzscheanismus gleichermaßen treu. Nietzsches Schriften werden ihn bis in seine letzten Lebensstunden begleiten.

Das Missverständnis

Vier Wochen vor der Befreiung von Paris wird *Das Missverständnis* in der besetzten Stadt uraufgeführt. Leutnant Heller erhebt keine Einwände. Es ist das erste Mal, dass Camus seine Figuren auf der Bühne sieht, seine Worte von richtigen Schauspielern gesprochen hört. In der Rolle der Martha glänzt Maria Casarès. Francine Camus fehlt bei der Premiere. Sie ist noch immer in Algerien, wird erst nach der Befreiung zu ihrem Mann nach Paris reisen – und dann nie wieder weggehen.

Das Stück fällt bei Kritik und Publikum durch. Sein Thema – Mutter und Schwester töten und berauben den eigenen Sohn und Bruder, ohne ihn zu erkennen, um sich ein besseres Leben in der Sonne und am Meer leisten zu können; sie bringen sich um, als sich das «Missverständnis» aufklärt – variiert noch einmal das Mordmotiv, das Camus nicht loslässt. Der Sohn kehrt von den Küsten Afrikas heim ins verregnete Böhmen, und seine Mutter, die dort einem Gasthaus vorsteht, behandelt ihn wie einen Kunden: «mit wohlwollender Gleichgültigkeit». Nach der heroischen Gleichgültigkeit des Fremden und des Sisyphos porträtiert

Maria Casarès (1922–1996)

Camus die menschliche Gleichgültigkeit der Handelspartner in der Warengesellschaft, in der es keinen anderen Wert als das Geld gibt. Mutter und Tochter kennen keinen Grund, der sie vor dem Mord aus Geldgier bewahren könnte. Kein «Ein-Mensch-macht-so-etwas-nicht» hält sie davon ab, ihre Pensionsgäste in schöner Regelmäßigkeit nicht nur mit einem Zimmer, sondern auch mit einem Schlafmittel und einem sanften Tod im nahen Fluss zu umsorgen.

Das Drama ist ein weiteres moralisches Experiment: Wie weit geht der Mensch für Geld? Im Tagebuch schreibt Camus: «Jedes aufs Geld ausgerichtete Leben ist ein Tod».[178]

Im *Missverständnis* bleibt die Tragödie einer noch die tiefsten menschlichen Bindungen vergiftenden Profitgier begrenzt auf zwei unglückliche Frauen in Böhmen, die ihr Herz verkauft haben. Später, 1957 in seiner Rede in Uppsala, wird Camus der gesamten westlichen «Händlergesellschaft» vorhalten, sich der Herrschaft der Ziffern und abstrakten Symbole ausgeliefert zu haben.

Das Missverständnis ist ein Lehrstück, das einzige, das Camus geschrieben hat. Doch weil dem Autor anders als zu Caligula, dieser verrücktesten und shakespearehaftesten unter allen seinen Figuren, zu den zwei raffgierigen Wirtinnen nicht viel mehr einfällt, als sie besonders raffgierig und furchtbar sein zu lassen, bleibt das Stück vergleichsweise blass. Es variiert noch einmal die Motive des Frühwerks – das Glück am Meer unter der Sonne des Südens, die Niedergedrücktheit im Norden Europas, die sprachlose Mutter-Sohn-Beziehung, den sinnlosen Mord, die Gleichgültigkeit der Mörderin –, um sie schnell wieder in den Kulissen verschwinden zu lassen. Paris hat andere Sorgen.

Die Befreiung

Am Samstag, dem 19. August 1944, wird in Paris der Straßenasphalt aufgerissen, Bäume werden gefällt, Säcke herbeigeschafft: Die Stadt baut Barrikaden und greift zu den Waffen. Die 2. amerikanische Panzerdivision ist nicht mehr weit. Am Donnerstag, dem 24. August, befreien die Amerikaner die Stadt, in der seit Tagen geschossen wird. Einen Tag später, am 25. August, kapitulieren die Deutschen. In langen Reihen werden blasse junge Männer in feldgrauen Uniformen durch die Straßen abgeführt. Am Samstag defiliert Charles de Gaulle auf den Champs-Élysées und verkündet den Franzosen mit der Stimme eines großen Theatertragöden eine große Lüge: Paris habe sich selbst aus eigener Kraft befreit. Unendlicher Jubel.

Der Chefredakteur der nunmehr legal erscheinenden Tageszeitung *Combat* trägt zu dieser Legende, auf die man sich in Paris in Windeseile geeinigt hat, am 24. August in seinem ersten namentlich gezeichneten Leitartikel bei:

> «Paris feuert aus all seinen Waffen in die Augustnacht. In der gewaltigen Landschaft aus Stein und Wasser, rings um den geschichtsbeladenen Strom, erheben sich wiederum die Barrikaden der Freiheit. Wiederum muss die Gerechtigkeit mit dem Blut der Menschen erkauft werden.»

Es gibt viele Opfer in diesen Tagen. Verglichen damit ist das Opfer, das Camus bringt, unbedeutend: Er opfert seine Sprache. In den ersten Leitartikeln im freien *Combat* hört man eine beklemmend verstellte Stimme:

> «Während die Kugeln der Freiheit noch durch die Stadt schwirren, ziehen, von Geschrei und Blumen begrüßt, die Kanonen der Befreiung durch die Tore von Paris. In der schönsten und heißesten aller Augustnächte gesellt der Pariser Himmel den ewigen Sternen die Leuchtspurgeschosse hinzu, den Rauch der Feuersbrünste und die bunten Raketen der Volksfreude.»[179]

In beiden historischen Artikeln, die Camus unmittelbar nach der Befreiung von Paris geschrieben hat, finden sich zahllose angelernte Phrasen, viel minderwertige Lyrik, ein haltloses Schwadronieren über die Wahrheit, die so lange Zeit mit entblößter Brust dagestanden habe, doch nun bewaffnet und kämpfend in Paris Nachtwache halte und dergleichen mehr. Die historische Wahrheit dieser Artikel bleibt begrenzt: Der vergleichsweise bescheidene Anteil des Pariser Aufstandes an der deutschen Niederlage wird unter einem bombastischen Wortschwall begraben, in dem die «Kugeln der Freiheit» nur so um die Pariser Straßenecken pfeifen.

Camus macht sich mit dieser Journalistenpoesie schnell einen Namen. In Paris liest man so etwas jetzt gern. Doch wer spricht da? De Gaulle, dessen Ansprachen an das «ewige Frankreich» in diesen Tagen aus derselben Textmanufaktur zu kommen scheinen? Es ist das erste Mal, dass Camus über Paris schreibt. Und er schreibt schlecht, er posiert, er bramarbasiert, er ist nicht er selbst.

Auch Sartre schreibt über diese Tage, die sich ins Gedächtnis der Nation eingebrannt haben. Camus hat ihn für den *Combat* um eine Reportage aus der umkämpften Stadt gebeten. Und er fängt ganz einfach so an: «Ich erzähle, was ich gesehen habe». Es folgt ein elektrisierender, temporeicher Bericht über die Menschen in einer Stadt im Ausnahmezustand. Er vergisst nicht, das Unübersichtliche und Zufällige dieser Tage einzufangen und hat dabei sowohl die historische Größe als auch die vielen kleinen Tragödien im Blick, wie die des alten Mannes, der sich vor den Kugeln retten will und verzweifelt an eine Tür klopft, die man ihm nicht öffnet und auf deren Schwelle er erschossen zusammenbricht. Er trifft den Ton des Augenblicks, erzählt ohne Pose von Hoffnung, Sorge, Kameradschaft, Ungereimtheit, Chaos, Mut und Feigheit. Sartre lebt und atmet mit Paris. Er hat seiner Stadt einen grandiosen Text über ihre schicksalhaften Tage hinterlassen.

Camus hat nun beinahe den Zenit seiner Laufbahn erreicht – als Romanautor, Essayist, Widerstandskämpfer, als Chefredakteur der glaubwürdigsten, wichtigsten Pariser Tageszeitung, als Lektor des bedeutendsten französischen Verlags, als Frauenheld und Kultautor. Er zählt zu den bekanntesten französischen Intellektuellen. Sein Leben besteht aus Zeitungskonferenzen, Verlagskonferenzen, Theaterproben, Liebesabenteuern und Nachtclubbesuchen. Doch es ist etwas faul mit seinem Pariser Leben. Camus ist in Paris nicht zu Hause.

8. Kapitel

DIE MENSCHEN

Ort und Zeit:

Paris 8. Mai 1945.
Deutschland Juni 1945.
New York 1946.
Lourmarin, Isle-sur-la-Sorgue 1946.
Le Panelier 1947.
Paris 1947.
Rio, São Paulo, Montevideo,
Buenos Aires 1949.
Paris 1951.

Camus wohnt jetzt bei Gide. Der Dichter hat ihm einen Teil seiner Wohnung in der Rue Vaneau überlassen. Manchmal hört Camus, wie Gide in seinem Teil der Wohnung auf und ab geht. Manchmal sitzen sie gemeinsam vor Gides Radio. Auch am 8. Mai 1945, als die Kapitulation verkündet wird.

Camus ist zweiunddreißig Jahre alt, und sein Leben ist bis zum Rand gefüllt. Als vielbeschäftigter Autor klagt er nun gern über den «übelkeitserregenden Ekel vor dieser Verzettelung».[180] Francine ist aus Algerien angekommen. Das Ehepaar hat sich zwei lange Jahre nicht gesehen und nur wenig voneinander gehört, alle Verbindungen nach Algerien waren abgebrochen. Francine hatte im Sommer 1942 in einem weltverlorenen Dorf in der Auvergne einen in Frankreich nahezu unbekannten, kränklichen Debütanten verlassen, mit dem sie seit kurzem eine unglückliche Ehe führte. Zwei Jahre später trifft sie in Paris auf einen umschwärmten Star. «Diese Rückkehr war schrecklich»[181], bemerkte Francines Schwester Christiane Faure. Camus dachte gar nicht daran, seine Besuche in Marias Appartement in der Rue de Vaugirard wie verabredet einzustellen. «Er hat nie versucht, auch nur einen seiner Widersprüche zu lösen, er wollte das Leben und das Sein niemals beschneiden», erinnerte sich Maria Casarès.[182]

Am 8. Mai 1945 ist seine «Schwester», wie er seine Frau nennt, im vierten Monat schwanger. Am 5. September werden die Zwillinge Jean und Catherine in Paris zur Welt kommen. Kein Wort darüber im Tagebuch. Die stolze Maria zieht sich – für eine

Die Camus' mit den Zwillingen Jean und Catherine

Weile – zurück. Ihre Stelle wird sechs Monate später die zwanzigjährige amerikanische Studentin Patricia Blake einnehmen.

Nach der Geburt der Zwillinge leben in der Rue Vaneau außer André Gide und Camus zwei Babys, eine Ehefrau, eine Schwägerin und eine Schwiegermutter. Der Vater, Ehemann und Schwiegersohn meldet: «Tiefen Ekel vor jeglicher Gesellschaft».[183] Sein Zuhause verlegt er in sein Verlagsbüro. Seine eigentliche Familie sind die Gallimards, mit Michel und Janine verbringt er jetzt den größten Teil seiner Zeit. In den Briefen an seinen Freund Louis Guilloux klagt er, wie stark er die innere Notwendigkeit empfinde zu schreiben und wie groß seine Angst sei, nicht genügend Zeit dafür zu finden.[184] Im September 1945 wird *Caligula* mit dem jungen Gérard Philipe in der Hauptrolle uraufgeführt. Die Arbeit an der *Pest* kommt nicht voran. «In 25 Jahren bin ich 57», seufzt Camus. «25 Jahre also noch, um mein Werk zu schaffen und zu finden, was ich suche».[185] Es werden nur noch 15 sein.

Bester Freund wider Willen – Pascal Pia

Seitdem der legalisierte *Combat* in den früheren Redaktionsräumen der *Pariser Zeitung* in der Rue Réaumur residiert, sind Pascal Pia und Camus so eng verbunden wie in alten algerischen Zeiten, Pia als Herausgeber, Camus als Chefredakteur des Blattes. Die Wahrheit lautet allerdings: Der *Combat* ist Pia. Pia ist überall. Er kontrolliert die Schrifttypen, die Kleinanzeigen und die Kurzmeldungen, korrigiert Unterzeilen und Überschriften, erfindet Themen und engagiert Mitarbeiter, arbeitet Tag und Nacht. Und doch ist er nicht mehr derselbe. Der Krieg hat ihn gezeichnet, wenn nicht gebrochen. Wie ein «Pferd auf dem Rückweg, müde im Geschirr, in welches das Schicksal es wieder eingespannt hat»[186], nimmt er sich in die Pflicht.

Keiner von beiden hat es so gesehen, doch Pia, zehn Jahre älter als Camus, war der wichtigste Mensch in seinem Leben. Zwei Jahre älter als Sartre und wie dieser vaterlos in Paris aufgewachsen, verhielt sich Pia stets rücksichtslos gegen sich selbst, und was dabei besonders hervorstach, war sein völliges Desinteresse an Macht oder persönlichem Fortkommen. Die Daten seines Lebens hat Roger Grenier überliefert, ein *Combat*-Mitarbeiter der ersten Stunde, der nicht nur eines der besten Bücher über Camus (*Albert Camus soleil et ombre*), sondern auch eine schmale Biographie über Pascal Pia verfasste: *Pascal Pia ou le Droit au Néant.*

Pia, der bei seiner Mutter lebte, begann als Vierzehnjähriger arbeiten zu gehen. In den zwanziger Jahren zog er seinen ersten Gedichtband, der bei Gallimard bereits angezeigt war, im letzten Moment zurück, weil man seine «Gedichte genauso gut verbrennen wie veröffentlichen» könne. Es hieß, er habe auf seine Zulassung zur École Normale Supérieure verzichtet. In den zwanziger Jahren schrieb er ein paar Aufsätze über Literatur in der *Nouvelle Revue Française*, gegen Aragon und gegen die Surrealisten. In den dreißiger Jahren veröffentlichte er einen Roman unter dem Pseudonym Pascal Rose, zu dem er sich nie bekannte. Im Paris der vierziger Jahre war er so kompromisslos wie kein anderer.

Er hasste die Schauspielerei, selbst das Theater war ihm verdächtig – es mache alle dumm, die dort arbeiteten. Pia reiste wenig und interessierte sich nicht für ferne Länder. Die Italienbegeisterung der französischen Intellektuellen hielt er für Snobismus. Den internationalen Konferenz- und Vortragstourismus der Pariser Kulturelite, an dem auch Camus bald teilnahm, nannte er Prostitution. Durch intellektuelle Prominenz war er nicht zu beeindrucken. In seiner Jugend, so behauptete er, sei er von Apollinaire-Gedichten abhängig gewesen wie von einer Droge. Sein

Gedächtnis war phänomenal, die französische Lyrik des 16. und 17. Jahrhunderts kannte er weitgehend auswendig. Überhaupt war er ein unersättlicher Leser und Büchersammler, über Jahre betrug sein Pensum zwei Bücher am Tag. In seiner Jugend lebte er eine Zeitlang vom illegalen Vertrieb erotischer Literatur.

Seine politische Haltung fasste er so zusammen: «Ich bin gegen persönliche Machtausübung, das ist so ungefähr alles.» Er wohnte in den damals wenig attraktiven Stadtteilen im nördlichen Paris. Seine Stimme soll ein bisschen heiser gewesen sein – selbstverständlich war er Kettenraucher. Nach seinen Aussichten im Jenseits befragt, antwortete er: «Ich hoffe, ich habe ein absolutes Recht auf das Nichts.» Roger Grenier betonte Pias Nihilismus. Im Alter schrieb er Bücher über Baudelaire und Apollinaire und stellte einen zweibändigen Katalog über die *Livres de l'Enfer*, die «Höllenbücher», vom 16. Jahrhundert bis zur Gegenwart zusammen.

Als er 1979 starb, hinterließ er den Wunsch, dass von ihm nicht mehr gesprochen und seine Texte nicht mehr verbreitet würden. Er zitierte häufig den Ausspruch Baudelaires, wonach man die Grundrechte des Menschen um zwei Dinge erweitern müsse – das Recht, sich zu widersprechen, und das Recht, wegzugehen. Camus' Aufstieg zum Weltstar der Literatur missfiel Pia. Doch es passte genau, dass der ihm seinen Essay über den absurden Menschen widmete: Wenn Sisyphos ein Mensch gewesen wäre, hätte er Pascal Pia heißen müssen.

Man ahnt es schon – seine Bedeutung im Leben Camus' spielte er stets herunter. Dem ersten (allseits wenig geschätzten) amerikanischen Camus-Biographen Herbert R. Lottman, der ihn als Camus' «besten Freund und schlimmsten Feind» bezeichnet hatte, schickte er einen empörten Brief mit Durchschrift an Francine. Er sei niemals der Vertraute Camus' gewesen. Verglichen mit Freunden wie Claude de Fréminville oder Jean Grenier habe er im Leben Camus' kaum eine Rolle gespielt. Dieser Darstellung widersprach nun wiederum Francine Camus mit Nachdruck. Neunzehn Jahre nach dem Tod ihres Mannes und wenige Monate vor ihrem eigenen schreibt sie Pascal Pia einen letzten Brief.

«Lieber alter Freund,

Ihr Brief war eine der wenigen Freuden, die mir das Buch von Herrn Lottman beschert hat. Zunächst verweist er Herrn Lottman, dessen gesamtes Buch aus «poetic licences» besteht, auf den Platz, der ihm gebührt. Vor allem liefert er mir aber den Schlüssel zu einem Rätsel, das mich lange Zeit beschäftigt hat. Ich glaube, dass Sie sich irren. Die Bewunderung und Freundschaft, die Albert Ihnen entgegen gebracht hat (ohne wirklich viel über Sie zu wissen oder vielleicht auch weil er nicht viel über Sie wußte) war unvergleichlich stärker als die Bruderschaft, die ihn mit einem Landsmann verband und die Kameradschaft, die er für einen Gleichaltrigen empfand, dessen Überzeugungen er nicht teilte. Aber ich werde Sie nicht umstimmen und außerdem interessiert Sie das nicht. Danke, dass Sie mir geschrieben haben. Das beweist, dass Sie sich noch an mich erinnern, und das macht mir Freude.

Ich habe noch eine lebhafte Erinnerung an Sie und an Suzanne und Colette [Frau und Tochter] – was den Rest angeht, sterben wir alle mit unseren Rätseln und Geheimnissen und mit unserer Sehnsucht – jedenfalls geht es mir so – nach einer unmöglichen Transparenz.

In alter Erinnerung

Francine Camus»[187]

Combat

Zu seinen Mitarbeitern sagte Pia: «Wir versuchen eine vernünftige Zeitung zu machen. Aber weil die Welt absurd ist, wird das scheitern». Damit sollte er recht behalten. Den *Combat*, wie Camus und Pia ihn verstanden, gab es nur drei Jahre. Doch allen, die dabei waren, kamen diese Zeit und ihre Zeitung noch lange wie ein Wunder vor.

Der *Combat* erscheint nach der Befreiung offiziell und täglich auf vier Seiten. Camus schreibt fast in jeder Ausgabe den Leitartikel. Nach Redaktionsschluss steht man zusammen, trinkt Bourbon in Hemdsärmeln, die Zigarette im Mundwinkel. Es ist das alte Mannschaftsgefühl, das Camus vom Fußball in Algier kennt und das er so liebt. Das bisschen Moral, das er habe, stamme aus den Fußballstadien, wird er einmal in einem Fernsehinterview sagen.

Der Nachkriegsjournalismus ist in seinen ersten Jahren vom Fieber des Grundsätzlichen befallen. Man will alles von Grund auf neu bestimmen. Was soll aus Frankreich werden? Welche Wirtschaftsform, welche Demokratie, welche Zeitung will man haben? Europa ist ein Scherbenhaufen. Überall in der Stadt sitzen junge Männer zusammen und brüten bis spät in der Nacht rauchend über den Drehbüchern der Zukunft. Wenn es Jahre gibt, in denen Camus' Leben mit dem der Gegenwart und der Zeitgenossen vollkommen eins war, dann sind es diese.

Der *Combat* ist keine gewöhnliche Zeitung. Er war viele Monate lang das Mitteilungsblatt des gaullistischen Widerstands, und noch immer gilt: Wer hier schreibt, schreibt im Namen der Résistance. Auch damit hängt es zusammen, dass Camus' Leitartikel für den *Combat* den Sonntagsrednerton nie ganz verlieren.

Combat-Redaktion 1944, Camus 6. v. l., Pascal Pia 4. v. r.; Roger Grenier 5. v. r., mit Brille; Jean Bloch-Michel, vorn l. neben Grenier, zu Camus schauend

Er schreibt hier nicht auf eigene Rechnung, sondern buchstäblich im Pluralis Majestatis und in Überstimmung mit einer nationalen «Bewegung», die nach der Befreiung von großem Einfluss ist. Auf einer Konferenz in Algier hat das Komitee der Résistance ein «Aktionsprogramm» verabschiedet, das politische, soziale und wirtschaftliche Maßnahmen vorsieht, die seiner Meinung nach auf dem Weg zur Demokratie eingeleitet werden sollten. Der *Combat* ist diesem Programm verpflichtet.

Schon im August 1944 thematisierte Camus, ähnlich wie zuletzt im *Soir républicain*, den gesellschaftlichen Auftrag und die Ethik des Journalismus. Die Zeitung sei eine «Stimme der Nation», deshalb sei man entschlossen, das Land zu veredeln, indem man seine Sprache veredle – «dafür sind viele von uns gestorben», so Camus. Deshalb wünschte sich der Leitartikler «eine klare und männliche Presse, die eine respektvolle Sprache spricht». Man solle sich des Wertes eines jeden Wortes bewusst sein, zumal die Kameraden gerade noch für die Freiheit des Wortes ihr Leben riskiert hätten. Nie dürfe man die Aufgabe aus den Augen verlieren, «der Nation ihre ureigenste Stimme wiederzugeben».

Die volkspädagogische Verantwortung der «klaren männlichen Presse» lastet auf seinen Sätzen wie Kriegsschutt. Vielen Journalisten der ersten Nachkriegsjahre, die sich in einer heute nur noch schwer vorstellbaren Weise der moralischen Erziehung und politischen Bewusstseinsbildung ihrer Leser verpflichtet fühlten, erging es ähnlich – in Frankreich wie in Deutschland. Es wird noch Jahre dauern, bis die Qualitätspresse das volkspädagogische Pathos ablegen und einen Gang zurückschalten wird vom unfehlbaren nationalen Wir einer Zeitung zum angreifbaren Ich ihrer Autoren.

Camus schreibt in diesen ersten Monaten seiner Tätigkeit als Chefredakteur wie ein Besessener. 70 Leitartikel in drei Monaten! Seine großen Themen: die Rolle der Résistance beim französischen Wiederaufbau; die Frage, wie man mit den Kollaborateuren verfahren soll (hart, aber nicht gnadenlos); was aus Deutschland werden soll (ein freies Land in Europa); wie es in Spanien weitergehen möge (ohne Franco); wie man in Frankreich eine liberale Volksdemokratie errichten kann (durch eine neue Verfassung); welche Rolle Kirche und Papst dabei spielen sollten (eine bessere als während der Naziherrschaft); welche Reformen de Gaulle auf den Weg bringen sollte (sehr viele); warum es ungut war, dass Pierre Mendès France das Wirtschaftsministerium der provisorischen Regierung de Gaulles verließ (weil er völlig zu Recht für eine staatliche Kontrolle der Wirtschaft eintrat); was ihm an den Leitartikeln von François Mauriac im *Figaro* nicht gefalle (dass sie zu schnell über die Kollaboration hinwegsahen und die Kollaborateure nicht zur Rechenschaft zogen); was man Paul Claudels De-Gaulle-Elogen entgegenhalten müsste (ihren Kitsch) und so weiter. Am 8. August 1945 ist Camus der einzige Chefredakteur Frankreichs, der gegen den Abwurf der Atombombe über Hiroshima protestiert: «Die technische Zivilisation hat ihren bestialischen Höhepunkt erreicht.»

Die Leser können diesem Leitartikler täglich dabei zusehen, wie er jenseits des «Aktionsprogramms» der Widerstandsbewegung mehr oder weniger improvisierend nach einer politischen Linie sucht, um seine Zeitung durch das ideologische und politische Vakuum der ersten Monate nach der Befreiung zu manövrieren. Der *Combat* schmückt sich noch immer auf der ersten Seite mit der alten Kampfparole «Von der Résistance zur Revolution», obwohl ihr Chefredakteur von Revolutionen nichts wissen will und lieber in sozialdemokratischer Mäßigung von moralischen und politischen Reformen spricht. Angesichts der kommenden Globalisierung, die Camus als einer der ersten Kommentatoren seiner Zeit klar voraussieht, hält er nationale Revolutionen genauso wie jede ausschließlich national agierende Politik für rückwärtsgewandt. Sie sei nichts als ein romantischer Mythos. Die Zukunft Europas sei transnational, das Nationalstaatsdenken mit dem Zweiten Weltkrieg zu Ende gegangen. Camus ist einer der ersten bedingungslosen Europäer.

Mit seiner Leidenschaft für eine entschiedene Reformpolitik legt Camus in diesen Wochen als Chefredakteur den Grundstein für seine späteren Auseinandersetzungen mit der Pariser Linken, die in ihm einen bürgerlichen Liberalen und Konterrevolutionär sehen wird. Zu Unrecht. Camus votierte am 4. November 1944 im *Combat* auf Seite eins für einen «chaotischen» Sozialismus, der sich «nicht die Frage nach dem Fortschritt stellt», sondern davon überzeugt ist, dass das «Geschick des Menschen allein in den Händen der Menschen» liegt. «Dieser Sozialismus glaubt nicht an absolute und unfehlbare Doktrinen, sondern an die hartnäckige, chaotische, unermüdliche Verbesserung des menschlichen Lebens.» Das klingt schon ganz nach dem libertären Autor des späteren großen Essays *Der Mensch in der Revolte.*

Noch in einer anderen Grundsatzfrage nahm Camus Positionen seines politischen Essays vorweg, mit dem er sich im Jahr 1952 für immer von der Pariser Linken verabschieden wird: Camus akzeptierte keine politische Idee, für die man ein Menschenleben opfern durfte. Robert Brasillach, ein nazistischer und antisemitischer Autor, der mit den Deutschen kollaboriert hatte und die nazistische Wochenzeitung *Je suis partout* herausgab, wird am 19. Januar 1945 zum Tode verurteilt. Camus beteiligt sich an einem Gnadengesuch an de Gaulle. Obwohl er Brasillach nie die Hand gegeben hätte und seine Publikationen verurteilte, war er als strikter Gegner der Todesstrafe der Auffassung, dass der Autor nicht mit seinem Leben büßen sollte. Sein Vater, der einmal bei einer Hinrichtung zugesehen und sich danach zu Hause übergeben haben soll, ist Camus auch in dieser Frage ein ethischer Kompass gewesen. Sartre und Beauvoir unterzeichnen das Gnadengesuch nicht. Robert Brasillach wird am 6. Februar 1945 hingerichtet.

Obwohl Camus den pompösen Schmuckstil seiner ersten Artikel bald ablegt und zu einem schlankeren und offensiven Ton findet, für den er gerühmt und der häufig imitiert wird, fühlt er sich im Korsett der Leitartikelprosa unwohl. In einem erstaunlicherweise «Selbstkritik» betitelten Text schrieb er schon am 22. November 1944, dass der Journalist der «Gefahr des Moralismus» nur «durch Ironie» entkommen könne. Auch in seinem journalistischen Glaubensbekenntnis im *Soir républicain* hatte Camus die Ironie zu einer der wichtigsten Voraussetzungen für einen intelligenten modernen Journalismus erklärt. Damit war er seiner Zeit voraus. «Wir befinden uns leider nicht in einem ironischen Zeitalter», endete seine «Selbstkritik», wie um sich für seine eigene angespannte Prosa im *Combat* zu entschuldigen. Wenn das ironische Zeitalter sehr viel später anbricht und den Journalismus in seinen Bann zieht, wird er nicht mehr am Leben sein.

Daneben beschäftigten Camus die alltäglichen Sorgen eines Chefredakteurs: Soll man über Marlene Dietrich berichten, wenn sie in Metz auftritt? Er weiß natürlich, dass die Langeweile für eine Zeitung tödlicher sein kann als der Moralismus. Camus entschied trotzdem dagegen: «Die Kapricen eines Stars sind in Kriegszeiten weniger interessant als das Leid des Volkes, das Blut der Armee oder die erbitterte Anstrengung einer Nation, ihre Wahrheit zu finden.» Das war verständlich. Nur mit den Beinen von Marlene machte man noch keine gute Zeitung. Nur mit Blut, Wahrheit und erbitterter Anstrengung allerdings auch nicht.

Im Frühjahr 1945 reiste Camus für den *Combat* durch seine algerische Heimat. Als das endgültige Kriegsende in Sicht war, brach die Gewalt hier unvermittelt aus; die Araber und Berber forderten eine eigene Verfassung, einen autonomen Staat, in Sétif kam es zu Demonstrationen für die Freilassung ihres Anführers Messali Hadj. Die Aufstände wurden blutig niedergeschlagen, die aufgebrachte Menge rächte sich und ermordete willkürlich französische Bürger. Es waren die Vorboten des algerischen Konflikts, der Camus bis zu seinem Lebensende nicht mehr loslassen wird.

Camus bringt im Mai 1945 sechs Artikel über die Lage in Algerien im *Combat*, ohne die Forderungen der Aufständischen zu kommentieren. Er verlangt Gerechtigkeit für die französischen Opfer der Gewalt in Sétif, ohne zu ahnen, dass in den nächsten Tagen und Wochen blutige Vergeltung an Tausenden von Arabern geübt wird. Sein Appell bleibt vage und geht über den alten Blum-Viollette-Plan, der eine Gleichbehandlung ausschließlich für die assimilierte arabische Elite vorsah, noch immer nicht hinaus: Man solle «diese Menschen» wie seinesgleichen behandeln und arabischen Hochschulabsolventen Bürgerrechte einräumen sowie das Schulsystem (gemeint ist natürlich: das französische) für die muslimische Bevölkerung verbessern. Junge Franzosen, die nach dem Krieg eine neue Perspektive suchten, sollten zu diesem Zweck nach Algerien entsandt werden, wo «sie sowohl der Menschheit als auch ihrer Heimat dienen könnten». Das klingt noch nicht wirklich nach kolonialer Abrüstung und wiederholt lediglich, was der Redakteur des *Alger républicain* in seinen Reportagen über die Kabylei schon vorgeschlagen hatte. Camus wird ein Algerien ohne Franzosen bis zu seinem Tod für undenkbar halten. Allerdings findet man in dieser Artikelserie am 23. Mai 1945 auch den Satz: «Die Zeit des westlichen Imperialismus ist vorbei.»

Ein deutsches Zwischenspiel

Am 27. Januar 1945 wurde Auschwitz befreit. Die Nachricht von den Gaskammern und den 7,7 Tonnen menschlichen Haars, die die Rote Armee dort fand, geht um die Welt. In den Tagebüchern und auch im *Combat* greift Camus sie nicht auf. Es gibt kein Wort von ihm über Auschwitz.

Ein halbes Jahr später, Ende Juni 1945, reist Camus als einer der ersten Chefredakteure der Welt ins besetzte Deutschland. Der Reporter besucht Dörfer und Landstriche in der französischen Besatzungszone und kann nicht fassen, was er sieht: ein reiches und idyllisches Land voller lachender junger Mädchen, die auf den Wiesen Rundtänze aufführen, Blumen pflücken und wohlgenährten Kindern rote Kirschen an die Ohren hängen; Heumacherinnen in reinlichen Kleidern; alte Paare, die abends friedlich durch die Alleen wandeln. Überall entdeckt er Anzeichen eines glücklichen und komfortablen Lebens. Am Bodensee besucht er die französischen Truppen, beobachtet sie beim Baden und Kanu fahren vor der Kulisse der Alpen. Die Deutschen, so scheint es ihm, lebten so friedlich neben den Besatzern, als hätten sie es nie anders gehalten. Sein Gastgeber, ein freundlicher alter Mann wie aus dem Grimm'schen Märchenbuch, erzählt ihm Geschichten vom ewigen Frieden, den man sich wünsche.

Diese «Bilder aus Deutschland» mit ihrer «überraschenden Anmutung von Glück und Geruhsamkeit», so schreibt der Deutschlandfahrer anschließend im *Combat*, passten nicht zu dem Bild von den deutschen «Henkern». Der Reporter ist verwirrt und macht keine Anstalten, diese Verwirrung vor seinen Lesern zu verbergen: «Man wird mich verstehen, wenn ich aus all dem keine weiteren Schlüsse ziehen möchte».[188]

Dabei bleibt es. Nicht allein Auschwitz, auch andere Lager, die nun aus der Gewalt dieses überraschend geruhsam anmutenden Nachbarlandes befreit werden, finden keinerlei Erwähnung in den täglichen Leitartikeln des Chefredakteurs. Nur einmal beschäftigt er sich mit der Lage im befreiten KZ Dachau – weil die medizinische Versorgung der französischen politischen Häftlinge dort Anlass zur Sorge gab («Es geht uns nur um eines: die kostbarsten französischen Leben zu retten»). Weder das seit dem Frühjahr 1945 bekannt gewordene Ausmaß der Judenvernichtung noch die Deportationen der Pariser Juden vor aller Augen und mit Hilfe der französischen Miliz im Sommer 1942 fanden in den einflussreichen und vielgelesenen Artikeln Camus' einen Niederschlag.

In seinem Essay *Der Mensch in der Revolte* wird er später zwar den Satz schreiben: «Die Verbrechen Hitlers, darunter die Abschlachtung der Juden, sind in der Geschichte ohne Beispiel, denn die Geschichte berichtet von keinem Fall, in dem die Doktrin einer derartigen Zerstörung die Kommandostelle einer zivilisierten Nation einnehmen konnte».[189] Doch dient ihm dieses «Verbrechen ohne Beispiel» selbst nur als Beispiel für die Auswüchse, zu denen der Nihilismus in Deutschland geführt habe. Deutschland bleibt für ihn das Land des tiefsten Unglücks – das Unglück, das sich allzu tief eingenistet habe, so Camus, wecke eine Bereitschaft zum Unglück, die einen zwinge, sich selbst und die anderen hineinzustürzen. Er wird nie wieder nach Deutschland reisen. Berlin, Leipzig oder Hamburg wird er nie besuchen, auch Warschau, Danzig oder Krakau nicht. Im Osten, davon ist er zeitlebens überzeugt, gibt es nichts, was ein Menschenherz erfreuen könnte.

Sartre (I). Der freundliche Feind

In diesen Wochen berichten die Pariser Zeitungen nahezu täglich von Sartre und dem Existenzialismus. Camus schätzt Sartre – ein wenig. Er hat *Der Ekel* 1938 im *Alger républicain* so anerkennend-ironisch rezensiert wie Sartre vier Jahre später den *Fremden*. Camus hatte Sartres Romandebüt süffisant eine «extravagante Meditation» genannt, der er vorwarf, nicht weit genug gegangen zu sein, wobei der damals 24-jährige Rezensent dem 33-jährigen Autor immerhin eine gewisse «natürliche Behändigkeit» zugutehielt, mit der dieser sich in den «Außenbereichen des bewussten Denkens» aufzuhalten verstehe.[190]

Die Freundschaft zwischen Sartre und Camus, von der gern gesprochen wird, hat es niemals gegeben. Doch haben die beiden Stars von Saint-Germain-des-Prés auf den ersten Blick vieles gemeinsam. Beide – vaterlos aufgewachsen – bleiben ihr Leben lang bekennende Muttersöhne. Beide sind linksintellektuelle Generalisten, gründen Zeitungen, sind Philosophen, Theaterautoren, Journalisten, Romanautoren und öffentliche Intellektuelle. Beide haben ihre prägenden Einflüsse von der deutschen Philosophie empfangen, bei Husserl und Heidegger der eine, bei Nietzsche der andere. Beide bevorzugen literarisch einen gemäßigten Modernismus. Beide sind moderne Tragöden, die ihr Leben lang an dem metaphysischen Schock entlangschreiben, der das 20. Jahrhundert traf, als es bemerkte, dass der Mensch zwar von Zeit zu Zeit im Café de Flore, doch niemals in den endlosen Räumen des Kosmos von jemandem erwartet wird.

Wenn Camus und Sartre sich im Jahr 1953 nach einem bösen Verriss von Camus' *Der Mensch in der Revolte* in Sartres Zeitschrift *Les Temps modernes* öffentlich entzweien, besiegeln

Jean-Paul Sartre am Fenster seiner Pariser Wohnung

sie eine Feindschaft, deren Vorzeichen von Anfang an nicht zu übersehen waren. Der Hochmut, den der Eliteschüler der École Normale Supérieure dem Parvenü und Provinzjournalisten Camus entgegenbrachte, wird sich dem Nobelpreisträger gegenüber nicht legen. Die beiden stehen sich in ihrer Verachtung füreinander in nichts nach.

In den späten vierziger Jahren umkreisen sie sich im Quartier Latin noch mit amüsiertem Respekt. Sartre ist kein Eiferer und zu intelligent und erfolgreich, um kleinlich zu sein. Doch mit der missgünstigen Aufmerksamkeit des Zukurzgekommenen bemerkt er sofort das Gigolohafte, das vom Frauenhelden Camus ausgeht, dessen Charme auch Simone de Beauvoir zeitweilig erliegt. Als man Sartre auf seiner ersten Amerikareise nach dem berühmten Chefredakteur fragt, der den Philosophen für eine Reportage nach New York geschickt hat, antwortet er: «Camus, das ist ein Schriftsteller aus Algerien, ein ‹pied-noir›, das genaue Gegenteil von mir. Er ist schön, elegant und er ist Rationalist».[191] Als umgekehrt eine Journalistin Camus im November 1945 nach Sartre fragt, antwortet er: «Sartre und ich, wir wundern uns immer, dass man unsere Namen so eng verbindet. Seit wir uns kennen, fallen uns nur die Unterschiede zwischen uns auf.»[192] Auch später bleibt es ihm wichtig zu betonen, dass Sartres Werk für ihn keinerlei Bedeutung habe, schon die klimatischen Bedingungen, unter denen es entstand, seien ihm völlig fremd.

Beide erfüllen geradezu vorbildlich ihr Rollenfach. Sartre gibt den intellektuellen Bohemien: sorglos, kindlich, großzügig, dickköpfig, ironisch, unbürgerlich, neugierig, redselig, ausführlich, ungewaschen und bei Bedarf bösartig. Camus gibt den geistigen Handwerker: ernst, streng, männlich, bescheiden, kurz angebunden, pflichtbewusst, aufopferungsvoll, asketisch, anständig, zuverlässig, sorgenvoll, ordentlich gekämmt und bei Bedarf pathetisch.

Sartre macht, was er will. Dem Widerstand fühlt er sich nicht sonderlich verpflichtet. Pascal Pia nennt ihn, in boshafter Anspielung auf die Vichy-Regierung, den «Vichinsky vom Café de Flore»[193]. Während Camus sich nach dem Krieg für den geistigen Wiederaufbau Frankreichs die Finger wund schreibt, promeniert Sartre durch New York, lässt sich von Roosevelt empfangen und von Verehrerinnen verwöhnen. Sartre hat eine eigene Pressesprecherin: Die unermüdliche Simone de Beauvoir arbeitet mit einem wahren Bienenfleiß in Briefen, Tagebüchern und autobiographischen Romanen an ihrer beider Hochglanzbild als intellektuelle Ikonen der Nachkriegszeit. Camus hat nur den strengen Eigenbrötler Pascal Pia und die lebenslustigen Gallimards.

Sartre ist der weltgewandtere von beiden. Er hat in Berlin studiert und beginnt gleich nach dem Krieg sein ausuferndes Reiseleben, das ihn in kurzer Zeit nach Amerika, Afrika, Russland, China und Kuba führen wird.

Camus hat sein halbes Leben in Nordafrika verbracht und bisher nicht viel von der Welt gesehen. Er war in Italien und auf den Balearen, einmal in Österreich und in der Tschechoslowakei, zweimal jeweils sehr kurz in Deutschland. Er spricht außer einem schlechten Englisch und ein paar Brocken Spanisch keine Fremdsprachen, hat Mitteleuropa bisher immer nur verlassen, um zu seiner Mutter in die algerische Heimat zu fahren. Es gibt für ihn wahrlich auch sehr persönliche Gründe, die Mittelmeerkultur zeitlebens für das Maß aller Dinge zu halten. Sartre wird Camus später im Streit unterstellen, er habe mit seiner Philosophie der mediterranen Einfachheit nur von seinen persönlichen Schwierigkeiten ablenken wollen: «Sie sind das Opfer einer dunklen Maßlosigkeit geworden, die Ihre inneren Schwierigkeiten überdeckt und die Sie, glaube ich, das mittelmeerische Maß nennen».[194] Damit trifft der mondäne Sartre ins Herz ihrer Auseinandersetzung und auch ins Herz des algerischen Aufsteigers, der zu seinem unerbittlichsten Gegner wird.

Camus ist es immer gelungen, seine Schwächen zu seinen Stärken zu erklären. Er hat nie versucht zu werden, was er nicht werden konnte. Seine bildungsferne Herkunft, über die zu spotten Sartre nicht lassen kann («es kann schon sein, dass Sie einmal arm waren»), verleugnet er nicht, im Gegenteil, er erhebt sie zum Fundament seines Denkens – zur Schule der Einfachheit und des Anstands. Sein unüberwindliches Misstrauen gegen die urbane, rhetorisch überragende Pariser Intellektualität Sartres, die er im Innersten für geschwätzig und korrupt hält, macht Camus zu seinem größten Kapital.

In seinem Nachlass fand sich eine kleine, zu Lebzeiten nie publizierte Satire von 1947, die Camus «Impromptu des philosophes» genannt hatte und in der er sich gnadenlos über Sartres Philosophie erheiterte. Ein gewisser Monsieur Nichts («mein Name ist in Paris ziemlich bekannt») besucht einen braven Apotheker, Monsieur Vigne, und bekehrt ihn zum Existenzialismus ausweislich einiger Thesen aus Sartres Hauptwerk *Das Sein und das Nichts*, das Camus, wie nachgelassene Lektürenotizen nahelegen, immerhin zu einem Drittel gelesen hatte. Nach dem Besuch von Monsieur Nichts ist Monsieur Vigne darüber belehrt, dass er ohne den anderen nichts sei, dass er sich in dem, was er ist, jedoch nur verwirklichen kann, wenn er auch den anderen dabei behilflich ist, das zu werden, was sie sind und so weiter. Camus parodiert den hegelianischen Jargon Sartres: «Das Sein, indem es sich hervorbringt und hervorbringt, dass es sich hervorbringt, ist das kommende Sein, ohne dass es irgendetwas wäre.»[195] Restlos überzeugt von der Weisheit dieser neuesten Philosophie aus Paris, wo man «so schöne Gedanken» herstellt, rät Monsieur Vigne dem Bräutigam seiner Tochter, kriminell, und der Tochter, schwanger zu werden, bevor sie die Ehe eingingen: «Vergesst nicht die menschliche Liebe und übt sie hinter verschlossenen Türen. So werdet ihr frei und bald verheiratet sein.» Schließlich macht der Direktor des Irrenhauses, dem der Meisterdenker in Wahrheit entsprungen ist, dieser so amüsanten wie bösartigen Posse über den aufgeblasen um sich selber kreisenden Pariser Intellektuellen alias Sartre ein Ende. Und Camus lässt alles wieder in der Schublade verschwinden.

Sartre und Camus – das ist nicht nur die Geschichte eines selbstbewussten, politisch korrumpierten Linksintellektuellen und eines bescheidenen, politisch gemäßigten Moralisten. Das ist auch die Geschichte zweier Feinde, die von Anfang an wissen, wie sehr die Welt des anderen die eigene von Grund auf in Frage stellt. Wenn zuträfe, was Sartre behauptete, und Camus die Einfachheit allein aus Verlegenheit über seine Herkunft zu seinem intellektuellen Hausmittel erhob, dann bliebe von Camus' Lehre von der mediterranen Einfachheit und dem schlichten menschlichen Anstand wenig übrig. Wenn umgekehrt Camus recht behielte und Sartres hochmütiger Dogmatismus jedes Mitgefühl mit den Opfern des Totalitarismus und jedes politische Augenmaß ausschloss, dann wäre Sartres Philosophie im Innersten beschädigt.

In der *Pest*, die Camus schließlich nach acht Jahren Arbeit 1946 vollendet, wird Tarrou, eine ganz und gar Pascal Pia nachempfundene Figur, den entscheidenden Satz sagen, mit dem Camus sich von Sartre und dem Sartre-Kosmos verabschiedet: «Ich habe so viele Diskussionen gehört, die mir fast den Kopf verdreht hätten und die genügend andere Köpfe verdreht haben, bis sie dem Morden zustimmten, dass ich verstanden habe, dass das ganze Unglück der Menschen entsteht, weil sie keine klare Sprache sprechen.»[196]

Keinem der beiden Pariser Schriftstelleridole gelingt es, den anderen jenseits des Klischees vom anständigen, aber beschränkten intellektuellen Parvenü auf der einen und vom brillanten, aber korrumpierten intellektuellen Glasperlenspieler auf der anderen Seite wahrzunehmen. Wenn alles vorbei und Camus tot ist, wird Sartre in seinem Nachruf im *France-Observateur* am 7. Januar 1960 ein paar freundliche Worte für den Rivalen finden: «Ein

Streit, das ist nichts, nur eine andere Art zusammenzuleben, ohne sich aus den Augen zu verlieren, in dieser engen Welt»; und wird sich nicht zurückhalten können, den Gegner noch im Grab zu belehren: «Dieser Cartesianer des Absurden weigerte sich, das sichere Terrain des Moralismus zu verlassen und sich auf die unsicheren Wege der Praxis zu begeben». Sartre wird es im folgenden Jahrzehnt auf den «unsicheren Wegen der Praxis» noch bis nach Stammheim bringen, wo er dem RAF-Terroristen Andreas Baader die Ehre erweist, vom wichtigsten Pariser Intellektuellen besucht zu werden. Was hätte Camus dazu gesagt? «Ein Mensch macht so etwas nicht.»

Eine amerikanische Liebschaft

Im Frühjahr 1946 reist Camus in der dritten Klasse über den Atlantik nach New York. Er ist ein offizieller Kulturreisender im Auftrag des französischen Außenministeriums, im Koffer zwei Vorträge zum Wechseln, einen über die Pressefreiheit, einen über Europa. Was er für sich erwartet, sind neue Impulse, auch für seinen Roman, Distanz zu den Frauen und zu den Säuglingen zu Hause. Was er findet, ist die amerikanische Zivilisation – Rühreier mit Speck, Whiskey Soda, Jazz und selbstverständlich eine junge Frau, in die er sich – nun ja – verliebt.

Patricia Blake, zwanzig Jahre alt, sieht blendend aus, spricht Französisch, beherrscht die Schreibmaschine, studiert Geschichte und arbeitet bei der *Vogue*. Mit ihr zieht er in eine Maisonettewohnung am Central Park, die ihm ein Bewunderer zur Verfügung stellt – eine Szene wie aus dem amerikanischen Kino: zu Füßen des gutaussehenden, weltbekannten französischen

Autors liegen New York und eine junge Blondine der *Vogue*, die ihm das Manuskript seines jüngsten Romans abtippt.

Es ist Camus' erste und einzige Begegnung mit der Zukunft. Er fühlt sich betäubt von der «Orgie greller Lichter», irritiert von den Menschen, die «alle so aussehen, als stammten sie aus einer Filmserie», beeindruckt von den «herrlichen» Lebensmittelgeschäften: «Genug, um ganz Europa bis zum Platzen zu überfüttern». Er ist schockiert und fasziniert von diesem Überfluss. «Auf den ersten Blick eine abscheuliche, unmenschliche Stadt», in der es nichts gibt, was es nicht gibt. Der Besucher Camus zeigt seiner Amerikanerin die Stadt, das «Neger-Nachtlokal», in dem Rocco, «der tollste schwarze Pianist», den er seit Jahren gehört hat, stehend an einem rollenden Klavier spielt, oder die «Bowery Follies», wo sich «sehr alte Sängerinnen» in grotesker Saloon-Dekoration «vor einem elenden Publikum produzieren», mit den Füßen stampfen, «so dass die unförmigen Fleischpakete, mit denen sie bedeckt sind, auf und ab hüpfen».[197] Sehr bald hat sich der Gast aus Frankreich auf Amerika einen Reim gemacht: «In diesem Land, wo *alles* bemüht ist zu beweisen, dass das Leben nicht tragisch ist, haben sie das Gefühl eines Mangels».[198]

Camus ist von Amerika enttäuscht. Er ist abgestoßen von der Maßlosigkeit des amerikanischen Lebensmodells, dessen bevorstehender weltweiter Siegeszug «wie Flugasche» in der Luft liegt.

In den Armen einer attraktiven jungen Amerikanerin, sanft gewiegt von Straßenkreuzern, die ihn vom Europa- zum Pressefreiheitsvortrag und wieder zurück zum Europavortrag kutschieren, ermahnt er sich im Reisetagebuch: «Das griechische Denken [...] wiederherstellen und wiedererschaffen».[199] Mit Blick auf den Central Park arbeitet er weiter an seinem Roman über die Pest in Oran. Es drängt ihn, nach Europa zurückzukehren. Er hat das Gefühl, den Boden unter den Füßen zu verlieren, läuft weinend durch die Straßen. Auf seinen Gastgeber, einen gewissen Claude Lévi-Strauss, Kulturbeauftragter der französischen

Botschaft in den USA, macht dieser nervöse junge Chefredakteur einer linken Pariser Tageszeitung keinen besonderen Eindruck. Er hält den jungen Besucher, über dessen Pariser Ruhm er unzulänglich unterrichtet ist, lediglich für einen «angepassten, tugendhaften Linken».[200]

Als Camus drei Monate später wieder abreist, nimmt er aus der Neuen Welt die Erinnerung an eine junge Frau, ein Care-Paket mit Babynahrung und Fleischkonserven mit an Bord. In den nächsten Jahren wird er Hunderte von sehnsüchtigen Briefen über den Ozean schicken: «Oh! Pat, wie wäre es erst, wenn Du in diesem an Schönheit so reichen Paris wärst.»[201]

Die Pest

An keinem Buch hat Camus so lange und unter so vielen Qualen gearbeitet. Wieder und wieder hat er es umgeschrieben, Figuren gestrichen oder neu hinzugefügt – der Briefwechsel mit dem Freund Louis Guilloux berichtet ausführlich davon, wie Camus mit diesem Manuskript rang, als sei er selber an der Seuche erkrankt. Obwohl der Roman üblicherweise als ein Werk der Okkupation gelesen wird, reichen die Entwürfe und Notizen zu diesem Buch zurück bis in die Monate vor Ausbruch des Zweiten Weltkriegs.

Die Pest – der Erzähler nennt das Buch eine «Chronik» – handelt von Camus' Lebensgefühl, zum Tode verurteilt zu sein. Die Pestwelt ist eine Männerwelt, ein Freundschaftsbund der einsamen Pessimisten, der Originale und der selbstlosen Arbeiter. Beinahe alle Männer des Romans schreiben oder versuchen sich im Schreiben: Dr. Rieux stellt sich am Schluss der «Chronik» als deren Verfasser vor, Tarrou hinterlässt dem Chronisten seine Aufzeichnungen; Rambert ist Journalist; und Grand arbeitet den ganzen Roman über an einem einzigen Satz, den er endlos variiert.

Sie alle sind eng miteinander verbunden und bilden ein männliches Netzwerk, in dessen Zentrum Rieux und Tarrou alias Camus und Pia stehen. Die Frauen spielen in den Romanen Camus', wie erwähnt, bestenfalls unbedeutende Nebenrollen – seine Misogynie jenseits seines Casanovatums ist niederschmetternd, «außer in der Liebe ist die Frau langweilig»,[202] vermerkt er im Tagebuch. In der *Pest* nun sitzt die Mutter des Arztes und Erzählers Dr. Rieux, strickend ihrem Schicksal ergeben, im Romanhintergrund herum, ein stummes Denkmal für die einzige Frau von Bedeutung im Leben des Autors.

Der Roman erzählt von einem neun Monate währenden Ausnahmezustand. Gerade war Oran noch eine gewöhnliche, geschäftstüchtige Stadt am Meer, eine «Stadt ohne Ahnungen», in der man arbeitet, sich entspannt und sonntags aus Langeweile zu viel Kaffee trinkt. Dann kommt der Tag, an dem die Ratten sich pfeifend zusammenkrümmen und sterben, und dann der nächste, an dem die Haut der Menschen aufplatzt und die Säfte des Inneren freigibt. Die Stadttore werden geschlossen. Die Pest macht Oran zur Todeszelle, seine Bewohner zu Todeskandidaten. Aus dem Moment, in welchem im *Sisyphos*-Essay die Kulissen einstürzen und die Welt in einen absurden Glanz getaucht wird, ist, nach dem epochemachenden Schlagwort von Henri Bergson, eine «lange Dauer» des Schreckens geworden. Ein Albtraum beginnt, der, durch das historisierende Prisma des Chronisten betrachtet, allem Menschlichen so entrückt erscheint, als träumte ihn ein Außerirdischer auf einem fernen Stern.

Camus kannte die Symptome der Pest und ihren medizinischen Verlauf. Den entscheidenden Anstoß für die Konzeption des Romans gab vermutlich der Essay von Antonin Artaud «Das

Theater und die Pest», in dem Artaud 1934 dafür plädierte, der klassischen Tragödie durch den Geruch von Blut und Tod neues Leben einzuhauchen. Die Pest, glaubte Artaud, tauche jeweils an bestimmten Orten auf, vorzugsweie an solchen, wo Wille, Bewusstsein und Denken des Menschen wohnen.

Auch Camus meinte in den Kriegsjahren, von einer inneren Pest befallen zu sein. In der Einsamkeit seines Krankenaufenthaltes in Le Panelier 1942 schrieb er die erste Fassung des Romans, damals mit dem Gefühl des Lebendig-begraben-Seins und des Trennungsschmerzes, unter dem er in den Wochen zwischen der Abreise seiner Ehefrau und der Bekanntschaft mit Maria Casarès gelitten haben will.

Noch zu Camus' Lebzeiten wurde bemerkt, dass die Infektionskrankheit der *Pest*, die einerseits ein großes Menschheitsgleichnis von zeitloser Allgemeingültigkeit, andererseits ein Sinnbild für die Besetzung Frankreichs durch die Nationalsozialisten war, an ihrer allegorischen Doppelbelastung recht schwer trug. Der Kampf gegen Mikroben, hieß es, könne nicht mit dem Kampf gegen Menschen gleichgesetzt werden. Camus habe die Frage nach der Ursache des Übels vermieden, er habe die Seuche als unausweichlich dargestellt und das Buch, trotz des selbstlosen Kampfes seiner Helden, in einem Ton der Ergebung ausklingen lassen.

Dem Kritiker Roland Barthes wird Camus später bestätigen, dass er den Kampf gegen die Pest durchaus als eine Allegorie für die Résistance verstanden wissen wollte. In einem Brief an Madame Rioux, die Frau eines Arztes in Le Panelier, der möglicherweise das Vorbild für den Romanarzt Dr. Rieux abgegeben hatte, lässt er die Auflösung der Pest-Allegorie jedoch offen: Sie könne sowohl die Chronik einer Epidemie als auch ein Symbol für die Besetzung durch die Deutschen oder für jede andere totalitäre Herrschaft, aber ebenso die konkrete Veranschaulichung des metaphysischen Problems des Bösen sein.

Mit dem Roman konnte Camus das erste Werk seines zweiten Zyklus vollenden. Der dazugehörende Essay *Der Mensch in der Revolte* und das Drama *Die Gerechten* standen noch immer aus. Anders als die absurden Protagonisten Meursault und Sisyphos fügen sich die Helden der *Pest*, Dr. Rieux und Tarrou, nicht mit stolzer Resignation in das Verhängnis, sondern führen einen tapferen Kampf ohne Aussicht auf ihr eigenes Überleben. An Louis Guilloux schreibt Camus: «Das Absurde kann besänftigt werden, wenn die Menschen gemeinsam gegen es kämpfen.»[203] Das Ergebnis ist dennoch dasselbe. *Die Pest* endet so fatalistisch wie der *Sisyphos*. Camus glaubt nicht an den Fortschritt. Der Bazillus erweist sich als unbesiegbar. Er kann, so heißt es auf der letzten Seite, «jahrzehntelang in den Möbeln und in der Wäsche schlummern», kann «in Zimmern, Kellern, Koffern, Taschentüchern und Papieren» auf den Tag warten, «an dem die Pest zum Unglück und zur Belehrung der Menschen ihre Ratten wecken und zum Sterben in eine glückliche Stadt schicken würde».[204]

Das Düstere und das Lähmende der *Pest* werden durch keinen Hoffnungsfunken und keinerlei Ironie gemildert. Der Mensch kann tun, was er will, er kann eine Zeitung, ein Serum, einen Sanitätstrupp mobilisieren, er kann der Résistance beitreten oder eine Revolte anzetteln, und Camus besteht inzwischen darauf, dass es seine Pflicht ist, Derartiges zu unternehmen – gegen das Verhängnis bleibt er zuverlässig machtlos. Es lächelt nun nicht einmal mehr zärtlich vom Sternenhimmel herab wie auf der letzten Seite des *Fremden*.

Kurz nach Erscheinen des Romans zieht sich Camus für die Sommermonate des Jahres 1947 in die lungenfreundliche Mittelgebirgslage von Le Panelier zurück. In seinem Notizbuch sucht er nach einem neuen Horizont, in dessen Licht auch der «tätige Fatalismus» der *Pest* wieder überwunden werden kann – der dritte, nie vollendete Zyklus seines Werks soll dem Mitleiden und der Liebe gelten; als wollte der verlorene Sohn am Ende seines Weges doch noch zum Christentum finden, dessen Verstrickung in die abendländische Gewaltgeschichte er so oft beklagt hat.

> «Das Ende der Bewegung des Absurden, der Revolte usw. und somit das Ende der gegenwärtigen Welt, findet sich im Mitleiden im eigentlichen Sinn des Wortes, das heißt schließlich, in der Liebe und in der Dichtung. Aber dazu ist eine Unschuld erforderlich, die ich nicht mehr besitze. Ich kann nur den Weg richtig erkennen, der dahin führt, und die Zeit der Schuldlosen anbrechen lassen. Sie wenigstens noch erleben, ehe ich sterbe.»[205]

Ein neues Zeitalter

Als Camus 1947 aus den Ferien nach Paris zurückkehrt, ist er Bestsellerautor. *Die Pest* findet reißenden Absatz. Zum ersten Mal in seinem Leben erobert er ein Massenpublikum; es ist ein zweischneidiger Erfolg. Vielen Lesern im Nach-Vichy-Frankreich kam die entlastende Lesart, die den Pestbazillus zum Nationalsozialismus und den heroischen Arzt zum Kämpfer der Résistance erklärte, sehr gelegen. *Die Pest* war der erste Roman nach der Erniedrigung der Kollaboration, der zumindest die Möglichkeit nicht ausschloss, ein nationales Wir ohne Schuld zu rekonstruieren: Wir konnten nichts dafür, es war eine Krankheit, wie sie Unschuldige jederzeit treffen kann.

Der Autor selbst nimmt in Paris sein mondänes Leben wieder auf. Diesmal heißt sie Mamaine, eine junge Engländerin, obendrein die Frau von Arthur Koestler. Sie begleitet ihren Mann ins Lipp oder in die Bar des Palais Royal, wo sie jetzt alle tanzen:

Sartre mit Madame Camus, Simone de Beauvoir mit Arthur Koestler und Camus mit Mamaine. Die frisch Verliebten fahren gemeinsam nach Avignon. Es folgen wieder einmal leidenschaftliche Briefe: «Ich möchte nicht in einer Welt leben, in der ich Dich vergesse».[206]

Seit Herbst 1946 litt der *Combat* unter wirtschaftlichen Schwierigkeiten. Die alte Auflage von 180 000 Exemplaren war nicht mehr zu halten. Man suchte einen Käufer, und Pascal Pia zog sich angewidert von den marktwirtschaftlichen Manövern der Zeitung zurück – er hätte das Blatt lieber eingestellt, als Kompromisse mit irgendwelchen Eigentümern zu schließen.

Camus, der sich aus der täglichen Mitarbeit seit einiger Zeit heraushielt, übernahm für kurze Zeit die Redaktion, um zu retten, was zu retten war. Viel war es nicht, die neuen Geldgeber beschnitten die redaktionelle Freiheit der Zeitung, und auch Camus gab den Kampf um den *Combat* nach kurzer Zeit verloren. Als schließlich das Gerücht kursierte, Pia strebe einen gut bezahlten Posten in der Regierung de Gaulles an, und niemand diesem Gerede entgegentrat, fühlte er sich auch von seinem Freund im Stich gelassen. Der letzte Brief, den Camus am 24. April 1947 an Pascal Pia, Boulevard Magenta 137, Paris, schrieb, war die Bestätigung der Kündigung und das dünnlippige Ende einer großen Freundschaft:

COMBAT
Von der Résistance zur Revolution
100, Rue Réaumur, Paris – Gut. 80–60

Mein lieber Freund,

Ich habe Deinen eingeschriebenen Brief vom 18. des laufenden Monats erhalten, in dem Du Deine Führungsaufgaben in der Gesellschaft mit beschränkter Haftung Combat niederlegst. Ich bin einverstanden, diese Kündigung ab sofort für gültig zu erklären und sie von der in den Statuten festgesetzten Kündigungsfrist von drei Monaten auszunehmen.

Freundschaftlich,

A. Camus

Im Nachhinein wird Pia über ihre gemeinsame Zeit voll Verbitterung sagen: «Ich habe immer gedacht, dass es etwas Besseres als den Journalismus gibt. Für Camus war er nie das Ergebnis einer Entscheidung, sondern bloß ein Unfall.»[207]

Die Freundschaft zu Pascal Pia und die Träume von einer Zeitung als moralischer Anstalt zerplatzten nicht zufällig beide just in dem Moment, als Frankreich in die temperiertere geschichtliche Zone der Vierten Republik eintrat. Aus dem Zentralorgan der Stunde null müsste nun eine Zeitung werden, die ihren Platz in der sich neu begründenden politischen Landschaft findet. Dem ehemaligen Résistance-Blatt fehlte es in der sich konstituierenden Vierten Republik jedoch an einer zeitgemäßen politischen Kontur. Der Moralismus der ersten Nachkriegswochen reichte nicht mehr aus, um der Vielstimmigkeit der neuen Gegenwart gerecht zu werden. Pia, der Held des kompromisslosen Widerstandes, packte Thermoskanne und Pantoffeln, die er stets in den Räumen des *Combat* vorrätig hielt, in dem historischen Augenblick, in dem die Zeitung ins unübersichtliche Gelände der modernen Zivilgesellschaft geführt werden musste. Camus tauchte unter in den Wogen des einsetzenden Starkults, den er mit seinem Roman im Geiste des puristischen Vorkriegs-Nihilismus noch einmal entfachen konnte. Beide weichen der Aufgabe aus.

Sowohl Pia als auch Camus, deren Väter im Ersten Weltkrieg gefallen waren, hatten sich in den dreißiger Jahren radikalisiert und waren auf ihre jeweilige Weise vom Kommunisten und Anarchisten zum Moralisten geworden. Der Übergang von den pathetischen Spannungen der Kriegs- und der ersten Nachkriegszeit in die Konsens- und Kompromissdemokratie der späten vierziger und der fünfziger Jahre stürzt beide in eine psychische und politische Krise, auf die sie nicht vorbereitet sind. Die Helden der Résistance müssen sich neu erfinden. An dieser Schwelle trennen sie sich voneinander und vom *Combat* – am 1. Juni 1947 verkaufen sie ihre Aktionärsanteile an die neuen Eigentümer Claude Bourdet und Henri Smadja. Pia verzichtet auf den ihm zustehenden Teil der Kaufsumme. Und das war's. Die beiden sehen sich nie wieder.

Camus stellt im November 1948 im *Combat* (der bis ins Jahr 1972 fortbestehen wird) in einer letzten Artikelserie seine Vision von der Neuordnung Europas vor. Unter dem Titel «Weder Opfer noch Henker» tritt er dafür ein, die Vereinigten Staaten von Europa zu gründen.

> «In zehn Jahren, in fünfzig Jahren wird die Vorherrschaft der westlichen Zivilisation nicht mehr selbstverständlich sein. Umso mehr muss man jetzt schon daran denken, ein Weltparlament zu eröffnen, auf dass sein Gesetz zum universellen Gesetz werde».[208]

Der ehemalige Leitartikler schien zu wissen, wo Frankreichs Platz in der neuen globalen Weltgemeinschaft zu sein habe. Seinen eigenen Platz in der französischen Nachkriegsgesellschaft fand er nicht.

Der Bruder – René Char

Im September 1946 war Camus mit den algerischen Freunden Jean Amrouche und Jules Roy für einige Tage in die Provence gereist. In Lourmarin hatten die drei den provenzalischen Schriftsteller Henri Bosco getroffen, der dort seit Kindertagen lebte und heute gemeinsam mit Camus auf dem Friedhof von Lourmarin ruht.

Die Reise wühlte Camus auf. Sie führte zur Wiederbegegnung mit den alten Zauberformeln der Kindheit – Sonne, Sterne, Wüste, Schweigen, Schönheit. Im Lubéron gewann er zurück, was er in Algerien verloren und nach einem Weltkrieg mit zig Millionen Toten beinahe vergessen hatte.

> «Lourmarin. Der erste Abend nach so vielen Jahren. Der erste Stern über dem Lubéron, das gewaltige Schweigen, die Zypresse, deren Wipfel in der Tiefe meiner Müdigkeit bebt. Ein Land, feierlich und herb – trotz seiner überwältigenden Schönheit.»[209]

Der Dichter René Char lebte nicht weit von Lourmarin in einem bescheidenen Haus in L'Isle-sur-la-Sorgue. Alles an ihm – sein zerfurchtes Gesicht, in dem sich die zerklüftete Landschaft der Vaucluse zu spiegeln schien; seine massive, schwere Statur, die den Landbewohner verriet; seine Hochherzigkeit, die ihn zu einem mutigen Kämpfer des Maquis gemacht hatte; seine Gedichte von Sternen, Gräsern, Wind, Licht und Glück –, das alles zeugte von dem einfachen Leben, das Camus immer suchte.

Im März 1946 hatte er einen Brief von René Char erhalten, dessen Gedichtband *Feuillets d'Hypnos* in der von ihm betreuten

Reihe «Espoir» bei Gallimard erschienen war. Char kannte einige Artikel von Camus im *Combat*, deren Redlichkeit ihm gefiel. Ein erstes Treffen der beiden hatte im Frühjahr 1946 in Camus' Büro in der Rue Sébastien-Bottin stattgefunden – der Beginn einer großen Männerfreundschaft.

Seit der kurzen Herbstreise in die Provence ist Camus' Sehnsucht nach dem einfachen Leben des Südens neu entflammt, nach einem Leben, wie Char es führt. Statt in Paris zwischen der Familie, der Geliebten, dem Verlag und dem Sartre-Clan wie im Käfig hin und her zu irren, möchte er nun in seine wahre Heimat zurückkehren. Sein «Bruder», wie er den sieben Jahre älteren Char nennen wird, soll ihm dabei helfen. Er möge ihm ein Haus im Lubéron suchen, weit ab von Paris und dessen «Krebs», wie Camus im Juni 1947 in einem Brief bittet.

> «Ich bin Paris leid und dieses Milieu, das es dort gibt. Meine tiefste Sehnsucht ist es, in meine Heimat zurückzukehren, nach Algerien, was ein Land mit echten Menschen ist, ein wahres Land, rau und unvergesslich. Aber aus verschiedenen Gründen ist das nicht möglich. Die Gegend in Frankreich, die mir die liebste wäre, ist die Ihre, genauer gesagt der Fuß des Lubéron, die Berggegend bei Lure, Lauris, Lourmarin etc. Bisher hat mir die Literatur keine großen Reichtümer beschert. Aber die ‹Pest› wird mir einiges Geld einbringen. Ich möchte in dieser Gegend ein Haus kaufen. Können Sie mir helfen?»[210]

Nicht gleich, drei Jahre später kommt Camus drängender darauf zurück:

> «Verzeihen Sie, dass ich Sie mit diesen Nebensächlichkeiten aufhalte, aber können Sie nicht in Ihrer Nähe eine große Wohnung (sechs Zimmer) für mich mieten oder kaufen (nicht

> zu teuer). Diese Frage ist für mich *überlebenswichtig* geworden. Ich belästige Sie damit, weil die Dinge hier für mich an einem Punkt angelangt sind, an dem ich meine Kinder verlassen muss, wenn wir wieder in der Rue Séguier leben müssen, in Anbetracht meiner Gesundheit, meiner Arbeit – und ihrer Lebendigkeit».[211]

Char schlägt vor, in Cabrière zu suchen, einem Dorf, das am «richtigen Platz» sei, das ganze Jahr über in Licht gebadet, der Bergkette des Lubéron gegenüber gelegen. Später ist von Häusern in Lagnes und anderswo die Rede. Doch die Familie verbringt mehrere Sommer in der Nähe von L'Isle-sur-la-Sorgue, ohne dass sich die geeignete Immobilie fände.

Char wird für Camus der wichtigste Mensch seiner letzten Lebensdekade. Hatte Pascal Pia ihn in die Pariser Schule der verlorenen Illusionen eingeführt, so begleitete Char ihn zurück in das sonnendurchflutete Universum seiner Jugend. René Char – der 1955 in Paris Martin Heidegger kennenlernen und in den sechziger Jahren mehrfach zu Vorträgen in seine südfranzösische Heimat einladen wird – sieht die Welt nicht in dem kalten und harten Licht der Absurdität. Für Camus ist er ein alter Grieche, der sich in die Gegenwart verirrt hat, ein Dichter, der den «tragischen Optimismus des vorsokratischen Griechenlands»[212] in sich trägt und noch Zugang zu den ältesten Quellen der Poesie hat. Camus' Wunsch, in Chars Nähe zu leben, ist verbunden mit dem Traum, in den mediterranen geistigen Raum einzutauchen, in dem Char zu leben scheint. Selten ist eine Immobiliensuche mit so ungeheuerlichen Erwartungen verknüpft gewesen.

Der Pariser Kultautor und der provenzalische Dichter schließen sehr rasch ein unverbrüchliches Bündnis gegen die Welt. Camus' Briefe an Char zeugen, ganz anders als die stets etwas steifbeflissenen an Grenier und die nüchtern-ironischen an Pia, von überströmender Herzlichkeit («ich schreibe an Sie wie an meinen Freund und Bruder»). Chars Briefe wiederum sind zuweilen wahre Liebesbriefe («Sie sind einer der wenigen Menschen, Albert, die ich liebe und bewundere»). Man überbietet einander im wechselseitigen Lobgesang. Schreibt Camus über Chars Gedichtband: «Ich muss Ihnen sagen, dies ist das schönste lyrische Werk dieser unglücklichen Epoche», so antwortet Char: «Sie haben ein sehr großes Buch geschrieben [...]. Unser Zeitalter braucht Sie». Darauf Camus: «Es gibt heutzutage wenige Menschen, deren Sprache und deren Haltung mir gleichermaßen gefallen. Sie sind einer davon – der einzige Dichter, der es heute wagt, die Schönheit zu verteidigen». Und wieder Char: «Kein Werk und kein Autor kann sich Ihnen und Ihrem Werk in unserem Zeitalter auch nur annähern». Damit nicht genug, entgegnet Camus: «Niemals dürfen Sie an sich und an Ihrem unvergleichlichen Werk auch nur zweifeln: das hieße, auch an uns zu zweifeln und an allem, was uns erhebt». So geht das dreizehn Jahre lang.

Char verteidigt Camus, wenn dieser wegen seines unbeirrbaren Antistalinismus in die Schusslinie der Pariser Linken geraten wird. Camus schreibt Vorworte zu Chars Dichtungen, 1948 sogar das Skript für eine Radiosendung über die Gedichte René Chars, in der er den Freund zu einem Heros stilisiert, der sich den Plagen der Moderne entgegenwirft:

> «Ein Kellergeruch steigt aus den zerfallenen Städten empor, hüllt uns und alles, was Europa schafft, in seinen Dunst. In den meisten unserer Kunstwerke sind die Bäume verschwunden, haben die Frauen kein Gesicht und sind alle Fenster geschlossen. Ohne unsere Revolte lebten wir bald in der einsamen Nacht der blinden Augen, von der Empedokles sprach. Aber es gibt unsere Revolte. Und eine große Stimme erhebt sich und befreit uns aus unserer Einsamkeit. Inmitten der unfruchtbaren Seele unserer Dichtung kündet ein Fluss endlich von fruchtbaren Zeiten.»[213]

Nach solchem Trompetenstoß erscholl die mächtige Tragödinnenstimme von Maria Casarès, die den Hörern ausgewählte Zeilen der fruchtbaren Fluss-Gedichte René Chars zu Gehör brachte.

Camus begriff das Schreiben Chars – wie sein eigenes – mehr und mehr als ein Werk, das aus einem Geist, einer «famille d'esprits» herrührte. Die Bücher, in denen Frauen kein Gesicht und Städte keine Bäume mehr haben, über die er jetzt so beredt Klage führte, verdankten sich zwar auch einem gewissen Albert Camus; doch möchte der nun gemeinsam mit dem «Griechen» Char die Welt der Schönheit, der Sonne und der geöffneten Fenster zurückerobern, und zwar literarisch wie persönlich. Zusammen mit Char oder in dessen Dunstkreis möchte Camus nun etwas ganz Neues schreiben, das doch zugleich so alt ist wie «Brot und Wein», «fließendes Wasser», die «Sonne des Südens», das «Geheimnis der Natur» und das «Licht der Wahrheit». Im Café de Flore rührt man peinlich berührt in den Kaffeetassen.

Der Mensch in der Revolte

Europa ist krank. Auf europäischem Boden wurden allein in Camus' kurzer Lebenszeit unzählige Millionen Menschen in Kriegen und Vernichtungslagern ermordet. Solange die Wurzel des Übels nicht gefunden war, dessen ist Camus sicher, würde das Morden nicht aufhören. Hieß es nicht unlängst in einem weit verbreiteten Roman, der Pestbazillus könne jederzeit wieder ausbrechen?

Bisher hatte Camus seinem Zeitalter eine aussichtslose Diagnose gestellt, jetzt ging er einen Schritt weiter und formulierte einen Vorschlag, wie das kranke Jahrhundert zu kurieren sei. Das machte ihn angreifbar. Sein Essay *Der Mensch in der Revolte* umfasste eine großangelegte Kritik der abendländischen Vernunft, in seiner Tragweite und Radikalität das französische Pendant zur 1947 in Deutschland erschienenen *Dialektik der Aufklärung* von Max Horkheimer und Theodor W. Adorno. Doch während deren Kritik der instrumentellen Vernunft zu einem Kultbuch der intellektuellen Linken und der Studentenbewegung avancieren wird, blieb Camus' Essay ein vielgescholtenes Dokument der westlichen Zivilisationskritik.

Das mochte an Sartres so ungerechter wie brillanter Vernichtung des Buches liegen, doch ebenso an dessen schillernder, schwer zu kategorisierender Form, die zwischen deutscher Ideen- und französischer Literaturgeschichte, philosophischer Kritik, Lebensreform, ästhetischer Theorie sowie Totalitarismus-, Kapitalismus- und Faschismusanalyse oszilliert und alles mit allem in Beziehung setzt. Der die einzelnen Kapitel verbindende Grundgedanke ist jedoch leicht zugänglich: Die Maßlosigkeit des 20. Jahrhunderts, die ihren letzten Ausdruck in den nationalsozialistischen und kommunistischen Vernichtungslagern fand, hat ihren Ursprung in der europäischen Dichtung und Philosophie. Um zu verstehen, wie es zu den Opfern des 20. Jahrhunderts kommen konnte, geht Camus auf die Grundlagen eines falschen Denkens zurück, das er der Einfachheit halber in diesem Essay auch «das deutsche Denken» nennt.

Das Buch widmet Camus seinem Lehrer Jean Grenier, dessen 1938 bei Gallimard erschienener Essay *Über den Geist der Orthodoxie* in Stil und These das genaue Vorbild für den *Menschen in der Revolte* war. Man findet schon darin die Kritik am Surrealismus und an André Breton, die Kritik am Marxismus, am Materialismus, am Rationalismus, an den Fortschrittsideologien und an der deutschen Philosophie des 19. Jahrhunderts unter besonderer Berücksichtigung des Hegelianismus. Sie alle kommen in

Camus' Essay in dieser Reihenfolge wieder vor. Auch die Ausblicke im letzten Teil der Essays ähneln sich bei Lehrer und Schüler: «Man hatte zu viel Vertrauen in den zwangsläufigen Fortschritt der Ideen und hat darüber vergessen, dass Ideen nichts sind ohne den Menschen»[214], so Grenier, der ebenfalls daran erinnerte, dass die christliche Moderne den antiken Mythos, dessen Hierarchien sich ursprünglich räumlich zwischen Himmel und Erde erstreckten, verzeitlicht hatte, sodass das Paradies nun in der Zukunft lag und der Fortschritt als das Mittel galt, dorthin zu gelangen. Diese «Zukunftsreligion» hielt Camus' alter Lehrer bereits in der Zwischenkriegszeit, in der sein Buch entstand, für gescheitert. Grenier plädierte dafür, zu den «spirituellen Werten» zurückzufinden, die «Vorherrschaft des Spirituellen vor dem Industriellen» erneut anzuerkennen, an die «spirituelle Gelassenheit» der Griechen anzuknüpfen und die «Hybris» des modernen Menschen zugunsten des «inneren Menschen» zurückzudrängen.

Camus übernimmt die Diagnose von der an Hybris erkrankten Moderne und formuliert den Therapievorschlag für die kranke Gegenwart dahingehend um, dass anstelle der von seinem Lehrer empfohlenen «spirituellen Gelassenheit» das «menschliche Maß» die ersehnte Heilung bringen soll.

Camus möchte in seinem Essay, an dem er jahrelang und zuletzt in fieberhaftem Eifer geschrieben hat, nicht weniger erzählen als die «Geschichte von Europas Hochmut». Sich selbst nimmt er nicht aus. «Der moderne Krebs zerfrisst auch mich»[215], klagt er im Tagebuch. Insofern soll der Essay nicht nur dem kranken Saeculum, sondern auch seinem Verfasser Rettung bringen – beider Geschichte enthält auffallende Parallelen. An vielen Stellen des Textes leuchtet eine paradiesische europäische Ursprungswelt auf, die Camus' Verklärungen der eigenen Kindheit entspricht – einfach, griechisch, maßvoll, naturschön, tolerant, bescheiden, mediterran, der menschlichen Natur und dem Glauben an das Leben verpflichtet. Ihr steht das moderne Europa gegenüber, dem Albert Camus beispielhaft in Frankreich begegnet ist – maßlos, hybrid, städtisch, fortschrittlich, zerstörerisch, diktatorisch, hässlich, naturfern, terroristisch, nordeuropäisch, imperialistisch.

Schon der junge Camus hatte diese beiden unversöhnlichen europäischen Lebenskonzepte in seinem Mittelmeer-Vortrag im Kulturhaus in Algier bis zum Konflikt zwischen Rom und Athen, zwischen Christentum und Griechentum zurückbuchstabiert. Aus dem Sieg des einen Lebensmodells über das andere erklärt er sich nun die Gewaltgeschichte seines Jahrhunderts – und unausgesprochen die Geschichte seines eigenen Exilantenlebens in Paris, das sich von seinen algerischen Wurzeln so weit entfernt hat.

Das größte Missverständnis, das *Der Mensch in der Revolte* bis heute auslöst, ist die Annahme, es handle sich um ein philosophisches Buch. Tatsächlich ist es ein Buch über den Massenmord im 20. Jahrhundert, das Dichter und Denker als Wegbereiter anklagt. Des Vergehens für schuldig befunden, sich über «die menschliche Natur» erhoben zu haben, wird eine illustre Riege ausschließlich deutscher und französischer Autoren: Lautréamont, Sade, Rimbaud, Nietzsche (in seiner «deutschen», durch die böse Schwester manipulierten Gestalt von *Der Wille zur Macht*), August Comte, Karl Marx und Max Stirner.

Der Hauptangeklagte des Essays heißt jedoch G. W. F. Hegel, von dessen Geschichtsphilosophie behauptet wird, sie habe geradewegs in den Gulag geführt. Diese polemische Überzeichnung geht auf die französische Rezeption der Hegel'schen Philosophie durch den russischstämmigen Exilfranzosen Alexandre Kojève zurück, der zwischen 1933 und 1939 an der École pratique des hautes études geradezu legendäre Hegel-Vorlesungen hielt, die eine ganze Generation französischer Intellektueller prägten – seinen Ausführungen lauschten Jean-Paul Sartre, Pierre Klossowski, Georges Bataille, Raymond Queneau, André Breton,

Raymond Aron, Maurice Merleau-Ponty und Emmanuel Levinas. Kojève war elektrisiert von Hegels Geschichtsphilosophie und hielt es für geboten, seine Pariser Studenten von der Unumgänglichkeit der im Namen der Geschichte verübten Gewalt zu überzeugen, indem er die Gewalt als ein notwendiges Moment der Selbstentfaltung des Hegel'schen Absoluten darstellte. «Wenn man von einer ‹dialektischen Methode› sprechen will, derer sich die Geschichte bedient», erläuterte Kojève, «so wird da nicht diskutiert, sondern man schlägt sich teils mit Keulen und Säbeln oder Kanonen, teils mit Sicheln, Hämmern und Maschinen».[216]

Dank der Kojève'schen Nachrüstungen der Hegel'schen Philosophie ließen sich auch die sowjetischen Lager ohne weiteres rechtfertigen, wenn die orthodoxe Pariser Linke einmal wöchentlich am Donnerstag zur Redaktionssitzung der Monatszeitschrift *Les temps modernes* in der Wohnung ihres Herausgebers Sartre in der Rue Bonaparte tagte. Die Lager wurden zur bedauerlichen, doch unumgänglichen Zwischenstation einer unerbittlich voranschreitenden Dialektik der Geschichte. Maurice Merleau-Ponty, mit dem Camus auf den Partys in Saint-Germain-des-Prés so heftig streitet, bis einer der beiden Türen knallend das Lokal verlässt, ruft beispielsweise in seinem Buch *Humanismus und Terror* (1947) den Kojève'schen Hegel in den Zeugenstand, um trotz der Moskauer Prozesse eine Politik der «Unterstützung der KP» zu rechtfertigen: Es genügt, wenn «die Gewalt, mit der man ‹paktiert›, progressiv ist und auf ihre eigene Beseitigung zielt». Ein Verbrechen sei nie als solches moralisch zu verurteilen, es müsse vielmehr mit Nachsicht und «in der geschichtlichen Totalität, zu der es gehört», betrachtet werden.[217] Camus muss bei der Lektüre gekocht haben. Doch auch er lässt sich von Kojèves Auslegungen leiten, wenn er klagt, Hegel habe die Idee der Weiterentwicklung durch «Vernichtung» aufgebracht (den Hegel'schen Begriff der «Aufhebung» scheint er nicht zu kennen oder verwenden zu wollen). Nicht anders als seine linken Gegner setzt Camus die Hegel'sche Negation, welche die dialektische Bewegung des Geistes vorantreibt, mit der realen Gewalt in der europäischen Geschichte gleich – der Unterschied zu den Pariser Marxisten liegt allein in der Zuversicht, die Camus dafür fehlt. Bei ihm wird der deutsche Philosoph zum Schreibtischtäter: zum geistigen Urvater des Terrors, der Zerstörung, des Imperialismus und des Totalitarismus im 20. Jahrhundert.

Die polemischen Unschärfen seiner Argumentation nimmt Camus in Kauf: «Philosophen werden selten bloß mit dem Verstand gelesen, oft mit dem Herzen und seiner Leidenschaft.»[218] Bei seiner Kritik des französischen Surrealismus, des deutschen Idealismus, des dialektischen Materialismus, des deutschen Faschismus und des sowjetischen Kommunismus auf ein paar hundert Buchseiten nimmt er sich das Recht, aus Leidenschaft widersprüchlich zu sein.

Den französischen Nebenangeklagten ergeht es nicht besser als dem deutschen Hauptangeklagten. Im Marquis de Sade, dem bis heute von den Liebhabern eines gefährlichen Denkens verehrten Grenzgänger der Literatur, erkennt Camus einen Vorboten der dumpfen Brutalität von Polizeistaaten. André Breton, dem Pionier im Reich des literarischen Unbewussten, legt er das Bonmot zur Last: «Die einfachste surrealistische Tat besteht darin, mit dem Revolver in der Hand auf die Straße zu gehen und blindlings in die Menge zu schießen».[219] In der Résistance hatte er erlebt, dass Worte mit dem Leben bezahlt wurden. Daraus erklären sich das Pathos und die ungewöhnliche Erregung des Anklägers, der in der deutschen und französischen Geistesgeschichte nun nach literarischen Gewaltakten fahndet. Unausgesprochen richtet sich Camus' Abrechnung mit der Ästhetik der Grausamkeit auch gegen sein eigenes Werk: Er verabschiedet sich von dem Massenmörder Caligula, von den Mördern Martha, Mersault und Meursault. Für ihn sind Kunst und Literatur kein Spiel mehr –

Verbrechen beginnen im Kopf. Bevor man falsch lebt, hat man falsch gedacht oder leichtsinnig geschrieben.

Camus, der seinen literarischen Nihilismus hinter sich lassen will, kehrt zu den einfachen Ursprüngen seines Denkens zurück. Für den neu erwachten «Griechen» Camus ist jede Weiterentwicklung zugleich eine Wiederkehr, vom Denken des «Werde, was du noch nicht bist» (wie er den Angeklagten Hegel einmal mehr nicht ganz zutreffend zusammenfasst) zum schlichten «Werde, was du bist».

In Paris, wo *Der Mensch in der Revolte* 1951 erscheint, kommt so etwas nicht gut an. Deutlicher und schmerzhafter konnte man dem moskaugetreuen Revolutionspaar Jean-Paul Sartre und Simone de Beauvoir nicht auf die Füße treten. Unmittelbar vor Erscheinen äußerte Camus gegenüber dem Literaten Jean-Claude Brisville, mit dem er zu Mittag aß: «Geben Sie mir noch einmal die Hand. In ein paar Tagen wird es nicht mehr viele Leute geben, die mir die Hand geben.» Sein Gefühl trog ihn nicht. Niemand auf der Rive gauche hatte es bisher gewagt, den Marxismus und die Revolution derart grundsätzlich anzugreifen, wie Camus es hier tat. Zum ersten Mal in der Geschichte der linken Pariser Intelligenz stellte ein Mitglied dieser Familie die eigenen Geschäftsgrundlagen in Frage, ohne ins Lager der Rechten zu wechseln.

Im Rückblick hat Camus in allem recht behalten: Es gibt keine Entschuldigung für die stalinistischen Schauprozesse; keine Zukunft ist es wert, dass in der Gegenwart für sie gemordet wird; Moral lässt sich nicht auf morgen vertagen; alle großen europäischen Revolutionen endeten als Erziehungsdiktaturen und hinter Mauern und Stacheldraht. Seine Kritik des Totalitarismus hat sich als eine der hellsichtigsten Gegenwartsanalysen des 20. Jahrhunderts erwiesen.

Doch Camus ist kein Heiliger und inzwischen auch kein Pazifist mehr. Er polemisiert gegen die geschichtsphilosophisch abgesicherte Gewalt des Marxismus und der Revolution – und

Sartre und Simone de Beauvoir in Saint-Germain-des-Prés

verteidigt zugleich die partisanenhaften und verzweifelten Terroranschläge der Résistance und der russischen Anarchisten. Seine größte Bewunderung gilt den jungen russischen Sozialrevolutionären, die 1905 den Großfürsten Sergej ermordeten und dabei ihr eigenes Leben aufs Spiel setzten. Um seinen Essay um diese Klippe herumzusteuern – nein zur Gewalt, die im Namen der Geschichte verübt wird; ja zur Gewalt, die im Namen des Gewissens verübt wird –, führt er den Begriff der Revolte ein und definiert diese als eine partisanenhafte Aktion, die keine Großutopie, sondern eine noch unbekannte Idee verteidigt. Die jungen Terroristen, die sich auf den Großherzog stürzten, hatten ihr Leben für ein Ziel riskiert, das sie selbst noch nicht kannten:

> «Unfähig zu rechtfertigen, was sie indes notwendig fanden, kamen sie auf den Gedanken, sich selbst zur Rechtfertigung hinzugeben, mit einem persönlichen Opfer die Frage zu beantworten, die sie sich stellten».[220]

In seinem Stück *Die Gerechten*, dem Drama im Werkszyklus der Revolte (1949 in Paris uraufgeführt), hatte Camus diesen Rebellen bereits ein Denkmal gesetzt. Der junge Terrorist Kaliajew schien hier zunächst der Revolutionsromantik der Pariser Rive gauche zu folgen und deklamierte im Stil Merleau-Pontys: «Wir töten, um eine Welt zu bauen, in der keiner mehr töten wird. Wir nehmen es auf uns, Verbrecher zu sein, damit die Erde endlich von Unschuldigen bewohnt wird.»[221] Doch sank Kaliajews Arm mit der Bombe in der Hand, als er in der Kalesche des Tyrannen, den er töten soll, zwei Kinder sitzen sah. Bei nächster Gelegenheit führte er das Attentat gegen den Großfürsten aus, und er wurde zum Tode verurteilt.

Der historische Iwan Kaliajew hatte am 17. Februar 1905 den Großfürsten Sergei Alexandrowitsch Romanow getötet und wurde dafür hingerichtet; er war der Mensch in der Revolte, der dem Essay den Titel gab. Für Camus war er ein zum Mitleid begabter Revolutionär – und kein Sartre. Letzterer verbreitete nach seiner ersten offiziellen Reise in die Sowjetunion der Schauprozesse im Juli 1954 in der französischen Presse: «Der sowjetische Bürger besitzt nach meiner Auffassung die völlige Meinungsfreiheit».[222] Camus' Kommentar:

> «Ein verschiedener Schlag Menschen. Der eine tötet einmal und bezahlt mit seinem Leben. Der andere rechtfertigt Tausende von Verbrechen und nimmt es hin, mit Ehrungen bezahlt zu werden».[223]

Im Dezember 1954 wird Jean-Paul Sartre zum Vizepräsidenten der Gesellschaft für französisch-sowjetische Freundschaft ernannt. Man gratuliert.

Nemesis oder Gegen ein deutsches Europa

Camus hat einen Albtraum: Er träumt von einer Gesellschaft, in der «zweitausend Bankiers und Techniker über ein Europa von hundertzwanzig Millionen Einwohnern herrschen, wo das Privatleben vollständig mit dem öffentlichen Leben zusammenfällt, wo ein absoluter Gehorsam der Tat, des Gedankens und des Herzens» alles gleich und alles gleichermaßen produktiv macht.[224] Auch mit dieser Kritik an der ökonomischen Fortschrittsidolatrie – dem Herzstück seines Essays über die Revolte – greift er seiner Zeit voraus. Schon zu Beginn der fünfziger Jahre ahnt er die drohende Verwandlung Europas in eine «Weltfabrik», in der das Leben uniformiert und «immer mehr vom Rhythmus der Produktion bestimmt wird». Er prognostiziert, dass die «wahren Leidenschaften» ökonomisiert und «die Verstümmelung des Menschen vervielfacht» werde. Während seine Kritik des Staatskommunismus nach dessen Untergang nachgerade prophetisch geworden ist, bleibt seine nicht minder visionäre Wachstumskritik noch zu entdecken.

Doch welche Alternative zur Wachstumsideologie, der einzigen Universalideologie, die das 20. Jahrhundert unbeschadet überlebt hat, soll es geben? Das würde die Frage des Jahrhunderts werden, das nach Camus kam – unseres. Ihn politisch festzulegen fällt, seitdem sich das politische Schachfeld nach 1989 erheblich verändert hat, nicht leichter. 1951, bei einer Konferenz in England, sagt Camus: «Vor allem sollte ich Ihnen meine Vorlieben nicht verheimlichen. Obwohl ich nicht wirklich Sozialist bin, gehören meine Sympathien der libertären Form der Gewerkschaftsbewegung».[225]

In der Regel preist Camus, wo er nur kann – im *Combat*, in seinen Vorträgen, in *Der Mensch in der Revolte* –, die skandinavischen Sozialdemokraten, die französischen Libertären und die englische Arbeiterpartei dafür, dass sie dem «dogmatischen Wahnsinn» des europäischen Kommunismus widerstanden hätten. Dennoch ist Camus nicht der Philosoph der europäischen Sozialdemokratie. In seinen Augen hat auch sie der «industriellen Maßlosigkeit» – für ihn neben dem Totalitarismus das Grundübel der Epoche – zu wenig entgegenzusetzen. Der Teufelskreis des Wachstums – «die industrielle Zivilisation schafft und provoziert die künstlichen Bedürfnisse, indem sie die natürliche Schönheit abschafft und sie auf weiten Strecken mit dem Industrieabfall bedeckt»[226] – kann durch sozialdemokratisches Samaritertum nicht durchbrochen werden.

Camus träumt von einem Europa, das nicht von Tag zu Tag reicher, trauriger und hässlicher wird, in dem niemand mehr «die

Freude aus der Welt wegwischt und auf später verschiebt».[227] Eine zustellbare politische Adresse hat dieser Traum nicht.

Politisch am nächsten steht Camus letztlich den französischen Libertären, zu denen er über die Freundin Rirette Maîtrejean seit seiner Zeit beim *Paris-Soir* gute Kontakte unterhält. Camus' politische Texte (*Actuelles II*) werden in der neuen, in Zürich ansässigen anarchistischen Zeitschrift *Témoins* von deren Begründer Jean-Paul Samson in einer ihrer ersten Ausgaben stürmisch begrüßt, und Camus wird dieses Blatt in den nächsten Jahren mit Kommentaren (etwa zum Ungarnaufstand oder zum Arbeiteraufstand in Ostberlin) und mit Rezensionen (etwa über Simone Weil) versorgen.

Auch der Pariser Anarchistenzeitung *Le Monde libertaire* ist Camus freundschaftlich verbunden. Doch gehen seine gesellschaftspolitischen Träume weit über die des libertären Syndikalismus seiner Zeit hinaus.

Camus, der nie Angst vor großen Worten hatte, bezeichnet seine Utopie als «die Bewegung des Lebens selbst». Etwas nüchterner, jedoch nicht unbedingt klarer nennt er sie auch: «das mittelmeerische Denken», es bleibt die zentrale Denkfigur – des Menschen, des Werks, der epochalen Auseinandersetzung, die er führt. Camus beendet den Essay *Der Mensch in der Revolte* mit einem Kapitel über das mittelmeerische Denken, die «Pensée de midi». Er tastet sich vor, macht Vorschläge, die wir schon kennen. Das Denken, das er sucht, mag in der «heutigen Welt seinen politischen Ausdruck» im «revolutionären Syndikalismus» finden oder in den «skandinavischen Demokratien». Das kann er sich vorstellen. Doch umfasst die «Pensée de midi» viel mehr als menschenwürdige Politik, Anarcho-Syndikalismus, Solidarität und ein freiheitliches, übernationales Weltparlament. Das alles gehört gewissermaßen nur zu ihrer vernünftigen Außenseite.

Ihre Innenseite bleibt eher still, weltabgewandt und einsam. Sie holt sich ihre Inspirationen bei einer griechischen Göttin namens Nemesis, der Göttin der Rache, die darüber wacht, dass der Mensch sich nicht überhebt. Für Camus ist sie eine Allegorie der Versöhnung, des Maßes, der Liebe und des Ausgleichs. Er holt sehr weit aus, um sich dieser Göttin zu nähern:

> «Dieses Gegengewicht, dieser Geist, der dem Leben Maß gibt, ist derjenige, der die lange Überlieferung dessen erfüllt, was man das Sonnendenken nennen kann, in welchem, seit den Griechen, die Natur stets mit dem Werden im Gleichgewicht stand. Die Geschichte der ersten Internationale, in der der deutsche Sozialismus unaufhörlich gegen das freiheitliche Denken der Franzosen, Spanier und Italiener ankämpft, ist die Geschichte des Kampfes zwischen der deutschen Ideologie und dem mittelmeerischen Geist. Gemeinde gegen Staat, konkrete Gesellschaft gegen absolutistische Gesellschaft, überlegte Freiheit gegen rationale Tyrannei, altruistischer Individualismus gegen Kolonisierung der Massen lauten damals die Antinomien, die einmal mehr die Gegenüberstellung von Maß und Maßlosigkeit sichtbar machen, welche die Geschichte des Abendlandes seit der Antike erfüllt. Der eigentliche Konflikt dieses Jahrhunderts besteht [...] zwischen den deutschen Träumen und der mittelmeerischen Tradition».[228]

Ja, die deutschen Träume sollen sich in Europa nicht mehr so breitmachen. Das Europa der Zukunft, das hatte Camus schon in den *Briefen an einen deutschen Freund* geäußert, soll kein deutsches Europa sein. Davon hatten schließlich schon die Nationalsozialisten ständig gesprochen. Anstelle der Deutschen sollen in Europa herrschen: Bescheidenheit, Brüderlichkeit, Einfachheit, Sonne, hartes Licht, rauer Meereswind, natürliche Schönheit, Gleichgewicht, Altruismus und Augenmaß. Solcherart undeutschen Kräften traute Camus zu, die europäische Zukunft zu gestalten;

deren überwiegend lateineuropäischer Zuschnitt erinnerte an die alte Mittelmeerutopie seiner Jugend. Ihr hing übrigens auch Alexandre Kojève in einem heute wieder vielbeachteten Aufsatz über das «Lateinische Imperium» an, in welchem er im Jahr 1945 seine Überlegungen zu einer europäischen Nachkriegsordnung für de Gaulle zusammenfasste.[229] Doch anders als Kojèves machtstrategische Kulturkreistheorie, die einen mediterranen Staatenbund gegen eine neuerliche deutsche Vormachtstellung in Europa favorisierte, blieb Camus' Sonnendenken mit Bedacht ungreifbar und geheimnisvoll. In den letzten Zeilen seiner großen Welterklärungsschrift paraphrasierte er einige der erdenschweren, dunkel leuchtenden Gedichtzeilen seines Freundes René Char:

> «In dieser Stunde, da jeder von uns seinen Bogen spannen muss, um seine Probe wieder abzulegen, mit und gegen die Geschichte zu erwerben, was er schon besitzt, die karge Ernte seiner Felder, die kurze Liebe dieser Erde, in dieser Stunde, da endlich ein Mensch ins Leben tritt, muss man die Epoche und ihre unreifen Rasereien sich selbst überlassen. Der Bogen krümmt sich, das Holz stöhnt. Ist die höchste Spannung erreicht, wird ein durchdringender Pfeil abschnellen, das härteste und freieste Geschoß.»[230]

Nachdem er sein kräftezehrendes, politisch-literarisches Glaubensbekenntnis abgeschlossen und in Lyrik überführt hat, möchte er die Epoche und ihre unreifen Rasereien sich selbst überlassen. Camus möchte aussteigen. Er sucht nun ernsthaft einen Notausgang aus dieser entsetzlichen Anwesenheitspflicht in seinem entsetzlichen Zeitalter. Ihm bleiben noch acht Jahre. Und Char hat noch immer kein Haus gefunden.

Sartre (II). Eine öffentliche Hinrichtung

Als *Der Mensch in der Revolte* am 18. Oktober 1951 bei Gallimard erscheint, fühlt sein Verfasser sich leer, verzweifelt. Er wohnt in einer neuen Wohnung in der Rue Madame. Dritter Stock, fünf Zimmer, ein Balkon zur Straße, Schattenseite. Zu keiner Tageszeit fällt ein Sonnenstrahl durch die Fenster der Hausnummer 29. Der mediterrane Lichtanbeter hat diese lichtloseste aller Wohnungen mit Hilfe der Gallimards gekauft. Francine spielt hier im dunklen Salon bis zu sechs Stunden täglich Johann Sebastian Bach auf dem Klavier. Die Kinder sind jetzt sechs Jahre alt, und Camus nennt sie, wenn er überhaupt von ihnen spricht, «meine Nebenwerke»[231].

Am 26. Oktober schreibt er an Bruder Char: «Ich bin, nachdem ich dieses Buch herausgebracht habe, in einem Zustand ‹luftiger› Depression.»[232] Er findet die Stadt wieder einmal frivol und ermüdend. Und dann fährt er fort, aus dem Stand, ohne Anlass: «Das allerschlimmste wäre, allein zu sterben und voller Verachtung.»

Man kennt die Klagen über die Stadt, das Exil, sein krankes Leben. Doch so schlecht wie jetzt ging es ihm noch nie. Zwei Jahre zuvor, 1949, hatte er sich zu einer Vortragstournee durch Südamerika hinreißen lassen. Rio de Janeiro, São Paulo, Iguape, Montevideo, Buenos Aires, Chile, wieder Buenos Aires, wieder Montevideo, wieder Rio. Alles in acht Wochen. Es ging ihm schlecht auf dieser Reise, er war traurig, lebensmüde und hatte nur eine einzige kurze Affäre. Danach war er todkrank, ein neuer Ausbruch der Tuberkulose, so heftig wie noch nie. Es folgten endlose Kuren, Landaufenthalte im Mittelgebirge und in der Provence, mal mit Francine, mal mit Maria oder allein mit dem

Menschen in der Revolte – den er mehr oder weniger, nein, nicht auf dem Totenbett, aber doch im Krankenbett zu Ende schrieb. Camus ist verletzlich. Im Februar war André Gide gestorben, was ihn trotz allem tief berührte. Breton parierte Camus' Angriff nach einem Vorabdruck des Kapitels über Lautréamont sogleich in den *Cahiers du Sud* und kanzelte ihn als moralisierenden und «vulgären» Kleinbürger ab, der Lautréamont weder gelesen noch verstanden habe. Der Angriff des Kollegen, den er selbst nicht geschont hat, bringt ihn völlig aus der Fassung. Er hält so etwas schlecht aus und hat, wie er in diesen Tagen an Grenier schreibt, so eine «kastilische Dimension»[233] in sich, die ihn wie einen verletzten Stier in der Wohnung auf und ab laufen lasse.

Die «kastilische Dimension» treibt ihn in den folgenden Monaten zu unzähligen Antwortbriefen an die verschiedensten Zeitungsredaktionen, die es gewagt hatten, missgünstige Artikel über seinen Essay zu veröffentlichen. 19. Oktober 1951: «Monsieur le rédacteur en chef». 18. November 1951: «Monsieur le rédacteur en chef». 28. Mai 1952: «Monsieur le directeur». Mai 1952: «Monsieur le rédacteur en chef». Juni 1952: «Monsieur». 30. Juni 1952: «Monsieur le directeur». Es folgen jeweils 3 bis 17 Druckseiten. Er lässt nichts auf sich sitzen. Punkt für Punkt werden die Gegner widerlegt. Er ist da furchtbar akkurat. Breton nennt er einen «Unwissenden», der Diskussionen auf einem «erbärmlichen» Niveau anzettele.[234] Dem Rezensenten der katholischen Zeitung *Dieu vivant* bescheinigt er, dass sein Beitrag «indiskutabel» und «vermessen» gewesen sei.[235] Als der *Observateur* sich herausnimmt, einen Kritiker Camus' in einem Nebensatz lobend zu erwähnen, schickt der einen fünfseitigen Brief, in dem er richtigstellt, wie «abstoßend» und «verachtenswert» der Text dieses Kritikers gewesen sei.[236] Und so geht das weiter. Die Lehre aus der Résistance, dass Worte töten konnten, saß tief; Camus nahm die Angriffe auf sein Buch tatsächlich tödlich ernst.

In der Redaktion der *Temps modernes* weiß man nicht so genau, wie man mit diesem Rechthaber umgehen soll, der seine Widersacher leserbriefweise als «Lügner» und «Verleumder», sich selbst jedoch als jemand bezeichnete, der «sorgsam nach der Wahrheit unserer Zeit und der Freiheit für uns alle sucht»[237]. Sartre möchte am liebsten gar nicht erst eine Kritik des *Revolte*-Essays bringen. Niemandem in der Redaktion gefällt das Buch, aber es hat auch niemand Lust, einen Verriss zu schreiben. Am Ende hält Sartre es für noch unhöflicher, das Buch überhaupt nicht zu besprechen, und betraut den 29-jährigen Mitarbeiter Francis Jeanson mit der Sache – der mache das zumindest höflich, hieß es.

Im Mai 1952, ein dreiviertel Jahr nach der Publikation des Buches, erscheint Jeansons Kritik in den *Temps modernes*. Sie ist tendenziös, phrasenhaft und nicht wirklich scharf. Sie verübelt Camus seine guten Kritiken in der bürgerlichen und rechten Presse, bescheinigt ihm eine «gewisse Inkonsistenz des Denkens», erregt sich über seinen «vagen Humanismus», ohne seine Parteinahme für den französischen Anarcho-Syndikalismus und die russischen Sozialrevolutionäre überhaupt zu erwähnen, und belehrt ihn darüber, dass es unmöglich sei, aus der Geschichte auszusteigen («der ‹Lauf der Welt› ist zugleich unser eigenes Werk und unser Gefängnis»). Die Kritik lag ganz auf der prosowjetischen Linie der *Temps modernes*, deren Vordenker Sartre und Merleau-Ponty sich darin einig waren, den sowjetischen Terror zähneknirschend hinzunehmen, solange er den in der Rue Bonaparte für notwendig erachteten geschichtsphilosophischen Prinzipien entsprach. Der junge Kollege schloss mit der Kritikerphrase, *Der Mensch in der Revolte* sei ein «großes misslungenes Buch».[238]

Camus hätte diese kleine misslungene Kritik in einer Pariser Intellektuellenzeitschrift mit beschränkter Reichweite auf sich beruhen lassen können, und sie wäre längst vergessen. Doch das kann er nicht. Es herrscht Kalter Krieg. Man versucht, ihn ins bürgerliche Lager abzudrängen, man macht aus ihm einen mit dem Rückzug aus der Gegenwart kokettierenden Hampelmann, man unterschlägt seinen Kampf für die anarchistische Linke, man tut so, als gäbe es links von der Mitte nichts als orthodoxen Marxismus. Camus wehrt sich – «Monsieur le directeur» – auf 17 Druckseiten. Er stellt richtig, er ergänzt, er zitiert sich selbst, von seinem Angreifer spricht er ausschließlich als «der Rezensent», «der Mitarbeiter», «der Redakteur». Obwohl der Brief an Sartre adressiert ist, wendet er sich nie direkt an ihn. Camus hat zwar recht, doch er bekommt es nicht. Alles in allem bleibt es ein glückloser Schlagabtausch, ohne Fortüne auf beiden Seiten.

In dieser verfahrenen Lage greift Sartre ein und entscheidet die Partie für die nächsten fünfzig Jahre für sich. Seine Antwort ist beleidigend, glänzend formuliert und eine strategische Meisterleistung. Sartre wechselt sofort das Register und desavouiert Camus mit seinem steifen Monsieur-le-directeur-Gehabe: «Mein lieber Camus, unsere Freundschaft war nicht einfach, aber ich werde sie vermissen».[239] Sein Angriff ist raffiniert und überaus wirksam, denn er richtet sich nicht nur gegen ein seiner Ansicht nach verunglücktes, wirres Buch, sondern gegen die Voraussetzungen eines ganzen Werks, das sich zu Unrecht anmaße, im Namen der Armen und Aufrechten zu sprechen. Dieser angemaßten Bruderschaft der Aufrechten gehöre in Wahrheit nämlich niemand außer Camus selber an. Er, Sartre, könne nun leider so gar nichts anfangen mit Camus' «mittelmeerischem oder sonstigem Maß» und noch weniger mit seinen «skandinavischen Republiken». Darüber hinaus missfalle ihm der pompöse Ton, der ihn ans Schwurgericht denken lasse, ohnehin könne Camus einer Republik der «schönen Seelen» sicher als Chefankläger dienen. Und überhaupt: Woher nehme Camus eigentlich das Recht, über Jeanson zu reden wie über ein Ding, dessen Namen man nicht kennt? Woher diese Überheblichkeit?

Und dann, nachdem er zwölf Seiten lang Anlauf genommen hat, holt Sartre zu dem finalen Schlag aus, von dem Camus sich in der öffentlichen Wahrnehmung zu Lebzeiten nicht mehr erholen wird: «Und was, wenn Ihr Buch einfach nur von Ihrer philosophischen Inkompetenz zeugen würde? Wenn es voller eilig und aus zweiter Hand zusammengesuchter Erkenntnisse wäre? [...] Wenn Sie nicht besonders gut denken könnten? Wenn Ihre Gedanken vage und banal wären?»[240] Camus lasse nicht einmal die Diskussion über seine Werke zu, akzeptiere nur Häupter, die sich vor ihm verneigten, ziehe sich in ein Universum nicht zu hinterfragender Werte zurück und so weiter. Es folgen noch einige ausgesuchte Frechheiten, etwa die, dass er, Sartre, und Hegel immerhin gemeinsam hätten, von Camus nicht gelesen worden zu sein. Er zögere jedoch, Camus die Lektüre von *Das Sein und das Nichts* zu empfehlen, da sie ihm wahrscheinlich zu mühsam würde.

Im Großen und Ganzen wiederholte Sartre sehr viel eloquenter als sein Vorgänger den Vorwurf, Camus entziehe sich den Kämpfen der Gegenwart. Er erinnerte an den Autor des *Sisyphos*, an den Résistancekämpfer, an den Verfasser der *Briefe an einen deutschen Freund* und resümierte, dass Camus sich der Geschichte stets nur widerwillig gestellt habe. Doch die Geschichte habe ihm eine einmalige Chance eröffnet: Der gemeinsame Kampf gegen die Deutschen habe sich mit seinem Kampf gegen den Fatalismus überlagert. Sartre versäumte nicht, darauf hinzuweisen, dass es nur der Zufall («un concours de circonstances») war, der Camus in die Rolle des Schriftsteller-Helden seiner Zeit katapultiert habe. Doch auch wenn man ihm die fatalistische Ineinssetzung des Absurden, der Pest und der Deutschen noch habe durchgehen lassen, so sei der Kampf gegen das Absurde im Reichenvorort Passy nun nicht derselbe wie im Arbeiterbezirk Billancourt, und auch die «Wiederentdeckung des Körpers», die Camus predige, sei für den geschundenen Arbeiter ein Hohn. Camus' entscheidendes Argument, wonach der Marxismus in den Lagern der Sowjetunion gescheitert war, wurde von Sartre im

Vorbeigehen abgetan: «Ja, Camus, ich finde genau wie Sie die Lager unzulässig: Aber genauso unzulässig finde ich den Gebrauch, den die sogenannte ‹bürgerliche Presse› von ihnen macht».[241]

Am Ende verkündet Sartre sein Urteil, es wird die Höchststrafe: Der Angeklagte wird zum Tode verurteilt. «Ihre Persönlichkeit, die wirklich und lebendig war, solange sie sich von den Zeitläuften ernährte, ist nun nur noch eine Fata Morgana, 1944 war sie die Zukunft, 1952 ist sie die Vergangenheit.»[242] Camus sei Vergangenheit, weil nichts von dem, worauf er sich berufe, noch vorhanden sei, die Natur, die innere und die äußere, habe sich aufgelöst. Sartre sieht voraus, dass Camus mit seiner Moderne-Kritik darauf zustrebt, «uns zu verlassen» und sich in die «Einsamkeit zurückzuziehen» oder zumindest in eine «Zivilisation, die noch auf einem niedrigeren technischen Stand» verharrt. Richter Sartre erlaubt dem Verurteilten generös, noch einmal in Berufung zu gehen, die Seiten seiner Revue ständen ihm offen. Er, Sartre, werde sein Urteil jedoch nicht mehr revidieren.

Dieser Text war eine Ungeheuerlichkeit. Wer ihm recht gab, und die gesamte linksorthodoxe Intelligenz gab ihm recht, entzog Camus jede weitere öffentliche Existenzberechtigung. Sartre hatte seinen mächtigsten Gegner auf 20 Zeitungsseiten matt gesetzt und aus dem Feld geschlagen. Paris lag von nun an für viele Jahrzehnte ihm allein zu Füßen. Simone de Beauvoir behauptete später, der Camus, den sie einmal gern hatte, habe zu dieser Zeit ohnehin nicht mehr existiert.

Camus erholte sich von diesem Schlag nicht mehr. Er schrieb noch einen langen persönlichen Rechenschaftsbericht zum *Revolte*-Essay, der in der Schublade liegen blieb und erst posthum veröffentlicht wurde. Und eine indirekte Antwort auf Sartre fand sich 1955 in dem zitierten Brief an Roland Barthes, der die *Pest* viele Jahre nach ihrem Erscheinen verriss und dabei Sartres Argument wiederholte, Camus trete «aus der Geschichte aus» und verschließe sich in einer überzeitlichen Isolation. Der neuerlich

Angegriffene wehrte sich scharf und meinte eigentlich Sartre, wenn er schrieb: «Man kann mich nicht beschuldigen, die Geschichte zu verleugnen, indem man gleichzeitig behauptet, die einzige Bedingung, unter der man in die Geschichte eintritt, bestehe darin, die Tyrannei zu rechtfertigen». An Barthes gerichtet, fügte er begütigend hinzu: «Sie haben das nicht gemacht, ich weiß.»[243]

Die Bugwellen dieses Zusammenstoßes der beiden Existenzialisten blieben noch für mindestens zwei Generationen von Intellektuellen spürbar, die zu wissen meinten, dass Camus zwar ein guter Schriftsteller, aber ein schlechter Denker gewesen sei. Am Ende hat die Geschichte Sartre unrecht gegeben. Und Camus in allem bestätigt.

Nach 1989 begann man in Paris zwar langsam, Camus' Antitotalitarismus zu würdigen, man ergriff jedoch weiterhin für Sartre Partei, wenn es darum ging, Camus' Natur- und Geschichtsauffassung zu demontieren und den Zusammenhang beider zu bestreiten. Alles in allem blieb man dabei: Mit Sartre zu irren war besser, als mit Camus recht zu behalten.[244]

Skandalös lange hat es gedauert, bis sich die Einsicht durchsetzte, dass es nicht nur falsch war, Camus' Antikommunismus, sondern dass es ebenso falsch war, sein Naturverständnis, seinen politischen Anarchismus und seine Wachstumskritik für rückständig und die Bewohner von Billancourt zum einzig zulässigen Maßstab der Welterkenntnis erklärt zu haben. Es ist aber nie zu spät, ein falsches Urteil zu revidieren.

9. Kapitel

DIE ERDE

Ort und Zeit:
Paris 1953.
Sahara/Tipasa 1953.
Paris 1954.
Amsterdam 1954.
Algier 1956.
Domaine de Palerme 1956.
Paris 1957.
Stockholm 1957.
Griechenland 1958.
Paris 1959.

Camus ist ein Mann von vierzig Jahren, dem nicht mehr viel Zeit bleibt. Den 7. November 1953 verbringt er in seinem Büro bei Gallimard. Er fühlt sich als der hilfloseste und bedürftigste aller Menschen. Er hat schlechte Laune und will keine haben und schreibt: «Mit vierzig Jahren akzeptiert man die Vernichtung eines Teils des eigenen Wesens.»[245] Und nun wird auch noch Francine krank.

Es ist das dunkelste Kapitel in seinem Leben: Camus' Frau Francine, die er nie verlassen und nie aufgehört hat zu betrügen, versinkt in Depressionen, wird in die Psychiatrie eingewiesen, mit Elektroschocks und Psychopharmaka behandelt. Ein Zusammenhang zwischen der Lebensführung des Autors und der Psychiatrisierung seiner Frau ist nicht beweisbar, doch denkbar. Francines Schwester Christiane sagt: «Sie hat gehalten und gehalten, und dann ist sie zerbrochen».[246]

Camus bleibt nicht bei seinen achtjährigen Zwillingen, er bringt sie bei Freunden und Verwandten unter, zieht in eine kleine Wohnung in der Rue de Chanaleilles, kann nicht mehr arbeiten. Francine schläft, weint, spricht von Maria, leidet unter Angst- und Wahnzuständen, ist bis auf die Knochen abgemagert. Im Januar 1954 springt sie aus dem Fenster der Klinik. Sie überlebt mit schweren Knochenbrüchen. Gegenüber seinem Sekretär Roger Quilliot äußert Camus in diesen Tagen, er fühle sich nicht schuldig, aber verantwortlich: «Je ne me sens pas coupable, mais responsable». In der Ehe mit Francine sei völlige Freiheit verabredet gewesen.[247]

Zu dieser Freiheit gehörte das Nebenleben mit der Pariser Tragödin Maria Casarès. Nachdem Camus und Casarès einander 1948 erneut über den Weg gelaufen waren, blieben sie ein Paar. Bis zu Camus' Lebensende. Später wird das Dreieck noch um die Schauspielerin Catherine Sellers und die junge skandinavische Malerin Mi erweitert, mit denen er gleichzeitig und ohne den Versuch, je etwas zu verheimlichen, Liebesverhältnisse unterhält. Fragt man die Tochter Catherine Camus heute, ob der frühe Tod ihres Vaters auch eine Befreiung für ihre Mutter gewesen sei, hält sie dies für «sehr gut möglich».[248]

Heimkehr nach Tipasa

Camus ist auf dem Rückzug – das hatte Sartre richtig erkannt. Paris, das sind Maria und Francine, Sartre und Beauvoir (die ihn in ihrem Schlüsselroman *Die Mandarine von Paris* bloßstellen wird), sind seine Freunde, die Gallimards, seine Sekretärin, die «Labiche», die lichtlose Wohnung in der Rue Madame und die zwei kleinen Zimmer nebst Küche in seiner möblierten Junggesellenunterkunft in der Rue de Chanaleilles 4, dritte Etage, in denen Camus jetzt vor allem wohnt. Die Schlacht mit Sartre ist das Ereignis der Saison 1953 gewesen. Und niemand – außer seinem Freund Michel – hatte sich im Sartre-Verlag Gallimard offen auf seine Seite geschlagen. Dem Mannschaftsspieler fehlt sein Team. Seit Camus den *Combat* verlassen hat, fühlt er sich Jahr für Jahr einsamer. Aber er hat noch eine wichtige Verabredung mit sich selbst.

Zweimal fährt er zu Beginn der fünfziger Jahre nach Algerien – ein Mann im vorgerückten Alter auf der Suche nach den magischen Orten seiner Jugend, auf der Suche nach sich selbst, nach neuem Leben und alten Wahrheiten. Er fährt allein im Wagen durch die menschenleeren südlichen Territorien des Atlas und die Wüstenstädte der Sahara. Er läuft im Winterregen die Strände ab, besucht die alten Cafés, sieht in die alt gewordenen Gesichter und erschrickt vor den matronenhaften Bäuchen seiner Freundinnen von einst. Camus weiß natürlich, dass man nie zurückkehren kann. Das französische Algerien mochte hundert Jahre alt sein, doch nach dem Massaker von Sétif sah man nun überall die Fahne mit dem algerischen Stern und dem Halbmond wehen. Das Algerien, in dem Camus jung war, gibt es nicht mehr. Was er sucht, nennt er deswegen auch nicht «patrie», Heimat, sondern «terre natale», die Erde seiner Geburt, die geistige Landschaft, in der er zu Hause ist. In einem späteren Vorwort zu seiner algerischen Jugendprosa *Licht und Schatten* spricht er von der «Quelle in seinem tiefsten Inneren», vor deren Versiegen er sich in diesen Krisenjahren am meisten fürchte.

> «Jeder Künstler besitzt nämlich in seinem tiefsten Inneren eine einzige Quelle, die sein Leben lang speist, was er ist und was er sagt. Wenn die Quelle versiegt, sieht man das Werk allmählich krustig und rissig werden. Undankbarer Boden der Kunst, den der verborgene Strom nicht mehr berieselt! Das Haar wird spärlich und spröde, der stoppelbekränzte Künstler ist reif für das Schweigen – oder die Salons, was auf das Gleiche herauskommt.»[249]

Camus ringt um sein künstlerisches Überleben. Die *Pest* liegt fünf Jahre zurück. Die Pariser Aufführungen seiner Stücke *Das Missverständnis* (1944), *Der Belagerungszustand* (1948) und *Die Gerechten* (1949) waren zum Teil zwar gut besucht, bei der Kritik jedoch durchgefallen. Die anstrengende Arbeit am *Revolte*-Essay, das unermüdliche Engagement für verfolgte Intellektuelle,

Anarchisten und Kriegsdienstverweigerer, die Vortragstourneen durch Nord- und Südamerika, die Verletzungen durch die Pariser Barrikadenkämpfe nach der Publikation des Essays – all das, was ein bewegtes, urbanes Intellektuellenleben in diesen Jahren ausmacht und beflügelt, lähmt ihn nur.

In den wenigen Filmaufnahmen, die es von ihm aus dieser Zeit gibt, begegnet man einem tadellos gekleideten, seiner selbst sehr sicheren Menschen, der mit Leichtigkeit und einer Spur ironischer Blasiertheit einen Text aufsagt, der so einstudiert wirkt, als spiele ein Schauspieler den erfolgreichen Autor Albert Camus. Das berühmte Foto des Magnum-Fotografen Henri Cartier-Bresson, dem sich Camus' Ruf als Humphrey Bogart der Literatur verdankt, zeigt einen ein bisschen zu gut frisierten, leicht über sich selbst amüsierten, grandiosen Selbstdarsteller.

Doch hinter dieser kontrollierten, unnahbaren Medienikone steckt ein Mensch, der nicht mehr gern der ist, der er ist; und nicht mehr leben will, wo er lebt. An René Char schreibt er: «Paris wird mehr und mehr zu einem Krankenhaus, in dem alles denselben Geschmack und denselben Geruch hat.»[250] In der Rue de Chanaleilles nimmt er das Telefon nicht mehr ab. Char, der bei seinen Parisaufenthalten im selben Haus wohnt, schiebt gelegentlich einen Antwortbrief unter der Tür durch. Camus möchte sein Leben «auf das Wesentliche beschränken».[251]

In dieser Lage veröffentlicht er 1954 ein kleines Buch, das zu seinen schönsten überhaupt zählt: *Heimkehr nach Tipasa* (*L'Été*). Mit diesem damals wenig beachteten Nebenwerk, das auf seine kurzen Besuche in Algerien zurückgeht, versucht er an das nietzscheanische «Ja zur Erde» seiner frühen poetischen Algerienessays *Noces* (*Hochzeit des Lichts*) von 1938 anzuknüpfen. Doch zwischen den beiden Büchern liegen ein Weltkrieg, das Pariser Exil, der Kalte Krieg, eine unglückliche Ehe, eine internationale Autorenkarriere und das Café de Flore – Camus kommt nach Hause wie eine Figur Heinrich von Kleists, die die Reise um die

1944, aufgenommen von Henri Cartier-Bresson

Welt gemacht hat und sehen möchte, ob das Paradies vielleicht von hinten irgendwo wieder offen ist.

Es ist weiterhin ein europäisiertes Algerien, das Camus in diesen Essays und Städteporträts feiert: In Algier promenieren leicht gekleidete Mädchen auf den Boulevards; Oran wird als Stadt «ohne Vergangenheit» bezeichnet, was nur heißen kann, dass die Vergangenheit der algerischen Ureinwohner für den Autor noch immer nicht zählt.

In den später entstandenen Texten des Bandes verbringt ein Gereifter und Gealterter ein paar romantische Ferientage, um das Land der Griechen, seine Seelenheimat («patrie de l'âme»), mit dem Mietauto zu suchen. Nach zwanzig Jahren steht er im strömenden Regen erneut in Tipasa, der römischen Ruinenstadt, zwischen den roten Säulen und erzählt sein Leben vom Ausbruch des Zweiten Weltkriegs bis zu diesem Tag:

> «Am 2. September 1939 war ich nicht, wie ich sollte, nach Griechenland aufgebrochen. Der Krieg hingegen war bis zu uns gedrungen und hatte dann auch Griechenland überflutet. [...] Aufgewachsen im Anblick der Schönheit, die mein einziger Reichtum war, hatte ich in der Fülle begonnen. Dann war der Stacheldraht dazwischengekommen, das heißt die Tyrannei, der Krieg, die Polizei, die Zeit der Revolte. Man musste mit der Nacht leben lernen: die Schönheit des Tages war nur noch eine Erinnerung. Und in diesem schlammigen Tipasa verwischte selbst die sich noch. Aber es gab sie doch wirklich einmal, die Schönheit, die Fülle und die Jugend! Im Schein der Feuersbrünste hat die Welt plötzlich ihre Falten und ihre Wunden gezeigt, alte und neue. Sie ist mit einem Schlag gealtert und wir mit ihr. [...] Dann ging ich nach Paris und blieb einige Jahre, bevor ich wieder heimkam. Doch spürte ich dunkel in all diesen Jahren, wie mir etwas fehlte. Wer je das Glück gehabt hat, einmal heftig zu lieben, wird sein Leben

verbringen auf der Suche nach dieser Glut und diesem Licht. Der Verzicht auf die Schönheit und auf das sinnliche Glück, das mit ihr verbunden ist, der ausschließliche Dienst am Unglück verlangen eine Größe, die ich nicht habe.»[252]

Er fuhr noch ein zweites Mal nach Tipasa. Diesmal war das Wetter klar. Zwischen den verwitterten Steinen und wilden Wermutsträuchern hindurch sah er das in der weißen Dezembersonne gleißende Meer. Die Vögel sangen, die Eidechsen raschelten durchs Gras. Der lang entbehrte Zauber stellte sich ein, die Ekstasen und Geheimnisse, die für Augenblicke aus ältesten Zeiten herüberzuwehen scheinen. Ein paar Tage später saß er im Flugzeug nach Paris und zog in der Rue de Chanaleilles die Tür hinter sich zu.

Camus' *Heimkehr nach Tipasa* ist nach der stilistischen Askese des *Fremden* und dem weiß gekachelten Chronistenton der *Pest* ein besonders persönliches und poetisches Buch, das ungeschützt die algerische Mystik eines erlösungsbedürftigen Pariser Kultautors in privater und künstlerischer Krise beschwört. Die seinen Verfasser quälende Frage, wie sich die uralten Emphasen und Träume von den elementaren Dingen, von Erde, Himmel und Sternen, ohne die er sich lebendig begraben fühlt, in ein modernes Leben mit Sekretariat, Großstadtverkehr, Etagenwohnung und Lektoratskonferenz überführen lassen, bleibt indes weiter ungelöst.

«Ich bin nicht modern», schreibt er in diesen Wochen trotzig ins Tagebuch – und ist es natürlich doch. Die vielen Briefe, in denen er um Milde für politische Gefangene und selbst für politische Gegner bittet, die vielen Vorworte, Nachworte und Vorträge, der Journalismus, der ihn bald wieder gefangen nimmt, die Herausgabe seiner politischen Essays in den drei Bänden der *Actuelles* – sein tagtäglicher «Dienst am Unglück», wie er sein Pariser Autorenleben nennt, hält ihn in der Gegenwart fest. Der alte Grieche und der moderne Pariser bleiben unversöhnt. Wie er auch zeitlebens ein Algerier in Frankreich und ein Franzose in Algerien bleiben wird. Das Exil wird seine Heimat. Camus beklagt und lebt diese Widersprüche. Paradoxien sind für ihn die eigentliche Lebensquelle. Und die beste Lösung ist ja noch immer die Sisyphos-Lösung: Was nicht zu ändern ist, muss man aushalten.

Bleibt die Immobilienfrage. In dem Tipasa-Essay gibt es eine Stelle, die den Immobilienbeauftragten Char interessieren müsste:

> «Das Geheimnis, das ich suche, ist in einem Tal mit Olivenbäumen vergraben, unter dem Gras und den kühlen Veilchen, bei einem alten Haus, das nach Weinranken duftet».[253]

Während sein Haus im Lubéron noch gefunden werden muss, gibt es in der neuen Essaysammlung schon einmal einen für Camus ungewöhnlich spirituellen Text über die provenzalische Landschaft, in der er wie sein Freund René Char heimisch werden möchte. Darin spekuliert er über das «glückhafte Geheimnis» der Welt. Im Zentrum des Universums stehe nicht die karge Sinnlosigkeit, sondern das «Rätsel, das heißt ein Sinn, der schwer zu verstehen ist, weil er blendet». Sein eigener Lebensroman als Nachkriegsheld des Absurden und der Hoffnungslosigkeit ist ihm in jeder Hinsicht verleidet; als alternder Star sehnt er sich zurück nach der namenlosen elementaren Welt seiner Herkunft: «Im schwärzesten Pessimismus sehe ich nur Gründe, ihn zu überwinden. Nicht aus Tugend noch aus einer seltenen Seelengröße heraus, sondern aus instinktiver Treue zu dem Licht, in dem ich geboren wurde und in welchem seit Jahrtausenden die Menschen gelernt haben, das Leben zu bejahen bis in seine Leiden hinein.»[254] Er porträtiert sich als der Abkömmling eines paradiesischen Erdzeitalters, der sein schreckliches Jahrhundert nur ertrage, weil im Herzen seines Werkes, auch wenn es dunkel sei, eine «unversiegbare Sonne» strahle.

In diesem kurzen, «Das Rätsel» genannten Text geht es um die Gerüche der Erde, die Stille, das Blau des Himmels, die Klarheit des Lichts, das Schweigen der Steine. Die Themen und Träume seiner Jugend kehren in der Krise der letzten Lebensjahre mit Macht zurück – die Griechen und alles, was der Erzähler über sie bei Nietzsche gelernt hat, seine Gedanken über die nordafrikanischen Philosophen Plotin und Augustinus, Greniers ostasiatischer Einfluss und die Utopie einer mediterranen Internationale. Camus trägt in diesen Essay alles hinein, was er benötigt für sein letztes großes Buch, von dem er glaubt, dass mit ihm sein Werk überhaupt erst beginne. Seit Jahren ist in den Tagebüchern davon die Rede, am 15. März 1954 erzählt er einem Reporter der *Gazette de Lausanne*, dass er jetzt an dem wichtigsten Buch seines Lebens arbeite – *Der erste Mensch.*

Die Traurigkeit, recht zu behalten

Das Pariser Leben bleibt schnell und aufreibend. Francine muss nach ihrem Fenstersprung für Monate einen Beckenbruch in der Klinik kurieren. Jacques Servan-Schreiber gründet eine neue Zeitschrift, den *Express*, der so etwas wie der *Figaro* für die Linke werden soll. Ein Blatt, in dem linke Antikommunisten, Gewerkschaftler und Intellektuelle schreiben, die Pierre Mendès France unterstützen, den sozialdemokratischen Politiker und momentanen Außenminister, den Camus bereits im *Combat* verteidigt hatte. Jean Bloch-Michel, Camus' ehemaliger Mitarbeiter beim *Combat*, und Jean Daniel, während derselben Zeit

Chefredakteur der Zeitung *Caliban*, gewinnen Camus für den *Express*, in dem er in den nächsten Jahren regelmäßig schreiben wird – über Algerien, in dem die radikale Befreiungsbewegung FLN stärker und stärker wird, sodass seine reformistische Position bald kaum mehr Gehör findet; über Spanien, gegen dessen Aufnahme in die UNO er protestiert, solange General Franco an der Macht ist; und sogar über Mozart.

Jean Daniel erinnert sich in seinem Buch über Camus an die elektrisierende Anfangszeit des *Express*, als man auf den Fluren Mendès France oder Mauriac treffen konnte, räumt aber auch ein, dass Camus sich in dieser prestigeträchtigen und marktbewussten Redaktion mit ihren ungezwungenen angloamerikanischen Umfangsformen nie wirklich wohlgefühlt habe.[255]

Camus engagiert sich gleichwohl ohne Zögern noch einmal auf der großen weltpolitischen Bühne, in einem politischen Spannungsfeld, das ihn zerreißt. Am 17. Juni 1953 werden in Ostberlin die Arbeiteraufstände mit Panzern niedergeschlagen. Camus hält schon am Tag danach eine Rede in der Salle de Mutualité in Paris, in der er die ostdeutschen Arbeiter verteidigt. Drei Jahre später folgen die Aufstände in Posen und Budapest. Wieder ist Camus einer der wenigen westeuropäischen Intellektuellen, der sich sofort und bedingungslos auf die Seite der osteuropäischen Aufständischen stellt. «Ein gigantischer Mythos», schreibt er, sei endlich «zusammengebrochen»[256], nachdem er das europäische Bewusstsein jahrelang pervertiert habe. Auf Jahrzehnte wird man Camus in Osteuropa dafür verehren, in einer Zeit klare und einfache Worte gefunden zu haben, in der die linke Intelligenz in Westeuropa am Schreibtisch saß und an ihren geschichtsphilosophischen Theorien über die Legitimation des Terrors arbeitete. Camus ist nicht stolz auf diesen Sieg. Wenn Millionen Menschen unterdrückt werden und leiden, sei es traurig, sich zugutehalten zu können, dass man ihre Peiniger schon immer kritisiert habe.

Nach der Niederschlagung der Aufstände sieht sich Camus

im linken Lager völlig isoliert, wenn nicht sogar verspottet. Gefragt, wer denn seine Verbündeten und Geistesverwandten seien, wird er auf den Pressekonferenzen bei der Nobelpreisverleihung in Stockholm lediglich zwei Namen nennen: René Char, «unser größter französischer Dichter»[257], und Simone Weil. Die Werke der tiefgläubigen Philosophin veröffentlichte Camus in seiner Reihe «Espoir» bei Gallimard. Mit Simone Weil verbanden ihn der unbedingte Antitotalitarismus, ihre Nähe zum Griechischen und der sie zuletzt gänzlich aufzehrende Versuch, ihre Mystik, ihr grenzenloses soziales Mitgefühl und ihr politisches Engagement im Denken und im Leben zu vereinen. Eine Textsammlung Weils gab Camus unter dem von ihm gewählten Titel *Griechische Wurzeln* heraus. Und im *Express* lobte er ihr Buch *La Condition ouvrière* am 13. Dezember 1955 als das «größte und nobelste Werk, das seit der Befreiung erschienen ist». Doch da war Simone Weil schon seit zwölf Jahren tot, verhungert in England, weil sie, das Leid des Weltkriegs vor Augen, buchstäblich keinen Bissen mehr herunterbekam.

Die algerische Tragödie

Der Algerienkrieg ist für Camus persönlich die größte politische Katastrophe überhaupt. Im Februar 1954 ist *L'Été*, sein poetischer und autobiographischer Gesang auf die algerische Heimat, in Paris erschienen. Und am 1. November 1954 beginnt die algerische Befreiungsfront auf seiner «terre natale» mit einem bewaffneten Aufstand gegen die Franzosen. Das Buch, das noch überall in den Buchhandlungen ausliegt, wird mit einem Mal zu einem der letzten literarischen Dokumente des kolonialen Algerien.

Camus begreift die Wut der arabischen Aufständischen, er hatte als einer der Ersten das Elend der Berber in der Kabylei angeprangert. Doch er wird sich nie mit ihren Zielen abfinden: Ein unabhängiges arabisches Algerien bleibt für ihn undenkbar. Arabische Intellektuelle wie Albert Memmi und Edward W. Said sahen deshalb in Camus einen geistigen und literarischen Wegbegleiter des Kolonialismus.[258]

Seine Argumente für eine gründliche Reform und gegen ein vollständiges Ende der französischen Herrschaft in Algerien legt Camus in den folgenden Wochen und Monaten in seinen Artikeln im *Express*, in öffentlichen Briefen und Vorträgen dar.

Seine Vorschläge für die unlösbar erscheinende algerische Situation klingen maßvoll und vernünftig. Einen «runden Tisch» wünscht er sich, einen Waffenstillstand, ein Ende der Gewalt, insbesondere gegen die unschuldigen Opfer, Zugeständnisse, Kompromisse und vor allem: einen Ausgleich. Er räumt ein, dass der Kolonialismus ein Fehler war, der beseitigt werden müsse; zugleich sollen die *Pieds-noirs*, die Algerienfranzosen, in ihren Rechten nicht beschnitten werden.

Es sind vor allem drei Argumente, die ihn in die schwierige Lage bringen, den Kolonialismus abzulehnen, aber die Kolonisten zu verteidigen. 1. Die Kolonisten lebten schon seit über hundert Jahren in dem Land, sie seien gleichsam kraft ihrer schieren Ausdauer selbst zu «Eingeborenen» geworden. 2. Die Algerienfranzosen seien außerdem zu zahlreich; es sei unmöglich, 1,2 Millionen Kolonisten zu «vertreiben». 3. Sie seien selbst arme kleine Leute und keineswegs gierige Kapitalisten, die das Land mit Peitsche und Cadillac in Besitz nähmen.

Auf seinen alten Vorschlag aus der Zeit des Blum-Viollette-Plans, die Elite der Araber zu assimilieren und zu französischen Staatsbürgern zu machen, sofern sie auf die islamische Rechtsprechung verzichteten und das laizistische französische Schulwesen akzeptieren, kommt er nicht wieder zurück. Inzwischen tritt er für eine muslimisch-französische Konföderation ein und unterstützt den algerischen Rechtswissenschaftler Marc Lauriol sowie dessen Vorschlag, im Geist eines großen «französischen Commenwealth» je eine muslimische und eine französische Parlamentssektion mit autonomen Befugnissen und Rechten auszustatten. «Wir sind dazu verdammt, zusammen zu leben»[259], schreibt er in einem offenen Brief an den militanten algerischen Sozialisten M. Aziz Kessous.

Am 18. März 1956 trifft Camus am Flughafen von Algier ein, in der Aktentasche sein Redemanuskript: «Aufruf zu einem Burgfrieden in Algerien». Er wird empfangen wie ein Staatsmann, von Sicherheitskräften eskortiert, im Luxushotel Saint-Georges, wo er logiert, klingelt das Telefon, ein anonymer Anrufer übermittelt Morddrohungen. Am 22. März spricht er in der «Grande Salle du Cercle» am Fuß der Kasbah. Die Lage ist explosiv. Das arabische Publikum empfängt ihn mit lauten Rufen: «Nieder mit Camus», «Raus mit Camus», militante Anhänger der Befreiungsfront FLN und ultrarechte Kolonialisten heizen die Stimmung auf. Camus, begleitet von seinem Bruder Lucien und dessen Freunden, spürt vom ersten Augenblick an, dass diese Partie verloren ist. Er tritt ans Mikrophon, spricht von seiner großen persönlichen Enttäuschung. Wie sei es möglich, fragt er, dass man einem Schriftsteller, der einen Teil seines Lebens in den Dienst an Algerien gestellt habe, Redeverbot erteile, bevor man überhaupt wisse, was er sagen wolle. Er appelliert an Araber und Kolonialisten, im Namen der «Liebe zu unserer gemeinsamen Erde» die Zivilbevölkerung zu schonen und zu einem solidarischen und brüderlichen Zusammenleben aller in Algerien ansässigen Rassen zu finden. Seine Worte gehen im Tumult unter, und Camus verlässt, kaum dass er geendet hat, fluchtartig den Saal.

Sein Plädoyer für einen dritten Weg zwischen Kolonialismus und militantem Nationalismus erscheint damals allen Seiten naiv. Er verabscheut den panarabischen Imperialismus, der sich im barbarischen Vorgehen der arabischen Befreiungsbewegung ankündigt, die auch die eigene Bevölkerung mit Terror und Gewalt überzieht. Zugleich weiß er, dass die Zeit des europäischen Kolonialismus abgelaufen ist und auf keine Weise verlängert werden kann. Zwischen den Fronten schlug er sich auf die Seite der kleinen Leute, die wie seine Eltern und Großeltern in Algerien ein armes und anständiges Leben führten, das einem Leben in Frankreich in vielem nachstand. Nie könnte er der Vertreibung «seiner Leute» zustimmen.

Aus heutiger Sicht mag man bedauern, dass seine Vorschläge nicht mehr Gehör fanden. Ein dritter Weg hätte weniger Opfer bedeutet, weniger Gewalt, weniger staatlichen Imperialismus, weniger islamischen Fanatismus. Camus' Prognose hat sich auch hier als zutreffend erwiesen: «Morgen wird Algerien ein Land voller Ruinen und Toter sein, das keine Kraft und keine Macht der Welt in diesem Jahrhundert wird erneuern können.»[260]

In seiner Wahlheimat Saint-Germain-des-Prés, deren Bewohner sich für die intellektuelle Schaltzentrale der Welt halten, hat man eine gewisse Übung darin erlangt, seine politischen Visionen zu belächeln und zu verhöhnen – Camus, die «schöne Seele», habe sich mal wieder aus ihrem lebensfremden Abseits zu Wort gemeldet. Jean-Paul Sartre und die Seinen, die ab 1959 die FLN offen unterstützen werden, lehnen jede algerische Lösung, die einen Verbleib der Franzosen in Algerien einschließt, kategorisch ab. In seinem Vorwort zu Frantz Fanons antikolonialistischem Essay *Die Verdammten dieser Erde* wird der frischgebackene Algerien-Experte Sartre 1961 mit einem unmissverständlichen Seitenblick auf den Reformismus seines inzwischen auf dem Friedhof in Lourmarin ruhenden Rivalen schreiben: «Glauben wir nicht, dass wir unsere Methoden der neuen Situation anpassen könnten! Der Neo-Kolonialismus, dieser faule Traum der Mutterländer, ist Schall und Rauch. Es gibt keine ‹dritte Lösung›, es sei denn eine Schmalspur-Bourgeoisie, die schon der Kolonialismus an die Macht gebracht hat.»[261]

Wieder stehen sich die beiden Großschriftsteller in der Frage, ob die Konflikte des Jahrhunderts mit Terror und Gewalt zu lösen seien, unversöhnlich gegenüber. Sartre, der Camus vorhält, einem veralteten Menschenbild nachzuhängen und der Komplexität der Moderne nicht gewachsen zu sein, hat sich im Nachhinein als der Erbe eines antiquierten Zwei-Fronten-Denkens diskreditiert, das sich mit Nationalisten und Terroristen verbündete und Konflikte durch Gewalt und autoritäre Lösungen bereinigen wollte. Und Camus' «weiche» politische Vision für den Mittelmeerraum als überstaatliche, europäisch-muslimische Konföderation der vielen Stimmen, des Nichtbegradigens von Unterschieden und der Gleichzeitigkeit des Ungleichzeitigen entspricht mehr denn je dem heutigen Denken in einem postideologischen und universal vernetzten Zeitalter. Das seinerzeit im ultramodernen Paris als antimodern und weltfremd verlachte Denken Camus' hat sich als das zukunftweisende herausgestellt.

Als der französische Ministerpräsident Guy Mollet am 6. Februar 1956 in Algier von militanten Kolonialisten mit Tomaten beworfen wird, ist das für Camus das Signal zum – wenn auch verzweifelten – Rückzug.

Im Sommer desselben Jahres lädt er seine Mutter zu sich in die Provence ein, wo er seit Jahren in der Domaine de Palerme, in der Nähe von René Char bei L'Isle-sur-la-Sorgue, in den Ferienmonaten ein Haus bewohnt. Er hat Angst, sie nach Algier zurückkehren zu lassen, und bittet sie, nach den Ferien bei Francine und den Kindern in der Rue Madame in Paris zu logieren. Dort steht die alte Frau dann ein paar Tage in der lichtlosen Wohnung am Fenster und starrt auf die Straße. Sie möchte wieder nach Hause. Ihr fehle das bunte Treiben der Araber, sagt sie, während sie stumm und ergeben wartet, «wie seit Jahrtausenden so viele alte Frauen auf der ganzen Welt warten, dass die Welt vergeht».[262]

Im Jahr 1956 sieht sich Camus auf ganzer Linie als gescheitert an. Seine Frau ist aus dem Fenster gesprungen. Der Rivale Sartre hat sich mit seiner linksorthodoxen Geschichtsphilosophie auf der Rive gauche nach allgemeiner Auffassung durchgesetzt, und die Pariser Mandarine haben Camus aus ihrem Kreis exkommuniziert. In seiner Heimat bekämpfen sich Extremisten, in der Stadt, in der er in seinem Leben am glücklichsten war, wird er niedergebrüllt und mit dem Tode bedroht. Und geschrieben hat er, abgesehen von der Bearbeitung einiger Stücke für das Theaterfestival in Angers, auch nicht mehr viel, jedenfalls dem eigenen Anspruch nach. Ihn quälen plötzliche Erstickungsanfälle, manchmal auf offener Straße, sodass er in das nächste Taxi stürzt, um sich bei seinem Arzt mit Sauerstoff zu versorgen. Häufig plagen ihn Platzängste, er meidet Menschenmengen und öffentliche Auftritte, besteigt nur noch mit großer Überwindung ein Flugzeug. Camus fühlt sich in die Enge getrieben.

Ein Blick auf die Veröffentlichungen der fünfziger Jahre kann die von ihm selbst kolportierte Legende von der «Schreibkrise» nach seinen Auseinandersetzungen mit Sartre kaum bestätigen. Doch innerlich fühlt er sich zermürbt. Er könne sich nicht mehr vor ein weißes Blatt Papier setzen, so entmutigt sei er, schreibt er an Grenier. Vielleicht sollte er nur noch Theater spielen, warum nicht Filmschauspieler werden? Es werden ihm durchaus verlockende Angebote gemacht. Und überhaupt: «Wäre es nicht besser, alles sein zu lassen, diese unfruchtbare Anstrengung zu beenden, die mich seit Jahren daran hindert, vollkommen glücklich zu sein, die mich von den anderen und teilweise sogar von mir selbst entfernt?»[263] Der so klagt, hat gerade zwei neue Werke beendet – die Erzählungen, die er unter dem Titel *Das Exil und das Reich* zusammenfasst, und *Der Fall*, ein ursprünglich ebenfalls für den Erzählungsband begonnener Text, der sich – so viel zur Schreibkrise – zu einem großen Abrechnungsmonolog mit sich selbst ausgewachsen hat.

Himmel und Hölle

Die Erzählungen in *Das Exil und das Reich* sind im Ton von einer erstaunlichen Bandbreite – lyrisch, komödiantisch, delirierend, spröde. Thematisch spielen sie das Himmel-und Hölle-Spiel Camus' weiter: Das Exil und das Reich sind die oberen und die unteren Ränge in seinem imaginären Welttheater, in dem alles seinen Platz findet zwischen Ja und Nein, Plotin und Hegel, Algier und Paris, Rom und Athen, Licht und Schatten.

Der Künstler Jonas in der Erzählung «Jonas oder Der Künstler bei der Arbeit» muss sich mit einem der hinteren Plätze im Welttheater begnügen, denn er lebt in Paris. Gleich seinem biblischen Namensvetter wird er verschlungen, allerdings nicht vom Wal, sondern von den Pariser Salonlöwen, die seine enge Wohnung belagern. Umringt von Bewunderern, kann der Künstler nicht mehr arbeiten. Er flieht mit seiner Staffelei ins Kinderzimmer, ins Schlafzimmer, in die Duschkabine, die Meute ständig auf den Fersen. Rettung bringt ein kleiner Holzverschlag auf halber Zimmerhöhe, ein Miniatur-Himmelreich, in dem Jonas endlich vor seinen Bewunderern sicher ist. Das letzte Bild, an dem er dort im Dämmerlicht arbeitet, bleibt so weiß wie die leere Seite, vor der Camus sich so fürchtet. Auf der Mitte des Bildes steht in winziger Schrift ein Wort, das entweder «solitaire» oder «solidaire», entweder «einsam» oder «gemeinsam», heißen kann.

Diese Erzählung ist der erste und einzige in Paris angesiedelte literarische Text im Werk Camus', doch wagt sein Held sich nur drei Absätze lang aus der Wohnung heraus in die Stadt, bevor er sich, in seinem Verschlag lebend, begräbt wie Camus in der Rue de Chanaleilles. Das Selbstporträt ist unverkennbar.

Sisyphos trug seinen Stein, als brauche ein Mann dazu nichts als ein wenig Entschlossenheit. Nunmehr gestattet Camus seinen Figuren, unter der Last zusammenzubrechen. In der Erzählung «Der treibende Stein» will ein alter Mann in Iguape ein Gelübde erfüllen und schleppt bei einer Prozession einen sechzig Kilo schweren Stein, doch seine Kräfte versagen. Der europäische Ingenieur, der ihn begleitet, übernimmt den Stein an seiner Stelle und trägt ihn, nicht wie gewünscht ins christliche Gotteshaus, sondern in die Hütte des Alten. Die zweite große Stein-Metapher im Werk Camus' deutet den Sisyphos-Mythos um: Man muss sein Schicksal nicht allein, man darf es auch gemeinsam tragen – wenn der Weg nicht zu weit ist.

Ein letztes Mal bleibt Camus sich in diesen Erzählungen darin treu, in überlebensgroßen Gleichnissen, Parabeln und Legenden zu erzählen. Luftdicht eingeschlossen in allegorische Parallelwelten – in einer Gefängniszelle, hinter einer Pestmauer, in einer Wüstenoase, in einem Holzverschlag, auf einem einsamen Berg –, stellen sich seine Figuren den großen Sinnfragen.

In der Erzählung «Der Gast» lebt ein Nachfahre des «Fremden» allein auf einer Anhöhe mit weitem Blick über die algerische Hochebene. Der Dorfschullehrer Daru, «der in seiner abgelegenen Schule ein beinahe mönchisches Dasein führte, zufrieden mit dem so wenigen, das er besaß, und mit der Rauheit seines Lebens»[264], lehnt den Auftrag ab, einen Araber, der ihm von der Gendarmerie wie ein Hund mit einem Strick um den Hals übergeben wird, im nächsten Dorf der Justiz auszuliefern.

Er befreit den Araber von seinen Fesseln, versorgt ihn mit Essensvorräten und führt ihn an eine Kreuzung. Gen Süden leben die Nomaden und die Gastfreundschaft. Gen Osten erreicht man die französische Präfektur und das Gefängnis. Der Gefangene möge sich, so bedeutet ihm der Lehrer, seinen Weg selbst suchen. Daru wandert in seine Klause zurück. Der Araber schlägt den Weg nach Osten ein. Zu Hause haben Fremde auf die Wandtafel des Lehrers geschrieben: «Du hast unseren Bruder ausgeliefert.

Das wirst du büßen». Darus und Camus' Versuch, Algerien durch eine «Ethik der Gastfreundschaft» zu versöhnen, wie sie der algerische Philosoph Jacques Derrida vierzig Jahre später entwerfen wird[265], ist gescheitert. Im letzten Satz heißt es: «In diesem weiten Land, das er» – der Dorfschullehrer – «so sehr geliebt hatte, war er allein.»

Die Bilanz der sechs Erzählungen ist niederschmetternd: Einem Helden ist die Zunge abgeschnitten worden («Der Abtrünnige oder Ein verwirrter Geist»), dem nächsten der Lebensraum («Jonas oder Der Künstler bei der Arbeit»), dem dritten das Lebensrecht («Der Gast»), der vierte verliert seinen Stein und auch den Elan, mit dem im Werk dieses Autors einmal Steine geschleppt wurden («Der treibende Stein»). Das Ende der Reise ist in allen Erzählungen eine Sackgasse, eine Höhle, eine Hütte, ein Holzverschlag. Es fehlt nur noch der Sarg – Catherine Sellers hat berichtet, ihr Geliebter habe in diesen Jahren und insbesondere nach der Nobelpreisverleihung sehr ernsthaft mit Selbstmordgedanken gespielt. Das wortkarge Heroentum, das Camus und seine Figuren Meursault, Sisyphos, Dr. Rieux und Tarrou zu Ikonen einer männlichen, desillusionierten Nachkriegsmoderne gemacht hat, stößt Ende der fünfziger Jahre an eine Grenze. Und Camus ist feinfühlig genug, die Zeichen der Zeit zu lesen.

Als sich das schwedische Nobelpreiskomitee im Erscheinungsjahr des Erzählungsbandes dafür entscheidet, den erst 43-jährigen Albert Camus zu ehren, behaupten böse Stimmen, er erhalte den Nobelpreis für ein «abgeschlossenes Werk». Selbst der alte Freund Pascal Pia meldet sich mit der Ansicht zu Wort, aus Camus sei ein «weltlicher Heiliger» geworden, der den Preis für einen «überholten Humanismus» erhalte. Und in diesem einen Fall waren Camus und seine Kritiker sich sogar einig, wenn sie meinten: Von dem Mann kommt nichts mehr.

Der Fall

Die Erzählungen in *Das Exil und das Reich* waren der letzte Versuch Camus', sich mit den erfolgserprobten Mitteln seiner existenziellen Allegorien am eigenen Schopf aus der Krise zu ziehen, welche zu einem nicht unbeträchtlichen Teil auch darin bestand, dass sich diese Mittel erschöpft hatten. In der unübersichtlicher und farbiger gewordenen Gegenwart wirkte seine existenzielle Großmetaphorik wie die monumentale Kulisse für einen veralteten Schwarzweißfilm.

Der Fall, ein Jahr vor den Erzählungen publiziert, war hingegen etwas völlig Neues. Ort der Handlung ist das neblige, kalte Amsterdam, der Held ein Pariser Bourgeois und Jurist, die Schreibweise ungewohnt ausufernd, für Camus' Verhältnisse beinahe geschwätzig. Zum ersten Mal betrat Camus in diesem Roman-Monolog die von modernen Wohlstandsbürgern bevölkerten Schlechtwettergebiete der Literatur, die einen Autor der Einfachheit, der Sonne und des Lichts seiner Ansicht nach eigentlich nicht zu interessieren brauchten. Seine Recherchereise für das Buch fiel entsprechend kurz aus. Vom 4. bis 7. Oktober 1954 reiste er erstmals in die Niederlande.

Zwei Tage verbringt er in Amsterdam, wo er eine Grachtenfahrt unternimmt und am Abend durch die Altstadt spaziert. Das Wetter ist wie erwartet: «Es regnet über der ganzen Stadt, anhaltend, ohne Möglichkeit, Atem zu holen.» In Den Haag fallen ihm Holländer auf: «oben auf den Fahrrädern mit den hochragenden Lenkstangen sitzend, machen sie wie Trauerschwäne die Runde um den kalten Vijver, zwischen den lebenden Aalen des Fischmarkts und den wunderbaren Schmucksachen der hässlichen Auslagen, von der gleichen Farbe wie die überall am Boden klebenden dürren Blätter, und die geräucherten Heringe, die lange durch die Meere aus Altgold gezogen sind.»[266]

Sein Alter Ego Jean Clamence stellt Camus in eine Amsterdamer Matrosenspelunke, lässt ihn Wacholderschnaps trinken und vor einem stummen Gegenüber eine Kneipenbeichte ablegen. Die Sünden, deren er sich anklagt, lauten Heuchelei im bürgerlichen Liebes- und Geschäftsverkehr sowie Mangel an christlichen Tugenden wie Altruismus und Hilfsbereitschaft. Niemals, klagt der Pariser Karrierejurist, habe er eine Sache um ihrer selbst willen getan. Keine Frau habe er wirklich geliebt, nichts habe ihn je berührt, alles sei stets an ihm abgeglitten, nie habe er wahrhaft glauben können, «dass die Angelegenheiten der Menschen ernst zu nehmen seien». Sein ganzes Leben sei reine Schauspielerei gewesen, einzig dazu da, sein Ego zu mästen.

> «Ich war vertraulich zur rechten Zeit, schweigsam, wenn es not tat, der heiteren Ungezwungenheit ebenso fähig wie der würdigen Förmlichkeit, und traf immer den richtigen Ton. Ich war denn auch sehr beliebt und hatte zahllose gesellschaftliche Erfolge. Ich besaß ein angenehmes Äußeres, erwies mich sowohl unermüdlich beim Tanzen als auch unaufdringlich gebildet im Gespräch, ich brachte es fertig, gleichzeitig die Frauen und die Gerechtigkeit zu lieben, was gar nicht einfach ist, ich betrieb Sport und war den schönen Künsten zugetan.»[267]

Trotz seiner brillanten Begabung zu Täuschung und Rollenspiel, wie sie zu einer Laufbahn in höher entwickelten Gesellschaften seit je gehört, brennt im Herzen dieses Pariser Advokaten die Sehnsucht nach Authentizität – nach dem berühmten echten Leben. Zumindest in der Liebe wünscht sich selbst der durchtriebenste Mensch gelegentlich ein Ende der Simulationen. Umso enttäuschter ist der «Held unserer Zeit», wie Camus den Roman zunächst nennen wollte, als er sich auch in der Liebe lediglich als ein unersättlicher Konsument erweist, der um eines erotischen Profits willen Gefühle vortäuscht. Sobald das Verlangen gestillt war, so gesteht er in seiner Beichte, langweilten ihn die Frauen entsetzlich, und die nächste musste der übernächsten weichen.

Es ist unnötig, darauf hinzuweisen, dass Clamence nicht Camus ist, doch steckt nicht nur phonetisch sehr viel Camus in Clamence. Auch Camus langweilt sich bekanntlich mit den Frauen, die er nicht begehrt. Auch Camus unterhält seit jeher viele Liebesbeziehungen gleichzeitig. Auch Camus unterbricht jedwede Unterhaltung im Café, um eine neue Eroberung zu machen. Die dänische Kunststudentin Mi lässt der Starautor, den sich zu diesem Zeitpunkt bereits die Schauspielerinnen Maria Casarès und Catherine Sellers teilen müssen, im Café de Flore durch einen Freund an seinen Tisch bitten. Von da an zeigt der Nobelpreisträger sich überall mit der attraktiven Zweiundzwanzigjährigen, ohne daran zu denken, seine anderen Liebesverhältnisse zu beenden; im Sommer 1958 summieren sie sich zu einer Haupt- und zwei Nebenmätressen zuzüglich einer deprimierten Ehefrau. Mit Maria Casarès und den Gallimards segelt er in griechischen Gewässern, mit der blonden Mi und René Char fährt er in seinem alten Citroën durch die Provence, mit Francine und den Kindern entspannt er sich in der Vaucluse, während er die dänische Studentin im Nachbardorf Saint-Jean einquartiert. Zumindest logistisch eine Meisterleistung.

Als Francine Camus, von ihrem Fenstersturz und den Elektroschocks der psychiatrischen Behandlung gerade genesen, das Manuskript des ihr gewidmeten Romans *Der Fall* liest und zu der Stelle kommt, an der eine Frau sich vom Pont Royal in die Seine stürzt und der selbstverliebte Verführer Clamence nicht zu ihrer Rettung eilt, sagt sie zu ihrem Mann, dass sie in diesem Buch ihrer beider Geschichte wiedererkenne, und fügt hinzu: «Dauernd setzt du dich für die gute Sache der einen oder der anderen ein. Aber hörst du auch die Schreie, die dir gelten?»[268]

Immerhin macht Camus, der sich für den Fenstersprung seiner Frau, wie erwähnt, verantwortlich, jedoch nicht an ihm schuldig fühlte, diesem Clamence den Prozess. Er beginnt mit einem langen Geständnis – «welche Schwierigkeiten mir die endgültige Trennung von einer Frau bereitete, ein Umstand, der mich zu so vielen gleichzeitigen Liebschaften führte» – und bricht kurz vor der Urteilsverkündung ab. Sollte man den skrupellosen Verführer vielleicht mit dem Tod bestrafen? Clamence erwägt diese Lösung. Er imaginiert sich in seiner letzten großen Rolle als Büßer unter dem Fallbeil:

> «Dann würden Sie meinen noch lebenswarmen Kopf über das versammelte Volk erheben, auf dass es sich in ihm erkenne und ich es abermals beispielhaft beherrsche. So wäre denn alles vollbracht, und ich hätte meine Laufbahn als falscher Prophet, der in der Wüste ruft und sich weigert, sie zu verlassen, ganz unversehens beendet.»[269]

Von Meursault hatte Camus gesagt, er sei «der einzige Christus, den wir verdient haben». Jean Clamence ist jetzt nur noch ein Christusdarsteller, ein Lebensschauspieler, wie sie das ironische Zeitalter in Serie hervorbringen wird. Seine große Selbstanklage ist lediglich eine weitere, noch raffiniertere Inszenierung im Aufrichtigkeitstheater dieser Figur, deren Kritik der Eloquenz so schrecklich eloquent, deren Klage über Täuschung und Verstellung hohe Schauspielkunst ist. Die seelischen Innenräume des Bürgers, die Camus mit diesem Roman zum ersten Mal betritt, hallen wider von dem leeren Getöse seines falschen Lebens.

Dieses in den langfristigen Werksplänen Camus' niemals vorgesehene Bekenntnisbuch ist das komplizierteste und ehrlichste, das er je geschrieben hat. Nie war Camus so unerbittlich und zugleich so verbittert und verzweifelt an sich selbst und seiner Epoche wie in diesem Buch. Vom «Erstickungstod» ist die Rede, vom «Dreck», in dem man lebe, von einer engen Folterkammer, in der man sich nicht ausstrecken könne, von einer zweiten, in der man wehrlos festklemme und von jedem, der vorbeikomme, bespuckt werde. Sogar der «Sarg» kommt jetzt ins Spiel.

Die großen Leitbegriffe der ersten beiden Werksphasen, das Absurde und die Revolte, öffneten sich für Neues. Das Absurde ließ sich durch Verachtung überwinden, die Revolte war ein Lasso, das man in die Zukunft warf. Im *Fall* gibt es keinen Notausgang aus der Hölle der Gegenwart. Camus' *Combat*-Kollege Roger Grenier erkannte in dem letzten zu Lebzeiten publizierten Roman seines Freundes das Selbstporträt eines am Erfolg Gescheiterten: «‹Der Fall› und Clamence berichten von der Ernüchterung, bei der ein europäisierter Camus gelandet ist.»[270] Das klingt wie ein Schlusspunkt.

Der Preis

Am 16. Oktober 1957 isst Camus gerade mit seiner amerikanischen Geliebten Patricia Blake in Paris zu Mittag, als ein Mitarbeiter von Gallimard mit *der* Nachricht aus Stockholm an seinen Tisch tritt. Camus wird sehr blass, stammelt, man solle den Nobelpreis doch lieber Malraux geben. Zu Hause wartet Francine mit den Champagnerflaschen, im Fernsehen zeigt man Camus und seine Mutter. Gallimard gibt am Nachmittag einen Cocktailempfang. Am nächsten Morgen schreibt Camus in sein Tagebuch: «Nobelpreis. Eigenartiges Gefühl der Niedergeschlagenheit und der Wehmut. Als ich 20 war, arm und nackt, habe ich den wahren Ruhm gekannt. Meine Mutter.»

Die Dramaturgie ist perfekt: Die größtmögliche äußere Anerkennung fällt mit der größtmöglichen inneren Krise zusammen. Noch im selben Monat erleidet Camus drei Erstickungsanfälle, verliert das Gleichgewicht, taumelt durch die Stadt. «Ein paar Minuten lang das Gefühl totalen Wahnsinns», vermerkt er am 29. Dezember und noch danach endlose Angstzustände, Zittern, Erschöpfung.

Der Gedanke an den Auftritt in Stockholm, an den König, die Königin, die Reden, die Banketts bereitet ihm Albträume. Er vertraut sich brieflich Roger Martin du Gard an. Der versucht, väterliche Ratschläge für Nobelpreisträger zu erteilen, berät Camus aus eigener Stockholmer Erfahrung in Anzug- und Benimmfragen.[271] Doch wie soll der alte Freund, Juristensohn aus Neuilly, katholische Privatschulerziehung, Literaturnobelpreis im Jahr 1937, verstehen, dass einer es nicht fassen kann, in ein und demselben kurzen Leben eben noch auf dem dunklen Abtritt im Armenviertel Belcourt und kurz darauf im Frack vor dem schwedischen König zu stehen?

Am 8. Dezember 1957 besteigt Camus im Gefolge von Francine, Michel und Janine sowie Claude und Simone Gallimard den Express-Zug nach Schweden. Die Verleihung des Preises findet am 10. Dezember im Stockholmer Konzerthaus statt. Francine sitzt im weißen schulterfreien Kleid mit weißer Pelzstola in der ersten Reihe unter den Exzellenzen wie die Fee aus dem Märchenbuch. Camus gibt den Nobelpreisträger als demütig würdevollen Laureaten, der gemessenen Schrittes den Raum durchschreitet und sich, ein angedeutetes Lächeln auf den Lippen, vor seinem Publikum verneigt.

Nach der Übergabe des Schecks und der Medaille hält Camus im Rathaus seine dem alten Grundschullehrer Germain aus Algier gewidmete Nobelpreisrede, die ein unnachahmlicher Zwitter aus aufrichtigen Bekenntnissen und hochmögenden Phrasen ist, also genau das Richtige für diesen Anlass. Mit kraftvollen Strichen zeichnet er noch einmal das Porträt seiner Generation:

> «Diese zu Beginn des Ersten Weltkriegs geborenen Menschen, die eben zwanzig geworden waren, als zur gleichen Zeit das Hitler-Regime und die Tage der ersten Revolutionsprozesse anbrachen, die sich dann zur Vervollständigung ihrer Erziehung dem Spanischen Bürgerkrieg, dem Zweiten Weltkrieg, den Konzentrationslagern, dem Torturen und Gefängnissen anheimgefallenen Europa gegenübergestellt sahen, müssen heute ihre Söhne und ihre Werke in einer Welt heranbilden, die von der Zerstörung durch Atomwaffen bedroht ist.»[272]

Vom Adel und von der Verantwortung des Schriftstellers in solcher Lage ist sehr weitläufig die Rede, von der Gerechtigkeit, nach der man selbstverständlich «leidenschaftlich» verlangt, von der «Freiheit», die «gefährlich» und «berauschend» ist. Und dann, ganz unvermittelt, spricht Camus von sich selbst:

> «Ich habe nie vermocht, auf das Licht zu verzichten, das Glück des Seins, das freie Leben, in dem ich aufgewachsen bin. Aber obwohl manche unter meinen Irrtümern und Fehlern sich aus diesem Sehnen erklären, hat es mir doch unzweifelhaft geholfen, meinen Beruf besser zu erfassen, und hilft mir noch heute, blindlings bei all den schweigenden, über die Welt verstreuten Menschen zu stehen, die das ihnen bereitete Leben nur in der Erinnerung oder der Wiederkehr flüchtiger, freier Augenblicke des Glücks ertragen.»[273]

König Gustav VI. überreicht die Nobelpreisurkunde, 1957

Inmitten der Festtagsrhetorik ein Augenblick großer Aufrichtigkeit, in dem Camus gesteht, dass er die Komödie, in der er gerade den Nobelpreisträger spielt, nur erträgt, weil er sich an die flüchtigen Augenblicke der wahren Empfindung in seiner Jugend erinnert.

Den berühmten Satz über seine Mutter, die er der Gerechtigkeit vorziehe, sagt er am Donnerstag, dem 12. Dezember, vor schwedischen Studenten in der Stockholmer Universität. Ein algerischer Student, der, wie sich später herausstellte, eher zufällig in die Veranstaltung geraten war, attackiert den Preisträger und fordert die Unabhängigkeit Algeriens. Camus kommt kaum zu Wort, spricht schließlich von den Bomben, die in Algiers Straßen explodieren, und will sagen, wenn diese Bomben für die Gerechtigkeit stehen sollen, dann ziehe er die Sicherheit seiner Mutter dieser Art von Gerechtigkeit vor. Doch in dem Tumult bleibt seine Botschaft missverständlich, der Korrespondent von *Le Monde* übermittelt sie unverzüglich an die Pariser Redaktion, die wiederum nicht zögert, einen Literaturpreisträger bloßzustellen, der für seine Mutter unzählige algerische Opfer in Kauf nähme. Francine bricht nach dem Treffen mit den Studenten in Tränen aus.

Eine zweite Rede hält Camus am 14. Dezember in der Universität in Uppsala. Wieder wirbt er für ein Ausgleichsmodell – diesmal nicht Algerien, sondern den zeitgenössischen Roman betreffend. Der möge sich nicht der hermetischen Salonkunst und auch nicht dem sozialistischen Realismus zuwenden; er solle sich weder mit einem Zuviel noch mit einem Zuwenig, sondern mit einer «genauen Dosis an Wirklichem» beschweren; idealerweise solle der Roman von dem sprechen, das alle kennen: «Meer, Regen, Bedürfnis, Verlangen, Kampf gegen den Tod, das sind die Dinge, die uns alle verbinden».[274] In der Geschichte der Romantheorie haben diese Anregungen kaum Spuren hinterlassen.

In Paris bringt Camus den Frack in den Kostümverleih zurück. Schluss mit dem Theater. Im *Fall* hatte er sich das alles von der Seele geschrieben. Jetzt raus aus der Manege, keine Auftritte mehr, keine geflügelten Worte. Soll doch Clamence die Komödie weiterspielen. Camus nicht mehr. Er hat sich lange genug bemüht, «wie alle Leute zu leben, allen Leuten zu gleichen». Das Ergebnis nennt er «eine Katastrophe».

In seiner letzten Rolle ist er ein Verzweifelter, der zu «seinem Stern»[275] zurück möchte. Im April 1959 zieht Camus Bilanz: «Jetzt irre ich durch die Trümmer, ich habe kein Gesetz, ich bin zerrissen, allein und bereit, es zu sein, ich finde mich mit meiner Besonderheit und meinen Unzulänglichkeiten ab. Und ich muss eine neue Wahrheit aufbauen – nachdem ich mein Leben lang in einer Art Lüge gelebt habe».[276] Ihm bleiben noch 251 Tage, um auf seinen Stern zurückzufinden.

10. Kapitel

DIE WÜSTE

Ort und Zeit:
Algier 1959.
Lourmarin 1959.
Villeblevin 1960.
Lourmarin 1960.

Am 30. September 1958 wird die Erfüllung seines Lebenstraumes so kühl im Tagebuch vermeldet wie seinerzeit der Beginn des Zweiten Weltkriegs: «Das Haus in Lourmarin gekauft. Dann Abfahrt nach Saint-Jean, um Mi zu sehen».[277] Wenige Tage später – Mi ist in ihr Pariser Studentenleben zurückgekehrt – wandelt Camus lange Stunden durch das leere Haus und betrachtet die roten Herbstblätter des wilden Weins, die der Mistral in die offenen Fenster treibt. An seinem 45. Geburtstag möchte er «mit der Loslösung beginnen».[278]

Lourmarin, das die Eremitage des vom Paris-Ekel geschüttelten Nobelpreisträgers werden soll, liegt siebzig Kilometer von Avignon und vierzig von Aix-en-Provence entfernt. Vielbefahrene Kilometer, denn schon damals ist das Dorf für sein Renaissance-Schloss bekannt, das, seit den dreißiger Jahren im Besitz der Akademie der Wissenschaften und Schönen Künste von Aix-en-Provence, als ein Tagungsort für Künstler und Wissenschaftler genutzt wird. Camus' idealer Vorstellung von einer Einöde entspricht das inzwischen zu einem der 157 «schönsten Dörfer Frankreichs» ernannte und touristisch gut erschlossene Dorf im Lubéron insofern keineswegs. Die Freunde René Char und Jean Grenier erhalten die wortgleiche, betont unbetonte Nachricht, er habe sich in Lourmarin ein hübsches («jolie») Haus gekauft. An Grenier mit dem Zusatz: «Ich folge Ihren Fußspuren».[279] An Char: «Ich treffe Sie hier auf allen Wegen».[280] Die Einsamkeit von Lourmarin ist also ziemlich bevölkert.

Mit Leidenschaft beginnt der zukünftige Eremit, der sich am

Lourmarin, vorn links Camus' Haus mit der großen Steinterrasse

glücklichsten in kargen Hotelzimmern wähnt, das geräumige alte Haus linkerhand an der Straße zwischen Dorfbrunnen und Kirche zu möblieren, besucht die Antiquitätenhändler der Gegend und kauft spanisch anmutende dunkle Holzmöbel. Aus Algerien ordert er einen Esel, vielleicht träumt er davon, auf dem biblischen Tier durch die umliegenden Weinberge zu reiten, die ihn an seine Heimat erinnern. Seine spartanische Klosterzelle richtet er sich in einem kleinen Zimmer ein, in das nur ein Schreibtisch und ein unbequemes schmales Holzbett passen. Dem Freund Urbain Polge sagt er: «Mir gefällt, dass ich endlich den Friedhof gefunden habe, wo man mich begraben wird. Dort werde ich gut liegen».[281]

Bevor es so weit ist, sitzt der Autor auf der Suche nach einer «neuen Wahrheit» an seinem Schreibtisch mit Blick auf den Friedhof und beginnt das seit langem geplante Buch *Der erste Mensch* – es soll das Zeugnis einer Wiedergeburt werden. Und es soll ganz anders werden als *Der Fall*, der ein Zeugnis seines Scheiterns war; in dem er einmal alles auf die Spitze getrieben hatte, um sich davon zu befreien. Auf seinem Tisch liegen neben einem Stapel weißer Blätter, die jeweils seinen Namen tragen, zwei kleine Spiralhefte mit Gedanken und Notizen. Er schreibt mit fliegender Hand, ohne Punkt und Komma, manchmal fast ohne die Feder abzusetzen, in einer einzigen fließenden Linie. Francine und Catherine werden Jahrzehnte brauchen, um das Manuskript zu entziffern.

Es sind starke Bilder, die Camus' Leben im Schlussteil bereithält: Der Schriftsteller sitzt in seinem lang ersehnten Haus und schreibt an seinem Lebensbuch, das alles enthalten und alles einlösen soll, was ihn ausmacht. Bei gutem Wetter arbeitet Camus unter freiem Himmel auf der Terrasse mit den Blättern auf den Knien. Diesmal soll alles leicht gehen und wie von selbst, ohne Krampf, ohne die Schweißarbeit, die *Der Mensch in der Revolte* für ihn war. Im Notizbuch ermahnt er sich:

> «Sich von jeder Rücksicht auf Kunst und Form befreien. Den direkten Zugang ohne Vermittlung, d. h. die Unschuld wiederfinden. Hier die Kunst vergessen *heißt sich vergessen*. Von sich selbst absehen, nicht aus Tugend. Im Gegenteil seine Hölle annehmen. Wer besser sein will zieht sich vor, wer genießen will zieht sich vor. Nur der sieht von dem ab, was er ist, wer *das* akzeptiert, *was* die Konsequenzen mit sich bringen. Der ist dann direkt angeschlossen.
> Durch diese Unschuld zweiten Grades die Größe der Griechen oder der großen Russen wiederfinden. Sich nicht fürchten. Nichts fürchten … Doch wer wird mir zu Hilfe kommen!»[282]

Was für ein waghalsiges Unternehmen, mitten im Algerienkrieg ein Buch über die französischen Siedler in Algerien zu schreiben, die das Gewehr noch im Schlaf neben sich halten – und darin eine Unschuld zweiten Grades zu suchen! Francine Camus sowie Jean und Catherine haben das Manuskript, nachdem es endlich entziffert war, lange zurückgehalten, um den Wehrlosen nicht noch einmal dem Vorwurf auszusetzen, er habe sich aus der Geschichte verabschiedet. Als Catherine Camus sich 1994 dazu entschließt, den *Ersten Menschen* herauszugeben, wird das Buch 34 Jahre nach dem Tod des Vaters, 14 Jahre nach dem Tod Sartres, fünf Jahre nach dem Mauerfall und drei Jahre nach dem Zusammenbruch der Sowjetunion als eines der Meisterwerke des 20. Jahrhunderts gefeiert.

Als Einsiedler in seinem neuen Haus schreibt Camus in wenigen Monaten, begleitet von den gewohnten Klagen und der Angst zu versagen, den *Ersten Menschen* in einer klassisch schlichten Prosa, die weit entfernt ist von den Raffinessen des Pathos und der Tonlosigkeit, die er so gut beherrscht. Er schreibt sich ins einfache Leben zurück.

Der Traum vom Buch der Einfachheit

Der Literaturtheoretiker und Semiologe Roland Barthes, zwei Jahre jünger als Camus und diesem als kritischer Begleiter seiner Werke von Anfang an verbunden, träumte in seinen letzten Lebensjahren davon, einmal etwas gänzlich Neues zu schreiben, etwas völlig anderes als jemals zuvor. Es ist derselbe Traum, der Camus bei der Niederschrift seines letzten Romans begleitet. Bei einem Besuch der marokkanischen Karawanenstadt Fés kommt Roland Barthes die Eingebung, was für ein Buch das sein könnte, nämlich ein unerbittlicher, wahrer autobiographischer Roman, Stoff des erinnerten und ersehnten Lebens. Er hat sogar schon den auf Dante anspielenden Titel seines noch ungeschriebenen Buches im Kopf, «Vita nova», «Das neue Leben», soll es heißen – und das klingt fast ein bisschen wie *Der erste Mensch*. Doch anders als Camus wird Roland Barthes diesen wahren Roman niemals schreiben, hat er doch, abgesehen vom *Tagebuch der Trauer*, das unter dem Eindruck des Todes seiner Mutter entstand, noch nie literarische Prosa verfasst. Statt des Romans schreibt er wieder nur Vorlesungen zur «Vorbereitung des Romans» – und stirbt einen Camus-Tod. Kaum hat er die Vorlesungsreihe zur «Vorbereitung des Romans» im Collège de France beendet, wird er in der Rue des Écoles von einem Kleinlaster überfahren.

Albert Camus und Roland Barthes sind die zwei berühmtesten Verkehrsunfallopfer der französischen Literatur. Beide sind Kinder des Großen Kriegs – auch Roland Barthes verlor seinen Vater im Ersten Weltkrieg und vergötterte seine Mutter –, und beide beginnen ihre Karriere im Zeichen der ideologischen und moralischen «Wüste» der Zwischenkriegszeit an einem «Nullpunkt der Literatur». Dieses Schlagwort für eine neutrale, noch nicht literaturgeschichtlich oder soziologisch kartographierte «weiße Schreibweise» («écriture blanche») hat Roland Barthes 1953 in seinem ersten Buch geprägt, und zwar in besonderem Hinblick auf den *Fremden*, der elf Jahre zuvor an diesem Nullpunkt entstanden war.

Am Ende ihres Lebens suchen also beide nach einer neuen, starken authentischen Schreibweise. Und wieder ist es Roland Barthes, der dem Projekt die ästhetischen Begriffe liefert, und ist es Camus, der das Buch schreibt. Am Ende seiner letzten Vorlesung, zwei Tage vor seinem Unfall, definiert Roland Barthes die gesuchte Schreibweise erstmals genauer als eine *«Schreibweise der Einfachheit»*: «Einfachheit im starken Sinne zu verstehen: nicht als vage Eigenschaft des WERKES, die man ihm in einer Unterhaltung oder einer Zeitungsrezension zubilligen würde, sondern im Sinne eines echten ästhetischen Prinzips, eines SCHULPRINZIPS: einer neuen ÄSTHETIK.»[283] Und der Kritiker nennt auch genaue Merkmale für die *Werke der Einfachheit*: Erstens «unterwirft sich das Werk freiwillig und konstruktiv einer Ästhetik der Lesbarkeit»; zweitens «verzichtet das Werk auf den metasprachlichen Code»; drittens «ahmt das Werk andere Autoren nicht nach und verzichtet auf ein komplexes System unsichtbarer Anführungszeichen». Konkret, direkt und kunstlos lebt Barthes' späte Ästhetik der Einfachheit von einer Utopie der Transparenz und der elementaren literarischen Kraft.

Camus' «Vita Nova»-Projekt – der Roman *Der erste Mensch* – und seine Spiralhefte mit den Notizen zu einer Ästhetik der Rücksichtslosigkeit «auf Kunst und Form», die aus dem Autowrack neben der Leiche Camus' geborgen werden, kann der Literaturtheoretiker nicht kennen. Sie liegen, als Roland Barthes am 26. März 1980 stirbt, zwei Kilometer vom Unfallort in der Rue des Écoles entfernt bei Catherine und Jean Camus in der Rue Madame und warten auf ihre Veröffentlichung.[284]

Dieser Traum von einem letzten Lebensbuch jenseits aller

Kunst und Poesie, den der Literaturtheoretiker und der Autor an ihrem Lebensende geträumt haben, verbindet die beiden Männer, die sich im Leben selten begegnet sind und nur wenige Briefe ausgetauscht haben. Und es ist eine bestechende Idee – zum Schluss alles von sich werfen, noch einmal neu anfangen, ohne jeden Ballast eines abgelebten Lebens, einfach losmarschieren, in die Leere, in die Wüste. «In der Wüste», weiß Camus, «endet die Einsamkeit».[285]

Die Ehebrecherin

Bis zu seinem 40. Lebensjahr ist Camus noch nie in der Wüste gewesen. Er wuchs am Meer auf, und die Wüste begann irgendwo weit hinter seinem Rücken, im Großen Süden jenseits des Atlasgebirges. Seine Romane spielen in den algerischen Küstenstädten, in Algier und Oran. Die Wüste war für ihn vor allem, was das christliche Abendland aus ihr gemacht hatte – ein vom Wind verwehter Sandhaufen erbaulicher Begriffe, eine Metapher aus der biblischen Seelenkunde. Er folgt hier der christlichen Ikonographie sehr genau, welche die Wüste abwechselnd zu einem Ort der Versuchung, der Entsagung und Erleuchtung oder Verlassenheit und Weltverlorenheit erklärt hat. In seinem Essayband *Hochzeit des Lichts* (*Noces*) gibt es einen «Wüste» überschriebenen Prosatext, in dem Camus ausgerechnet die toskanische Landschaft eine «grandiose Wüste im Herzen» und ein «Evangelium aus Stein, Himmel und Wasser»[286] nennt und die franziskanischen Mönche, die er im römisch-katholischen Hoheitsgebiet besucht, zu Wüstenheiligen erklärt.

Die überwältigende Leere der Sahara kennt er da noch nicht.

Als er 1953 im Großen Süden Algeriens unterwegs ist und die Oasen Laghouat, Gardaïa und Batna besucht, erlebt er die Wüste zum ersten Mal. Gleich nach seiner Rückkehr schreibt er die Erzählung «Die Ehebrecherin» (und nimmt sie 1957 in den Band *Das Exil und das Reich* auf). Eine Frau fährt an der Seite ihres Mannes im Bus durch die Steinwüste Algeriens. Ihr Ziel ist eine Oase, Palmen kommen ins Bild, Minarette, Burnusse, harte Gesichter, wie aus Knochen geschnitzt und mit Leder überzogen – «nichts war so, wie sie es sich vorgestellt hatte».[287]

Zum ersten Mal wagt Camus sich erzählerisch aus den kolonialen Hochburgen am Mittelmeer heraus, dringt ins Landesinnere Algeriens vor. In der richtigen Wüste gibt es nur zugige Herbergen und das graue Totenreich der Steine, zwischen denen die Nomaden in ihren schwarzen Zelten leben – «eine Handvoll Menschen, die nichts besaßen, aber niemandem hörig waren».[288] Das Paar logiert in einem Hotel in der Oase, der Ehemann geht seinen Geschäften nach. In der Nacht zieht es die Frau allein in die Wüste. Die Sterne fallen zu Tausenden auf die Steine herab, der Himmel über ihr wird von einer eigentümlich «kreisenden Bewegung» mitgezogen, und die Wüstenbesucherin wird seltsam übermannt, ein «unbewegliches Ziehen verband sich mit ihrem tiefinnersten Wesen». Sie liegt rücklings auf der Erde, und das «Wasser der Nacht» steigt in ihr auf und dringt bis in ihren «von Stöhnen übergehenden Mund», während der Himmel sich über sie breitet wie ein sanfter Liebhaber – der einzige Sexualakt im gesamten Œuvre Camus' vollzieht sich zwischen einer verheirateten Frau und dem Himmel über der Wüste. Anschließend legt «die Ehebrecherin» sich wieder zu ihrem Mann und weint über das Leben, für das sie sich «zu dick, zu groß und zu weiß» fühlt. Die Wüste gehört den Nomaden, nicht den französischen Ehefrauen.

Das nomadische Denken

Nicht lange nach seiner ersten und einzigen Reise in die Sahara schreibt Camus noch einen zweiten Wüstentext – ausgerechnet für Walt Disney, der nach dem Erfolg des Films «Living Desert» nach namhaften Autoren für ein Buch über die Wüste sucht. Im Hollywood-Auftrag entwirft Camus nun eine kleine Wüstenphilosophie des nomadischen Denkens, preist die «flüchtige und mächtige Freiheit derer, die nichts besitzen und das Leben dennoch bis in seine tiefsten Geheimnisse auskosten». Auf wenigen Seiten lässt er mächtig Sand knirschen, Wüstenwinde wehen und Blumen wachsen, als habe er sie jahrein, jahraus dabei beobachtet:

> «Die Ewigkeit der Welt ist flüchtig, die Wüstenblume,
> die nur einen Tag lang blüht, rechtfertigt für Augenblicke
> die gesamte Geschichte der Menschheit. Das ist es, was
> die Wüste uns lehrt.»[289]

Die Wüste ist nach dem Absurden und der Revolte die letzte Großmetapher, mit der Camus sich die Existenz erschließt. Sie reicht über die vernachlässigbare Disney-Kulisse weit hinaus in eine ästhetische und existenzielle Kategorie. Es geht ihm um die Wüste, die man im Inneren mit sich trägt wie der «Fremde», der sich allen Gefühls- und Denkvorschriften verweigerte; um die Wüste, in welche das nomadische Denken oder das Schreiben vordringt, wenn es sich hinauswagt auf unbekanntes, noch unbegriffliches Terrain. Es ist ein Sehnsuchtswort für den Intellektuellen, der sich in seinem 20. Jahrhundert umstellt findet von Normen, Systemen, Begriffen, Zuschreibungen – von einer überwältigenden Überproduktion von Sinn. Seitdem die weißen Flächen des Unbekannten von den Landkarten der Erde verschwunden sind und die ganze Welt mit einem dichten Erklärungs- und Kartenraster überzogen ist, suchen Autoren die «Orte, frei von Poesie»[290], zu denen Wüstenschriftsteller wie Antoine de Saint-Exupéry, Edmond Jabès und eben auch Camus unterwegs sind.[291]

Besonders mit dem nur ein Jahr älteren Edmond Jabès, der wie Camus in einer französischsprachigen Enklave an der südlichen Mittelmeerküste aufgewachsen und mit René Char und Jean Grenier eng befreundet ist, verbindet Camus auf diesem Weg eine verblüffende geistige und biographische Nähe. Mehr noch als Camus lebte Jabès in Ägypten eine doppelte Identität als Gallimard-Autor und mediterraner Philosoph, der sich zunehmend als Gefangener des Pariser Literaturbetriebs empfand, in dem er zugleich erfolgreich agierte. Immer wieder zog sich Jabès, manchmal nur mit einem Leinentuch bekleidet, in die Sinai-Wüste zurück, sich der Leere, der Klarheit, der Nacktheit, dem Unsagbaren aussetzend. «Die Wüste» nennt Jabès «einen Ort der Entpersönlichung», den er aufsuchte, um «mich zu verlieren, um mich eines Tages wiederzufinden.»[292] 1956 zieht der Philosoph endgültig nach Paris, ohne sich, wie auch Camus, je dort heimisch zu fühlen. Ebenfalls ähnlich wie Camus ordnet Jabès sein Werk zu drei großen Zyklen: *Das Buch der Fragen, Das Buch der Ähnlichkeiten, Das Buch der Grenzen.* Und radikaler noch als bei Camus ignoriert seine Schreibweise alle Gattungsgrenzen. Sie ist Philosophie, Essay, Poesie und Gedankentheater zugleich, öffnet Horizonte und stellt lieber Fragen, als sie zu beantworten. Über das Wüstenprinzip des Schreibens urteilt er wie Camus: «Die Wüste zwingt einen, alles abzuwerfen, was überflüssig ist. Und man stellt fest, dass so ziemlich alles überflüssig ist».[293]

Camus und Jabès sind sich merkwürdigerweise nie begegnet. Unabhängig voneinander entwerfen beide Mittelmeer-Autoren in den fünfziger Jahren in Paris eine Ästhetik der Einfachheit, die sich aus der Vorstellungswelt der Wüste entwickelt. Ohne den Ballast der Tradition, «direkt angeschlossen», wie Camus im Notizbuch vermerkt, zielt das Wüstendenken auf das Wesentliche abseits der philosophischen Doxa und der «tödlichen Ordnung der Welt»[294]. Seine Eigenschaften – Besitzlosigkeit, Anspruchslosigkeit, Armut, Beweglichkeit, Offenheit, Freiheit – orientieren sich an der Lebensweise der Nomaden, die Camus neben den franziskanischen Mönchen am meisten bewunderte. Camus und Jabès haben dem nomadischen Denken in Frankreich einen Weg gebahnt, auf dem die Karawanen späterer Nomadologen wie Jacques Derrida, Gilles Deleuze oder Villém Flusser dann weiterziehen werden.

Das letzte Jahr

Im Oktober 1958 verbringt Camus neun Tage in seinem Haus in Lourmarin. Man kann ihn sich vorstellen, wie er nur im Hemd, die Ärmel aufgekrempelt, durchs Dorf schlendert, seinen Stammplatz in der Dorfkneipe einnimmt, dem Mann an der Tankstelle zunickt, den Esel füttert, in der Nacht die Sterne beobachtet. Er ist in eine Luxusausgabe seiner Kindheit zurückgekehrt. Das Haus im Lubéron ist das einfache Haus seiner Kindheit – die nackten Böden, die weißen Kalkwände, die kargen spanischen Möbel, die algerischen Drucke an den Wänden. Und es ist die Prachtimmobilie eines weltbekannten Schriftstellers, Nobelpreisträgers, Millionärs – die drei Stockwerke, der Innenhof, der Springbrunnen, die Privatgarage, die Olivenbäume, die große Terrasse, der weit gereiste Esel. Die Abende ähneln ein wenig denen in der Rue de

Lyon in Belcourt, das stille Draußensitzen, Gespräche mit den Nachbarn als einzige Unterhaltung. Aber es ist nicht mehr der unschuldige Gassenjunge, der mit den Leuten spricht, sondern ein vielbeschäftigter Autor, der in der Einfachheit für ein paar Tage oder Wochen zu Besuch ist.

Im November 1958 stürzt sich Camus in eine aufreibende Theaterarbeit. Er inszeniert seine Bearbeitung der *Besessenen* von Dostojewski im Pariser Theater Antoine. Zur Generalprobe am 30. Januar 1959 erscheint Kulturminister André Malraux. Die Kritik gibt sich respektvoll gelangweilt. Camus' Begeisterung für das Theater war immer größer als seine dramaturgische Begabung. Er bemüht sich nun um Subventionen für ein eigenes Theater, sein «Nouveau Théâtre» soll griechische Tragödien, elisabethanisches Theater, französische Klassik und spanische Stücke des 16. und 17. Jahrhunderts aufführen. Der Antrag nimmt seinen Weg über die Schreibtische im Kulturministerium. Als er endlich bewilligt wird, ist der Antragsteller nicht mehr am Leben.

Im März 1959 reist Camus zum letzten Mal für sechs Tage nach Algerien. Sein Bruder Lucien hatte telegraphiert, ihre Mutter musste sich einer Operation unterziehen. Camus nimmt das nächste Flugzeug, das in Paris um 3 Uhr in der Nacht startet. Um 7 Uhr landet er in Algier.

Gerührt sitzt er an ihrem Bett, betrachtet ihre knotigen Hände auf der Decke, ihren Kamm, ihr Taschentuch auf dem Nachttisch. In der Bibliothek von Algier macht er Recherchen zur Kolonialgeschichte für seinen Roman. Der geplante Besuch in seinem Geburtsort Annaba (585 Kilometer von Algier entfernt) kommt nicht zustande. Der Vielbeschäftigte hat Fernsehtermine in Paris. Er verabschiedet sich zum letzten Mal von seiner Mutter. Am 29. März ist er zurück in Paris bei seinen drei Geliebten, absolviert in gewohnter Manier und mit wohleinstudierten Posen die Dreharbeiten für Pierre Cardinals Porträt zum Thema «Warum ich Theater mache» («weil die Theaterbühne einer der Orte der

Welt ist, wo ich glücklich bin») und schwärmt noch ein bisschen im Tagebuch: «In meinem Leben alles vernichten, was nicht diese Armut ist. Sich zugrunde richten».[295]

Es wird Ende April, bis das Haus im Lubéron seinen Besitzer wieder sieht. Am 28. April 1959 kommt Camus bei grauem Wetter erschöpft in Lourmarin an. Im Garten blühen die Rosen und der Rosmarin. Unterbrochen von Reisen nach Arles, Toulon und Marseille mit Mi (das Tagebuch verzeichnet «unablässige Trunkenheit»), ist er dankbar «für dieses Land, seine Einsamkeit, seine Schönheit»[296]. Doch lange hält er es nicht aus. Gemessen an der Bedeutung im Lebensplan, fällt die Nutzung des Traumhauses überraschend mager aus. Ende Mai sieht man Camus schon wieder bei einer Podiumsdiskussion in Paris anlässlich einer Matinee-Vorstellung der *Besessenen*. Im Juli gastiert er mit den *Besessenen* am La Fenice in Venedig, erst Anfang August verbringt er wieder einige Tage in Gesellschaft seiner jungen Geliebten in Lourmarin (das Tagebuch meldet: «ungestüme Dankbarkeit für Mi»), bevor er nach Paris zurückkehrt, um die Wiederaufnahme der *Besessenen* vorzubereiten. Im Oktober begleitet er seine Schauspieler auf einer Tournee nach Reims. Während dieser Betriebsamkeit fährt Camus fort, das Pariser Leben bei jeder sich bietenden Gelegenheit als «Hölle» zu bezeichnen, der er nicht schnell genug entfliehen könne. Häufig beklagt er in diesen Wochen, sein wahres Werk noch gar nicht begonnen zu haben. Allenfalls ein Viertel seines vor zwanzig Jahren konzipierten Arbeitsprogramms habe er bisher verwirklicht.

Von Mitte November bis Anfang Januar 1960 verbringt er zum ersten und letzten Mal in seinem Leben sechs Wochen allein in Lourmarin. Seit Jahren hat er diese Dreifaltigkeit herbeigesehnt – ein Mann, ein Haus, ein Buch.

Der erste Mensch

Das Buch ist ein einfaches Zeugnis, ein Lebensbericht ohne Überhöhung, ohne jeden Manierismus, nicht einmal den der Reduktion. Es spricht auf einfachste Weise nur von einfachen Dingen, von den «Seinen», seinem Vater, seiner Mutter, seinem Lehrer, dem Haus, der Straße, der Krankheit, der Schule. Der Held heißt nicht Albert Camus, sondern Jacques Cormery, doch man darf bei diesem Buch getrost vergessen, was man über die Unterscheidung von Autor und Figur gelernt hat, denn für dieses Buch ist das alles nicht gültig. Camus und Cormery sind ein und derselbe. Und *Der erste Mensch* ist eine Autobiographie, die in kahlem Stil über ein kahles Leben berichtet, in dem wie in der Wüste oder wie am ersten Tag der Schöpfung noch nichts mit Bedeutung versehen war. Der ursprüngliche Titel des Buches lautete «Adam», das erste Kapitel heißt «Die Suche nach dem Vater», was ein wenig klingt wie «die Suche nach der verlorenen Zeit». Es beschreibt die Geburt des kleinen Jacques wie ein Krippenspiel, in dem die Sätze in kurzen harten Intervallen in der Stille zerplatzen. Im zweiten Kapitel steht der erwachsene Sohn am Grab des Vaters auf dem Soldatenfriedhof von Saint-Brieuc, wo Camus' Vater auch begraben ist. Da ist der Sohn vierzig Jahre alt und stellt fest, dass er schon elf Jahre länger lebt als der Tote. Camus hat seinen Vater vermisst. Und auch der kleine Cormery findet es unerträglich, dass der Vater so spurlos verschwunden ist und niemand in der Familie sich mehr an ihn erinnert: «Die verlorene Zeit wird nur bei den Reichen wiedergefunden».[297]

Dieses Unrecht will Camus beheben. Nicht wie Proust, von dem er im *Revolte*-Essay geschrieben hat, er wolle eine geschlossene, unersetzliche Welt erschaffen, die nur ihm gehören und seinen Sieg bezeichnen würde über die Flut der Dinge und den Tod. Das ist die Perspektive des Besitzenden. Der Nomade Camus ist auf der Suche nach der leeren und ereignislosen Zeit der Besitzlosen. Er will den Tod und die Flüchtigkeit nicht besiegen, sondern feiern. Im Tagebuch hat er vor Jahren einmal notiert: «Wie in der Wüste sterben lernen!»[298]

Alle folgenden Kapitel sind der Bericht des vierzigjährigen Jacques, der auf dem Seeweg nach Hause zurückkehrt und sich an seine Jugend erinnert, an die Faustkämpfe, die Fußballspiele, die Arbeit in der Böttcherei und im Hafen, an den Geruch von Sägespänen und faulenden Abfällen, an die staubbedeckten Feigenbäume vor dem Haus, an die brütende Hitze und das gleißende Licht, das immer über allem lag.

Der Erzähler kommentiert fast nichts, und wenn er es doch tut, dann ungeniert, mit herzensschlichtem Pathos. So sagt er von seinem Vater: «Es gab ein Geheimnis um diesen Mann, ein Geheimnis, das er hatte ergründen wollen. Aber letzten Endes war es nur das Geheimnis der Armut, die den Menschen den Namen und die Vergangenheit raubt».[299] Es ist das erste Buch Camus', dem jeder Hintersinn fehlt, eigentlich auch jede Handlung, jede Intrige, jede Spannung. Im Tagebuch heißt es über den *Ersten Menschen*, «er wollte nicht haben, er wollte nicht besitzen, er wollte sein». «Die stumpfsinnigen und schwarzen Jahre», die Camus in Paris verbracht haben will, vergingen im mechanischen Takt der Uhren – für Camus auch so eine deutsche Erfindung. In seinem letzten Roman reiht sich alles wieder in minimalistischer afrikanischer Eintönigkeit aneinander – Sand, Wind, Wüste.

Im letzten Teil sollte die Zeitgeschichte ins Spiel kommen. «Jacques erklärt seiner Mutter die arabische Frage, die kreolische Zivilisation, das Schicksal des Abendlandes», heißt es in den Arbeitsnotizen. Doch es ist kein Zufall, dass die Historie bis dahin in dem Roman keine Rolle spielt. Camus hält es für einen unverzeihlichen Fehler, die Gegenwart aus der Vergangenheit und im Hinblick auf die Zukunft zu berechnen – und dabei zu verpassen. Sein berühmter Satz über die Geschichte, die nicht alles sei – «Das Elend hinderte mich zu glauben, dass alles unter der Sonne und in der Geschichte gut sei; die Sonne lehrte mich, dass die Geschichte nicht alles ist»[300] –, entstammte dem heißen, wortlosen Universum der Kindheit, das er hier wieder in sein Recht setzen will gegen die Geschichte und ihre maßlosen Ansprüche an das Individuum. Jahrzehntelang ist ihm diese Parteinahme für das elementare Leben und gegen die Macht der Geschichte zum Vorwurf gemacht worden – obwohl doch niemand so genau weiß, ob es wirklich die Geschichte ist, in der man das Glück findet.

Camus kam aus einer Welt, die am Rand der Geschichte lag. Was immer hier geschah, die Geschichte des 20. Jahrhunderts wurde woanders, in den Zentren Europas, entschieden. Nach seinem rasanten Aufstieg von der geschichtslosen Welt, in der die Dinge beim höchsten Sonnenstand keinen Schatten warfen, in die abendländische Welt der Historie und der endlosen Schattierungen hat er sich lange nicht umgedreht, um noch einmal zurückzusehen. Doch dann hat er im Vorwort zu *Licht und Schatten* geschrieben, «dass ein Menschenwerk nichts anderes ist als ein langes Unterwegssein, um auf dem Umweg über die Kunst die zwei oder drei einfachen großen Bilder wiederzufinden, denen sich das Herz ein erstes Mal erschlossen hat.»[301] Darin war beschlossen, dass er zu den kunstlosen Motiven seiner Anfänge zurückkehren musste. Und das ist das ganze Geheimnis der Einfachheit: Gerade weil Camus unterhalb des Radars der großen Geschichte mit ihren vereinnahmenden Ideologien gelebt und all die Apparate und Spielzeuge der bürgerlichen Existenz entbehrt hat, ist er frei geblieben und hat seine Sinne geschärft für die elementare Schönheit der Welt.

Sein letzter Roman ist der Sonne, dem Meer und den glühenden Landschaften gewidmet, die der Mensch sich noch nicht unterworfen hat. Er führt ihn zurück in die biblische Einöde, in der seine Mutter ihn geboren hat und die er verlassen musste, um sich im Zentrum der lauten Geschichte ein Leben lang nach der Stille des Anfangs zu sehnen: ein trauriger Mensch, der wusste, was das Glück war. Im *Ersten Menschen* hat er sich schließlich von allem befreit, was ihn daran hinderte, in diese Welt wieder einzutauchen – von dem drückendem Pomp, der sein Schreiben so oft beschwerte und seine Stimme verstellte, aber auch von den strengen Exerzitien der Nüchternheit, die ihm den Atem nahmen. Wie lange hatte Camus nach dieser mühelosen Anwesenheit im Leben und im Schreiben gesucht. Als er schließlich das Haus in Lourmarin bezogen, Paris hinter sich gelassen und die Einfachheit gefunden hat, nach der er sich sehnt; als es ihm schließlich gelungen ist, seinen Stil so zu verwandeln, dass er die wortlose und schlichte Welt seiner Mutter wiederauferstehen lassen kann – stirbt er. Es ist das größte Paradox seines Lebens: Er stirbt buchstäblich in dem Augenblick, in dem alles beginnen könnte.

René Char und das Nachleben der Sonne

Ende Dezember, kurz vor der Abreise nach Paris in den ersten Januartagen 1960, kommt René Char in Begleitung seiner Freundin Tina Jolas zu Besuch. Er bleibt den ganzen Tag über in Lourmarin, am Abend fährt er die 30 Kilometer im Wagen zurück, die Lourmarin von L'Isle-sur-la-Sorgue trennen. Zum Abschied sagt Camus: «René, was auch immer geschieht, sorgen Sie dafür, dass unser Buch existiert!»[302]

Der Freund wird diesen letzten Auftrag nicht sofort ausführen nach dem 4. Januar 1960. Es werden noch fünf Jahre vergehen, bis René Char sein Versprechen erfüllt und das Buch, von dem Camus zum Abschied sprach, in einer Liebhaberausgabe von 120 Exemplaren veröffentlicht wird. Bei Gallimard erscheint es erst 1986 unter dem Titel *La postérité du soleil.* Was es damit auf sich hat, ist schnell erzählt.

René Char lernte zu Beginn der fünfziger Jahre die junge Schweizer Fotografin Henriette Grindat kennen und ermutigte sie, seine provenzalische Welt in Schwarzweißfotografien festzuhalten – Gesichter, Steine, Gräser, Wege, Bäume, Häuser in und um L'Isle-sur-la Sorgue. Da Camus seit 1948 seine Sommer in der Nähe von Char in L'Isle-sur-la-Sorgue verbrachte, entstand der Plan eines gemeinsamen Gesamtkunstwerks aus Poesie und Bild, das nun zum poetischen Vermächtnis wurde, zum Dokument einer Freundschaft und einer gemeinsamen Poetik des Elementaren. Die Texte zu den dreißig Aufnahmen stammen zum größten Teil von Camus. Char hat korrigiert und ergänzt. Im Vorwort schreibt er: «Wie kann man, ohne sie zu verraten, die einfachen Dinge zeigen, die sich zwischen Dämmerung und Himmel abzeichnen?»[303] Char und Camus entschieden sich für eine aufs Nötigste reduzierte auratische Bildsprache: «Der Tag neigt sich, die Blätter knirschen. Sie warten noch, du liebst sie besser von hier aus. Sprechen trennt auch.» Oder: «Hier lebt ein freier Mensch. Niemand schuldet ihm etwas.»

In der Ruhe dieser asketischen Texte und archaischen Bilder sollen die von der Politik und Kultur wie von zu starken Genussmitteln betäubten Sinne wieder erwachen. Mit spröder Zärtlichkeit beschwört Camus noch einmal die weltverlorenen Sehnsuchtsorte, an die er denkt, wenn er behauptet, dass «jeder Künstler in seinem tiefsten Inneren eine Quelle besitzt, die sein Leben lang speist, was er ist und was er sagt».[304] Das südliche Licht, das die schwarzweißen Aufnahmen von Henriette Grindat

Camus mit René Char, Ende der vierziger Jahre

mit seinem Glücksversprechen erleuchtet, zeigt die Welt wie am ersten Tag, befreit vom Zellophanpapier, in das man in Europa alles Lebendige verpackt hat.

Und Schluss

Es gibt kein Leben, das sich vollendet. In den Weihnachtsferien kommen Francine und die Zwillinge nach Lourmarin. Eine französische Familie, die Kinder toben auf dem Dachboden, die Mutter spielt Bach, alles wie immer. Camus trifft schon Verabredungen für das neue Jahr mit seinen Geliebten in Paris. Er schickt fast gleich lautende Silvestergrüße an Mi, an Maria Casarès und an Catherine Sellers. Die Erste nennt er «meine Inniggeliebte, meine Glühende, mein Mädchen». Die Zweite «meine Herrliche». Die Dritte «meine Liebe».

Michel und Janine Gallimard sind mit dem Facel Vega angereist, dem neuesten Modell, handgefertigt, ein Luxusauto. Michel, der Freund, ist lungenkrank wie Camus, lebenssüchtig, liebebedürftig, verwöhnt, reich und vielleicht auch leichtsinnig. Michel Gallimard ist die hellere, die sorglosere Zwillingsausgabe von Camus. In Michels Gesellschaft fällt von Camus alles ab, was ihn wie Blei beschwert, seit er in Europa lebt. Man feiert Silvester zusammen – Albert und Francine, Michel und Janine, die vierzehnjährigen Kinder Catherine und Jean und Janines siebzehnjährige Tochter Anne. Die sechziger Jahre stehen vor der Tür. Die Abreise ist für den 2. Januar vorgesehen. Camus hat bereits eine Fahrkarte.

Dann entscheidet er sich anders. Er lässt Francine allein mit den Kindern nach Paris fahren, bringt die Familie am 2. Januar

Michel Gallimard und Albert Camus in Griechenland, Juni 1958

nach Avignon zum Zug. Camus hat beschlossen, mit seinem Freund Michel im Auto zurückzufahren. In acht Tagen möchte er wieder in Lourmarin sein. Am Morgen des 3. Januar 1960 brechen Michel, Albert, Janine, Anne und ihr Hund Floc nach einem Morgenspaziergang im Facel Vega auf. Vorn die Männer, hinten, dicht zusammengedrängt, die Frauen und der Hund. In einer Aktentasche die 144 Seiten des *Ersten Menschen* und Nietzsches *Fröhliche Wissenschaft*. Anschnallgurte hat es noch nicht gegeben.

An diesem Abend übernachtet man unweit von Mâcon. Am nächsten Morgen fährt man, nach einem späten Frühstück, gegen 10 Uhr weiter. Das Mittagessen in Sens im Hotel de Paris et de la Poste ist die letzte Mahlzeit. Im Auto soll, wie immer unter den Freunden, viel gescherzt worden sein. Die Landstraße zwischen Sens und Paris verläuft gerade. Sie ist von Platanen gesäumt. Das Wetter grau, Nieselregen. Wahrscheinlich ist ein Reifen geplatzt. Bei Villeblevin tanzt der Facel Vega auf der schnurgeraden Straße, prallt gegen eine Platane, wird gegen eine zweite geschleudert und zerschellt. Es ist Montag, der 4. Januar 1960, kurz vor 14 Uhr. Camus ist sofort tot. Michel stirbt einige Tage später. Janine und Anne sind unverletzt. Der Hund bleibt verschwunden.

Man bringt die Leiche ins Rathaus und legt sie im Sitzungssaal auf einen Tisch unter eine nackte Glühbirne, verhängt die Wände mit schwarzen Tüchern und hält die Uhren an. Die Mitglieder des Stadtrats versammeln sich um den Toten – eine Provinztheaterinszenierung, die Camus amüsiert hätte. Francine kommt mit einer hupenden Polizeieskorte aus Paris angefahren und kehrt nach einigen Stunden benommen und stumm nach Hause zu den Kindern zurück. Die Freunde Emmanuel Roblès und Jean Grenier halten die Totenwache. Roblès kommt der Tote heiter vor, er scheint zu schlafen.[305]

Am Dienstag, dem 5. Januar, wird der Tote wieder in Lourmarin sein, nur 48 Stunden nach der Abreise. In der zweiten Nacht halten Francine, René Char, Camus' Bruder Lucien, Jean Grenier, Emmanuel Roblès, der algerische Schriftstellerfreund Jules Roy, Louis Guilloux und der Freund aus Studententagen Robert Jaussaud die Totenwache. Camus' Mutter war informiert worden. Sie hat nicht geweint. «Das ist zu jung», soll sie gesagt haben. Dann hat sie wieder geschwiegen, aus dem Fenster gesehen, ihre Kittelschürze mit den knotigen Händen glatt gestrichen. Sie ist noch im selben Jahr gestorben.

Am Mittwochmorgen wird der Sarg vom Haus in Lourmarin direkt auf den Friedhof getragen. René Char, Francine unter einem großen Kopftuch, der Bruder Lucien folgen zu Fuß. Die Geliebten halten sich im Hintergrund. Kein Geistlicher hat ihn begleitet.

Ein paar Wochen nach seinem Tod erscheint in New York, im Magazine *Venture*, das letzte Interview, das er gegeben hat. Gefragt, was man an ihm in seinem Leben am meisten missachtet habe, antwortete er – als käme seine Stimme aus dem Grab: «Meine dunkle Seite».[306]

EPILOG

Ort und Zeit:
Lourmarin und Paris, 2013

Auf der Terrasse von Lourmarin

Seit einem halben Jahrhundert liegt Albert Camus auf dem Friedhof von Lourmarin, Lavendel und ein großer Oleander überwuchern das Grab. Neben ihm liegt «Madame Albert Camus», geborene Francine Faure. Links und rechts die Gräber der kleinen Leute der Provence, gemauerte Familiengräber im Gartenhausformat, Plastikblumen, Grabschmuck aus Hongkong, die misstrauischen Blicke der Toten auf den kleinen emaillierten Grabbildern verfolgen den Besucher – keine passende Umgebung für einen der größten französischen Schriftsteller des vorigen Jahrhunderts. Das mag sich jedenfalls Nicolas Sarkozy gedacht haben, als er Camus im Jahr 2009 unbedingt hier wieder ausgraben und ins Panthéon nach Paris verbringen wollte.

Camus' Kinder leben mit dem übergroßen Schatten, den ihr Vater bis in jeden Winkel ihres Lebens wirft – als moderner Klassiker und säkularer Heiliger in den Köpfen von Millionen Lesern, die Camus verehren als Ikone des vorbildhaft moralischen und aufrecht desillusionierten Intellektuellen. Jedes der Kinder hat für sich allein eines der beiden unvereinbaren Leben des Vaters zu Ende gelebt. Catherine das sonnenbeschienene, einfache Mittelmeerleben in Lourmarin. Jean das lichtlose, melancholische Intellektuellenleben in der Rue Madame in Paris.

Klopft man in der Rue Albert Camus in Lourmarin an das große Holztor, öffnet eine zierliche blonde Frau, die sich mutig einem belastenden Erbe stellt: Catherine Camus, umsprungen von ihren vier Hunden, begleitet von einem jungen Sekretär. Sie verwaltet das Werk ihres Vaters, sie pflegt das Grab der Eltern, sie hat den dritten Band der Tagebücher ediert und in mühsamer Entzifferungsarbeit das beinahe unleserliche nachgelassene Manuskript des *Ersten Menschen* transkribiert, zum zweiten Mal, denn auch ihre Mutter hatte in den neunzehn Jahren, die sie Camus überlebte, das Manuskript bereits übertragen.

Die Tochter hat lange überlegt, ob sie die Offerte des französischen Präsidenten annehmen sollte. Viele Unbekannte hätten ihr geschrieben in jenen Wochen des Abwägens und Zögerns, erzählt sie mir im Arbeitszimmer ihres Vaters mit dem atemberaubenden weiten Blick in den Lubéron. Besonders die kleinen Leute hätten sie bedrängt, der Umbettung zuzustimmen, für sie, sagt Catherine, sei es ein Zeichen und eine Auszeichnung gewesen dafür, dass einer der ihren es so weit gebracht habe – bis ins Panthéon. Camus wäre dann nicht länger der Grabnachbar der Familien Baptiste und Juriens mitsamt deren Plastikrosen und Porzellanvergissmeinnicht auf dem Dorffriedhof, hinter dem sich die duftende provenzalische Landschaft öffnet: Mohnblumen, Zypressen, Iris, Pinien und Blumenwiesen, auf denen Eselherden weiden. Er ruhte unter schweren Marmordeckeln mit güldenen Inschriften Seite an Seite mit Voltaire und Rousseau und Malraux in Paris, wo Jean in der Rue Madame Klavier spielt, wo Gallimard seine Bücher weiter verlegt, wo noch immer seine gealterten Geliebten Catherine Sellers und die Dänin Mi leben. Sie habe geschwankt und schließlich zugestimmt. Zum allerletzten Mal musste es im Leben des Vaters eine Entscheidung zwischen Norden und Süden, Ehre und Einfachheit, zwischen den kleinen Leuten und der großen Politik geben. Zum Glück sei Jean dagegen gewesen.

Seit Jahren haben die Camus-Zwillinge keinen Kontakt mehr zueinander. Catherine möchte das nicht kommentieren, und als ich meinerseits von Jean erzähle, den ich in der düsteren Wohnung in der Rue Madame besuchen durfte und mit dem ich stundenlang habe sprechen können, rollt sie auf ihrem Schreibtischstuhl bis in die letzte Ecke des Arbeitszimmers ihres Vaters und zieht sich, mitten im Frühling, plötzlich eine warme Jacke an.

Warum haben die Kinder damals, im Januar 1960, nicht an der Beerdigung ihres Vaters in Lourmarin teilgenommen, immerhin waren sie schon 14 Jahre alt? Catherine wundert sich über diese Frage: Es habe ihnen ganz einfach niemand gesagt, dass ihr Vater tot sei. Man habe in der Familie ja nicht viel gesprochen. Es habe lange gedauert, bis man den Zwillingen zu verstehen gab, dass ihr Vater in Lourmarin unter der Erde liege. Auch später als erwachsene Frau habe sie mit ihrer Mutter nie besonders viel über die Vergangenheit und über das Verhältnis der Eheleute zueinander gesprochen. Derartige Gespräche, sagt Catherine Camus, seien doch nur Psychoanalyse, für sie offenbar ein anderes Wort für Unsinn. Und dann sagt sie einen wunderbaren Camus-Satz: «Nous sommes des sauvages d'Afrique» – die Familie Camus versteht sich noch in der nächsten Generation als ein Stamm afrikanischer Wilder, den das Schicksal nach Frankreich und in die seichten Seelengebiete der Zivilisation verschlagen hat, ohne dass man hierhergehörte.

Den kompletten Briefwechsel ihrer Eltern habe sie nie gelesen. Eine Freundin habe ihn vor Jahren einmal abgeschrieben, sie sei die einzige lebende Person, die diesen Briefwechsel überhaupt kenne. Dem Biographen Olivier Todd habe man nur eine schmale Auswahl der Briefe zur Verfügung gestellt (aus denen auch in diesem Buch zitiert wird). Wo die Briefe an Maria Casarès seien, will sie mir nicht verraten. Niemand durfte sie bisher einsehen.

Catherine Camus trägt nicht schwer an ihrem Namen. Im Laufe unseres Gesprächs glaube ich hinter ihrem offenen und aufmerksamen Wesen auch die Verschwiegenheit und Unbedingtheit des Vaters zu entdecken. «Das Leben ist kompliziert», sagt sie. «Jeder sucht sich seinen eigenen Weg durch den Dschungel.» Vier Kinder hat sie großgezogen, darunter zwei eigene. Seit 1992 lebt sie in dem großen Haus, das sich ihr Vater von seinem

Nobelpreisgeld gekauft hat – «ein Geschenk, das uns Papa hinterlassen hat». Dass ihr Vater den Satz geschrieben haben soll: «Außer in der Liebe ist die Frau langweilig», will sie nicht glauben. Wir sehen zusammen im Tagebuch nach, da steht er in seiner schmerzlichen Unmissverständlichkeit. Nichts zu machen, Papa sei eben ein Mann des Mittelmeeres gewesen. Auch die große Verehrung für seine Mutter – eine «intelligente, zarte Frau mit wunderbaren Augen! Ohne jeden Argwohn! Wir haben sie alle Hélène genannt» – hänge mit seinem mittelmeerischen Erbe zusammen. Der Vater habe sie gelehrt, dass man im Leben nichts ausschließen dürfe und es so nehmen müsse, wie es ist. Er sei immer sehr offen und zugänglich gewesen. Anders als die Mutter, die nicht mit beiden Beinen im Leben verankert gewesen sei. Das rastlose Liebesleben des Vaters will die Tochter nicht verurteilen, erwachsene Menschen könnten leben, wie sie wollten, ein Leben sei nicht richtig oder falsch, sondern immer bloß das Leben mit all seinen Widersprüchen. Glaubt man seiner Tochter, müssen wir uns Camus als einen wunderbaren Vater vorstellen: «Un père excellent».

Da stehen wir schon auf der großen Steinterrasse und sehen hinüber zum Friedhof. Ob sie dort eines Tages bei ihrem Vater begraben sein wird? Darüber denke sie nicht nach, «wenn man stirbt, stirbt man». Wieder so ein Camus-Satz, kantig und erratisch wie ein Feldstein der Provence. Ihr Vater hat es ganz ähnlich gesagt: «Meine große Überlegenheit besteht darin, dass ich keine Angst habe, zu sterben.» Wichtig, sagt die Tochter, sei ihr jedoch eine Erdbestattung: «Man muss die Erde ernähren.»

Ich erinnere sie daran, dass die Erde eines der zehn Lieblingsworte ihres Vaters war, im Tagebuch hat er sie 1951 notiert. Wir versuchen, auf der Terrasse stehend, gemeinsam auf sie zu kommen: Die Welt, der Schmerz, die Erde, die Mutter, die Menschen, die Wüste, die Ehre, das Elend, der Sommer, das Meer. Ich erzähle Catherine, dass mein Buch über ihren Vater in seinen zehn

Kapiteln diesen zehn Worten folgt. Warum ausgerechnet seinen Lieblingsworten?

Weil ihr Vater diesen Worten vertraut habe, es seien Magnetworte, die alles, auch alles Widersprüchliche anzögen, magische Worte seines Werks und seines Lebens. Camus, sage ich zu seiner Tochter, wollte der «Mann sein, über den es keine persönlichen Geschichten zu erzählen gibt», ein verschwiegener Künstler, ohne Bekenntnisse, Briefe und Intimitäten. Er habe in meinen Augen sein Leben lang Ballast abgeworfen, am Anfang die Psychologie, dann die Ideologie, am Lebensende sogar die Poesie – bis beinahe nichts mehr da war. Aber er wollte auch leben, was er schreibt, und schreiben, was er lebt. «Mein Werk wird von meinem Leben gemacht werden und nicht umkehrt» – das habe er ja schon als ganz junger Mann geschrieben und sich immer daran gehalten. Mann und Werk gehörten zusammen – wenn nicht bei ihm, bei wem dann? Wer ihn ausschließlich als Dichter oder Denker betrachte und nicht auch als Vater, als Liebenden, als Schauspieler, als Journalisten, als Muttersohn, als Ehemann, als Casanova, als Freund, als Lektor, als Algerier, als Exilanten, als Verzweifelten, als Moralisten und so weiter, der entleibe ihn. Er wollte doch immer mehr als «nur Künstler» sein. Seine Lebenskünstlerschaft sei es gewesen, erkläre ich Catherine Camus ausgerechnet auf der Terrasse in Lourmarin, die mich dazu verführt habe, die zehn Lieblingsworte ihres Vaters zur Grundlage für mein Buch zu machen.

Letzte Frage: Was in ihren Augen das wichtigste Vermächtnis ihres Vaters sei? Sehr schnelle Antwort: Die große Energie, die er ihr hinterlassen habe. Und die «pensée de midi». Das Sonnendenken sei der Schlüssel zu allem. Das menschliche Maß in der Geschichte, in der Kunst, in unserer Ausbeutung der Natur, das sei kein weicher, kompromisslerischer Begriff, sondern ein Kampf – der Lebenskampf ihres Vaters. Aber nun müsse sie wirklich die Hunde füttern.

Im Klavierzimmer in Paris

In der Rue Madame Nummer 29 wohnt Jean Camus allein in den fünf Zimmern der elterlichen Wohnung. Die Möbel, die Teppiche, die Bücher, die Bilder – alles scheint noch so zu sein wie am 4. Januar 1960, als wäre damals die Zeit stehen geblieben. Nur etwas älter, etwas zerschlissener, etwas durchlebter ist das Interieur, und Jean, der Bewohner dieser Dornröschenszenerie, ist nun ein zarter, schwarz gekleideter Herr Ende sechzig. Wir sitzen uns im Klavierzimmer gegenüber, auf dessen Balkon wurden die berühmten Fotos seiner Eltern gemacht, die Mutter in hochgeschlossener weißer Bluse und der Vater mit Pfeife im Mund, auf der Straße drei geparkte Automobile. Das war 1952.

Jean freut sich sehr, dass ich ihn besuche. Er geht kaum noch aus dem Haus, seit acht Jahren lebt er hier wie ein Einsiedler bei fast geschlossenen Fensterläden. Er schreibt, er hört Musik, er raucht, er liest. Neben dem durchgesessenen sandfarbenen Sessel, auf dem er sitzt, stapeln sich Zigarettenpackungen auf dem Beistelltisch. Stets griffbereit – die Bibel. Auch der Bechstein-Flügel Francines steht in Reichweite, auf dem Notenpult ein Foto von Robert Gallimard. Gestern, erzählt Jean, habe er sechzehn Stunden lang geschrieben, an seinen Tagebüchern, nur eine halbe Seite sei jedoch dabei herausgekommen. Jean kann lange Passagen aus dem Werk seines Vaters auswendig vortragen. Er rezitiert wie ein Schauspieler die Rede, die Meursault, der Fremde, dem Priester im Gefängnis hält. Dann eines der langen Mallarmé-Gedichte, in denen es um ein Grab, trockenes Laub und Städte ohne Abend geht. Er spricht von Kants *Kritik der Urteilskraft*, von Pascal, von Trotzki, von Freud, von C. G. Jung, von Liszt, Chopin, Schubert. Jean scheint ganz und gar aus Literatur und Musik zu bestehen.

Er war wie seine Zwillingsschwester im Justizwesen tätig, hat zwei Kinder, sein Sohn David Camus ist Schriftsteller geworden – der griechische Glaube des Großvaters an die ewige Wiederkehr scheint hier weiterzuwirken.

Jean erinnert sich nicht an das letzte Weihnachtsfest mit dem Vater. Es sei ein Mysterium, sagt er, doch nach dem Schock sei alles wie ausgelöscht gewesen. Abgesehen davon sei sein Vater für ihn immer anwesend. Er höre seine Stimme. Er wäre gar nicht da, wenn er sich nicht an ihn erinnerte: «Ich bin Erinnerung». Auch Jean spricht mit jenem wunderbaren Camus-Pathos, das bei ihm nicht so apodiktisch wie bei seiner Schwester, sondern sehr poetisch ausfällt, als habe Jean die geheimnisvolle und lyrische und Catherine die harte und nüchterne Seite des Vaters übernommen.

Auch Jean behauptet, nicht schwer an seinem Namen zu tragen, obwohl er in der Schule wegen seines in Frankreich in den sechziger Jahren so verachteten Vaters stets schlechte Noten bekommen habe. Der Vater sei streng gewesen, er habe beispielsweise immer mit zwei Flaschen neben den Ellbogen essen müssen, um sich eine vorbildliche Esshaltung anzugewöhnen. «Papa» sei ein großer Schauspieler und ein schlechter Fußballspieler gewesen. Schnell in allen Bewegungen. Ein sehr guter Autofahrer. Wenn er etwas Definitives über seinen Vater äußern sollte, dann würde er einfach sagen: «Papa était un type bien», ein guter Typ, der niemals kleinlich gewesen sei. Und dann sagt er schnell und wie nebenbei: «Ich habe ihn so geliebt». Ein Vermächtnis mag Jean nicht nennen, doch er erinnert sich genau der Lehre, die sein Vater ihm mit auf den Weg gab: Hab keine Angst!

Obwohl Jean mit der Welt vor seiner Tür offensichtlich gebrochen hat, wirkt er nicht zerbrochen. Er lebt zurückgezogen mit den Erinnerungen an seinen Vater, als wäre noch alles da. Manchmal erfüllt ihn ein einziger Ton, den er sich abends auf dem Flügel vorspielt. Das genügt. Sarkozy habe ihn besucht, wegen der Überführung der Gebeine ins Panthéon. Doch er sei sich sicher, sein Vater wäre außer sich vor Zorn, wenn man ihn ins Panthéon bringen würde. Und er gibt mir recht: Es geht um die Einfachheit. Zum Abschied zitiert er, mir zuliebe, noch einmal seinen Vater: «So hat mich jedes Mal, wenn ich den tiefsten Sinn der Welt zu erfühlen glaubte, vor allem ihre Einfachheit erschüttert.»

ANMERKUNGEN

Die Mutter

1 Albert Camus, *Der erste Mensch*, aus dem Französischen von Uli Aumüller, Reinbek 1995, S. 21. [DeM]

2 DeM, 359.

3 Albert Camus, *Tagebuch 1935–1942*, aus dem Französischen von Guido G. Meister, Reinbek 1963, S. 12. [TA I]

4 Dieser berühmte Ausspruch fiel bei einer Befragung durch Studenten der Stockholmer Universität am 12. Dezember 1957 und wurde rapportiert von einem Korrespondenten von *Le Monde*. Es gibt keine verbürgte Fassung dieser Äußerung. Lottman zitiert sie so: «Ich glaube an die Gerechtigkeit, aber ich würde meine Mutter über jede Gerechtigkeit hinaus verteidigen»; in: Herbert R. Lottman, *Camus, Das Bild eines Schriftstellers in seiner Epoche*, Hamburg 1986. Todd gibt sie so wieder: «Ich glaube an die Gerechtigkeit, aber bevor ich die Gerechtigkeit verteidige, werde ich meine Mutter verteidigen»; in: Olivier Todd, *Albert Camus. Ein Leben*, aus dem Französischen von Doris Heinemann, Reinbek 1999, Tb. 2001, S. 754 [Todd]. Ich zitiere die Version, die Alain Finkielkraut schließlich als die wahre ausgibt, in *Un cœur intélligent*, Paris 2009, S. 119: «En ce moment on lance des bombes dans les tramways d'Alger. Ma mère peut se trouver dans un de ces tramways. Si c'est cela la justice, je préfère ma mère».

5 DeM, 246 (Üb. verändert).

6 «[…] en trente-cinq ans de vie il n'avais jamais pu confier à cette mère silencieuse, la seule pourtant à laquelle il eût pu parler», Notizen zum «Ersten Menschen» in: Œuvres complètes I; Bibliothèque de la Pléiade, Paris 2006, S. 950. [OC I]

7 DeM, 97.

8 DeM, 73.

9 Dies berichtet Stéphane Babey, *Camus, une passion algérienne*, Editions Koutoubia 2010, S. 31.

10 Dies ist zu sehen in dem Film «Albert Camus» von Jean Daniel und Joël Calmettes, Chiloé Productions 2009.

11 Aus dem 1958 nachträglich verfassten Vorwort zu seinem Erstling *Licht und Schatten* [LuS]; in: Kleine Prosa, aus dem Französischen von Guido G. Meister, Reinbek 1961, S. 33.

12 Camus' Tochter Catherine berichtet im Gespräch in Lourmarin im Mai 2013 von der fortgesetzten Sozialphobie ihres Vaters: «Es war nicht üblich, in der Familie über persönliche Angelegenheiten und

Gefühle zu sprechen, und auch gegenüber uns Kindern und seiner Frau blieb Papa stets sehr schweigsam.»

13 Auf den Zusammenhang zwischen seelischen Krankheitsbildern und den Lebensbedingungen während der französischen Kolonisation in Algerien hat besonders Frantz Fanon hingewiesen. Er nennt zahlreiche Beispiele von «reaktiven Psychosen» sowohl der Algerier als auch der französischen Kolonisten; in: Frantz Fanon, *Die Verdammten dieser Erde*, mit einem Vorwort von Jean-Paul Sartre, aus dem Französischen von Traugott König, Frankfurt/M.1966, S. 211 f.

14 Selbst das Schlüsselwort «fremd», das durch den Roman *Der Fremde* Weltkarriere machen wird, fällt zum ersten Mal mit Rücksicht auf das Mutter-Sohn-Verhältnis: «So verharrt er lange Minuten reglos und betrachtet sie. Indem er sich fremd fühlt, wird er sich seines Kummers bewusst», LuS, 49.

15 Albert Camus, *Der Mythos des Sisyphos*, aus dem Französischen von Vincent von Wroblewsky, Reinbek 1999. [DMdS]

16 DeM, 73.

17 DeM, 200.

18 DeM, 199.

19 DeM, 200.

20 OC I, 979.

21 *Der Fremde*, aus dem Französischen von Uli Aumüller, Reinbek 1994, S. 143. [DF]

22 Camus erzählt ausführlich von der befremdlichen Reaktion der Mutter auf seine Krankheit in dem nie beendeten autobiographischen Romanentwurf «Louis Raingeard» aus dem Jahr 1934. Darin erklärt der Erzähler die dunkle Liebe zwischen Mutter und Sohn mit dem Glauben an ein ewiges gemeinsames Leben: «Ihr selbst unbewusst, trug sie in sich die Idee einer gemeinsamen ewigen Dauer. Sie glaubte nicht, dass irgendetwas sie jemals trennen könnte. Und sie glaubte nicht nur nicht daran. Sie dachte darüber gar nicht nach.» OC I, 93.

Der Sommer

23 DeM, 63.

24 LuS, 31.

25 TA I, 69.

26 OC I, 73.

27 André Gide, *Die Früchte der Erde*, aus dem Französischen von Hannes Hinterhäuser, Gesammelte Werke Band XI, Stuttgart 1999, S. 89. [FdE]

28 FdE, 78.

29 *Hochzeit des Lichts*, aus dem Französischen von Peter Gan und Monique Lang, Hamburg/Zürich 2010, S. 31. [HdL]

30 Rencontres avec André Gide, OC III, 881 f. Die immer wieder treuherzig nacherzählte Legende von Camus' Ablehnung Gides, die im Wesentlichen auf eine Lektürenotiz in seinem Nachlass und eine Fußnote in Camus' erster großer lyrischen Essaysammlung *Hochzeit des Lichts* zurückgeht, sollte man nicht zu ernst nehmen. Die Lektürenotiz aus dem Nachlass lautet: «‹Früchte der Erde›: diese Apologie der Empfindung … ist nichts als eine Vergeistigung der

Sinne. Es gibt nichts Verkopfteres als die ‹Früchte der Erde›». OC I, 959. Im Essay *Hochzeit des Lichts* heißt es in einer Fußnote: «Darf ich mich lächerlich machen und zugeben, dass ich Gides Art, den Leib anzuschwärmen, nicht mag? Er verlangt von ihm, seine Begierden zurückzuhalten, um seine Wollust noch zu steigern». HdL, 32. Vermutlich bezieht sich diese Kautel auf folgende Stelle in den *Früchten der Erde* von Gide: «Es liegt ein Gewinn in den Begierden, und Gewinn in der Stillung der Begierden – weil sie sich dadurch steigern. Denn in Wahrheit, ich sage dir, Nathanaël, jede Begierde hat mich mehr bereichert als der immer trügerische Besitz des Gegenstandes meiner Begierde», FdE, 70.

31 Vorwort von Albert Camus zu Jean Grenier, *Die Inseln*, aus dem Französischen von Olaf Ohlenburg unter Mitarbeit von Serge Belluzzo, Frankfurt/M. 1985, S. 7f.

32 TA I, 111.

33 HdL, 13.

34 In Frankreich hat in den letzten Jahren eine Entdeckung des algerischen Camus eingesetzt, die das einseitige Bild des Pariser Intellektuellen Camus', das bisher vorherrschte, um einige entscheidende Aspekte ergänzt. Zeugnisse dieser Entwicklung sind: Josè Lenzini, *Camus et L'Algérie*, Aix-en-Provence 2010; Stéphane Babey, *Camus, une passion algérienne*, Editions Koutouba 2010; Alain Vircondelet, *Albert Camus fils d'Alger*, Paris 2010.

35 DeM, 313.

36 DeM, 218f.

37 HdL, 41.

38 Pierre Bourdieu, *Algerische Skizzen*, herausgegeben und mit einer Einleitung von Tassadit Yacine, aus dem Französischen von Andreas Pfeuffer, Achim Russer und Bernd Schwibs, Frankfurt/M. 2010, S. 116.

Der Schmerz

39 DeM, 168.

40 Albert Camus – Jean Grenier, Correspondance 1932–1960, Paris 1981, S. 13. [Corr-Gre]

41 OC I, 955f.

42 OC I, 965.

43 OC I, 969

44 Todd, 65.

45 Corr-Gre, 14ff.

46 TA I, 30.

47 Corr-Gre, 22.

48 TA I, 22.

49 Todd, 97.

50 *Der glückliche Tod*, aus dem Französischen von Eva Rechel-Mertens, Reinbek 1983, S. 20. [DgT]

51 DgT, 26.

52 DgT, 29.

53 TA I, 61.

54 1926 veröffentlichte der surrealistische Dichter Paul Éluard einen Gedichtband unter diesem Titel.

55 Todd, 162.

56 Ebd.

57 TA I, 61.

58 TA I, 74.

59 DgT, 104.

60 DgT, 71.

61 Jean Grenier ist verschiedentlich nach Indien gereist, hat ein Buch über den «Esprit du Tao» verfasst und geißelt in seinen philosophischen Essays den westlichen Individualismus, der den Geist seiner Meinung nach «sterilisiert» habe (vgl. *Essai sur L'Esprit d'orthodoxie*, Paris 1938, S. 148).
62 TA I, 31.
63 TA I, 61.
64 TA I, 153, 61, 133.
65 Corr-Gre, 29.

Das Meer

66 OC I, 976.
67 Paul Valéry, *Inspirations méditerranéennes*, Œuvres I, Bibliothèque de la Pléiade, Paris 1957, S. 1092.
68 Jean Grenier, *Inspirations méditerranéenes*. 1940 wird das Buch in einer erweiterten Fassung erscheinen und 1961 bei Gallimard noch einmal aufgelegt.
69 Jean Grenier, *Die Inseln*, a.a.O., S. 12.
70 Vladimir Jankélévitch, *Das Verzeihen*, übersetzt von Claudia Brede-Konersmann, Frankfurt/M. 2003, S. 105.
71 Jean Grenier, *Entretiens sur le bon usage de la liberté*, Paris 1948, S. 138.
72 Jean Grenier, *Albert Camus. Souvenirs*, Paris 1968, S. 16.
73 Jean Grenier, *La Sagesse de Lourmarin, Cahiers du Sud*, Marseille 1936; später in: *Terrasses de Lourmarin*, 1939, S. 50.
74 OC I, 567.
75 OC I, 568.
76 OC I, 569.
77 OC IV, 645.
78 «Den Übergang vom Hellenismus zum Christentum untersuchen, diesen wahren und einzigen Wendepunkt der Geschichte», heißt es Anfang 1951 im Tagebuch: *Tagebuch Januar 1942 – März 1951*, aus dem Französischen von Guido G. Meister, Reinbek, S. 289. [TA II]
79 Albert Camus, *Christliche Metaphysik und Neoplatonismus*, aus dem Französischen und mit einer Einleitung von Michael Lauble, Reinbek 1978, S. 29. [CMuN]
80 Henri Vaugeois: «La supreme sagesse du catholicisme, ce christianisme atténué, filtré par le génie généreux de la France»; in: Michel Winok, *Le siècle des intellectuels*, Paris 1997, S. 92.
81 Die besten Auskünfte zur Geschichte der Mittelmeeridee bietet Émile Temine in seinem Buch *Un rêve méditerranéen; Des Saint-Simoniens aux intellectuels des années trente*, Arles 2002.
82 Gabriel Audisio, *Jeunesse de la Méditerranée*, Paris 1935, S. 52.
83 Oswald Spengler, *Der Untergang des Abendlandes*, München 1972, S. 49.
84 TA I, 80.
85 HdL, 119.
86 *Der Mensch in der Revolte*, aus dem Französischen von Justus Streller, neu bearbeitet von François Bondy und Georges Schlocker, Reinbek 1969, S. 247. [DMidR]
87 TA I, 40.
88 OC III, 402.

89 TA I, 70.

90 TA I, 49.

91 Corr-Gren, 28f.

92 HdL, 150.

Das Elend

93 OC I, 735.

94 OC I, 606.

95 Corr-Gren, 33.

96 OC I, 653.

97 OC I, 655.

98 OC IV, 323.

99 TA I, 154.

100 Pierre Bourdieu, *Algerische Skizzen*, a.a.O., S. 142.

101 TA I, 11.

102 Ebd.

103 TA I, 132f.

104 Brief von Pascal Pia an André Abbou, Dezember 1970, OC I, 866.

105 Diese Szene erinnert der Jugendfreund Emmanuel Roblès, der Camus häufig in der Druckerei des *Soir républicain* besucht hat. In: *Hommage à Albert Camus*, Paris 1967, S. 26.

106 OC I, 776.

107 Von Macha Séry, die von ihrer Forschungsarbeit in *Le Monde* vom 17. März 2012 berichtet hat.

108 OC I, 785.

109 *Albert Camus – Pascal Pia, Correspondance 1939–1947*, herausgegeben und mit Anmerkungen von Yves Marc Ajchenbaum, Paris 2000, S. 15. [Corr-Pia]

110 Corr-Pia, 19.

111 TA I, 151.

112 HdL, 69.

113 Henri-Bernard Lévy verspottet die Prosasammlung *L'Été*, in der der *Minotaurus*-Text über Oran erst 1954 veröffentlicht wurde, in seinem im Jahr 2000 erschienenen Buch über Sartre, *Le siècle de Sartre*, und empfiehlt, dass man sich «mehr an Sartres Philosophie der Kontingenz halten muss als an die kosmischen Orgien und das weihevolle Gemurmel von *L'Été*.» Zit. n. Henri-Bernard Lévy, *Sartre: Der Philosoph des 20. Jahrhunderts*, aus dem Französischen von Petra Willim, München 2002, S. 406.

114 Albert Camus, *Dramen*, aus dem Französischen von Guido G. Meister, Reinbek 1986, S. 21. [Dramen]

115 Dramen, 48.

116 Vorwort Dramen, 9.

Die Welt

117 TA I, 162.

118 TA I, 166.

119 Todd, 257.

120 Todd, 264.

121 Der ungarische Schriftsteller Imre Kertész, der nach dem Krieg so beharrlich wie verzweifelt nach dem richtigen Ton suchte, in dem er über seine Erlebnisse in Auschwitz und Buchenwald schreiben könnte, hat (wie er der Autorin in verschiedenen Gesprächen erzählte, vgl. Iris Radisch: Hiob von Ungarn, *Die Zeit*. 13/1997), nachdem ihm der *Fremde* in den fünfziger Jahren zufällig in die Hände fiel, den Ton dieses Buches wie eine Erleuchtung erfahren, die es ihm endlich

ermöglichte, seinen später mit dem Literaturnobelpreis gekrönten *Roman eines Schicksallosen* zu schreiben.

122 TA I, 49.

123 Sartre erkennt im *Fremden* den Stil Hemingways wieder: die kurzen Sätze, die sich nicht aufeinander beziehen und immer wieder neu anheben, als gehe ihnen nichts voraus. Er bezweifelt jedoch, dass Camus, dessen Stil er als einen «Zeremonienstil» bezeichnet, sich den Stil Hemingways wirklich zu eigen gemacht habe. Oberhalb dieses Hemingway-Tones hört Sartre durchaus noch den eigentlichen, weniger engen poetischen Stil Camus' durch. Sartre glaubt aber, Camus habe den «amerikanischen» Ton aus dem Kalkül übernommen, die absurde Weltsicht seines Helden in dieser entliehenen Sprache besser ausdrücken zu können. Das heißt, er hält den Ton des *Fremden* nicht für Camus' eigene Leistung, sondern streng genommen für eine Übernahme, zugespitzt gesagt, für eine bloße Nachahmung. Auch die philosophische Perspektive des *Fremden* meint er schon lange zu kennen: «Sie ist in etwa das, was Hume früher gemacht hat, als er behauptete, in der Erfahrung nichts als vereinzelte Eindrücke entdecken zu können. Und sie ist das, was heute die amerikanischen Neo-Realisten noch immer machen, wenn sie bestreiten, dass zwischen den einzelnen Phänomenen mehr als nur ein ganz äußerlicher Zusammenhang besteht» (*Situations*, I, Paris 1947, S. 142). Die Bösartigkeit dieser Lesart, die Camus beinahe jede Originalität abspricht, ist – zumal sie von klingenden Vergleichen Camus' mit Voltaire und den französischen Moralisten verdeckt wurde – zunächst wenig bemerkt worden. Camus ist sie allerdings nicht entgangen. Am 9. März 1943 schreibt er an Jean Grenier: «Ich habe die Cahiers de Sud erhalten. Der Artikel von Sartre ist das Modell einer ‹Demontage›. [...] an manchen Stellen erklärt er mir wirklich, was ich machen wollte. Ich weiß, dass er in vielem recht hat, aber warum dieser sauere Ton?» Corr-Gre, 88.

124 DF, 102.

125 Jean-Jacques Brochier, *Camus, philosoph pour classes terminales*, Paris 1974.

126 Maurice Blanchot, *Der Umweg zur Einfachheit*, aus dem Französischen von Ulrich Kunzelmann, in: *Freundschaft*, Berlin 2011, S. 244.

127 OC I, 216.

128 OC IV, 614.

129 Todd, 263.

130 Jean-Paul Sartre, *Der Pfahl im Fleische, Die Wege der Freiheit 3*, aus dem Französischen von Uli Aumüller und Andrea Spingler, Reinbek 1988, S. 41.

131 André Gide, Gesammelte Werke, IV, aus dem Französischen von Maria Schäfer-Rümelin und Wilhelm Maria Lüsberg, München 1990, S. 56.

132 Simone de Beauvoir, *Die Zeremonie des Abschieds*, aus dem Französischen von Uli Aumüller und Eva Moldenhauer, Reinbek1986, S. 498.

133 DMdS, 158.

134 Todd, 27.

135 TA I, 173.

136 Dramen, 71.

137 DMdS, 93.

138 *Tagebuch März 1951 bis Dezember 1959*, aus dem Französischen von

Guido G. Meister, Reinbek 1991, S. 352f. [TA III]

139 TA I, 177.

140 vgl. OC II, 659: «Ich bin kein Philosoph. Ich glaube nicht genug an die Vernunft, um an ein System zu glauben. Was mich interessiert, ist, wie man leben soll. Und noch genauer: Wie man leben soll, wenn man weder an die Vernunft noch an ein System glaubt.»

141 Jean-Paul Sartre, *Situations*, I, a.a.O., S. 129.

142 DMdS, 23.

143 DMdS, 25.

144 DMdS, 20.

145 Dieses Schulheft mit kleinen Karos enthält Notizen aus der Zeit vom 17. März 1938 bis Mitte August 1942. Camus hatte es bei seiner zweiten endgültigen Abreise nach Frankreich in Oran liegen lassen. Die Schwester von Francine hat es Camus' Tochter erst 1988 übergeben, im Jahr 2006 wurde es in der Pléiade-Ausgabe in Paris unter dem Titel *Sans lendemains* veröffentlicht.

146 OC I, 1198.

147 TA I, 55.

148 OC I, 1198.

149 DMdS, 48.

150 Imre Kertész, *Roman eines Schicksallosen*, aus dem Ungarischen von Christa Viragh, Rowohlt Berlin 1996, S. 287.

Die Ehre

151 Corr-Gre, 63; s.a. Jean Grenier, *Albert Camus. Souvenirs*, a.a.O., S. 61.

152 Vgl. Pierre Assouline, *Gaston Gallimard, Un demi-siècle d'édition française*, Paris 2006.

153 TA I, 177.

154 Todd, 286.

155 TA I, 180f.

156 TA I, 183.

157 TA I, 186f.

158 Corr-Gre, 57.

159 Corr-Pia, 58.

160 DMidR, 145.

161 Ernst Jünger, *Das erste Pariser Tagebuch*, Stuttgart 1994, S. 129.

162 Gerhard Heller/Jean Grand, *In einem besetzten Land, Leutnant Heller und die Zensur in Frankreich 1940–1944*, aus dem Französischen von Annette Lallemand-Rietkötter, Köln 1982, S. 203.

163 Goebbels sprach sich auf einer Ministerbesprechung im Juli 1940 deutlich gegen die frankophilen Interessen der nationalsozialistischen Romanisten aus. In einem Sitzungsbericht heißt es: «Der Minister wendet sich nochmals gegen sentimentale, verbrüderungsselige Aufsätze über Paris. Er macht sehr eindringlich klar, dass Deutschland für die nächsten 3–4000 Jahre die Bedeutung haben werde, die Frankreich in den letzten 150 Jahren gehabt hat. Unter diesen Umständen sei es völlig falsch, von uns aus den Ruf von Paris noch zu nähren. Denn natürlich soll nun auch Berlin an die Stelle von Paris treten.» (Kathrin Engel, *Deutsche Kulturpolitik im besetzten Paris*, Oldenbourg Wissenschaftsverlag, München 2003, S. 115). Der Konflikt zwischen frankophilen und frankophoben Nationalsozialisten blieb ungelöst. Als der Pariser Zensor Gerhard Heller ebenfalls

im Sommer 1942 Antoine de Saint-Exupérys Buch *Flug nach Arras* nahezu ohne Veränderungen zur Veröffentlichung bei Gallimard freigegeben hat und das Werk in der kollaborierenden Presse im Herbst 1942 heftig kritisiert wird, erhält Heller von seinen Vorgesetzten bei der Propagandastaffel eine Rüge und einige Tage Stubenarrest. Im Januar 1943 wird das Buch nachträglich verboten.

164 TA II, 29ff.

165 Pierre Drieu La Rochelle, geboren 1893, war ein schillernder und widersprüchlicher Kopf, der zunächst mit der französischen Linken sympathisierte, dann aber erbittert gegen die Volksfrontregierung Blums polemisierte und sich 1936 der faschistischen Parti populaire français von Jacques Doriot anschloss. Sein posthum erschienenes Tagebuch aus der Okkupationszeit zeigt einen innerlich zerrissenen Menschen: «Die Verachtung, die ich für mich selber habe, ist unmöglich und führt mich in dunkle Abenteuer», *Journal 1939–1945*, Paris 1992, S. 316.

166 Laure Adler, *Marguerite Duras*, aus dem Französischen von Petra Willim, Frankfurt/M. 2000, S. 159.

167 OC I, 985.

168 OC I, 885.

169 Todd, 355. Ein Einzelband der Korrespondenz Albert Camus/Francis Ponge erscheint schließlich im Herbst 2013 bei Gallimard in Paris.

170 Jean-Paul Sartre, *Paris unter der Besatzung*, aus dem Französischen und mit einem Nachwort von Hanns Grössel, Reinbek 1980, S. 46.

171 Maria Casarès, *Résidente privilégiée*, Paris 1980, S. 342. [Rp]

172 Corr-Gre, 99.

173 Jean-Paul Sartre, *Paris unter Besatzung*, a.a.O., S. 48.

174 OC I, 1409.

175 OC I, 913.

176 Corr-Gre, 96.

177 Albert Camus, *Fragen der Zeit*, aus dem Französischen von Guido G. Meister, Reinbek 1960, S. 32f. [FdZ]

178 TA II, 83.

179 FdZ, 40.

Die Menschen

180 TA II, 119.

181 Im Film von James Kent und Olivier Todd *Albert Camus – Un combat contre l'absurde*, 1996.

182 Casarès, Rp, 353.

183 TA II, 119.

184 Agnés Spiquel, die Herausgeberin des im Herbst 2013 bei Gallimard erscheinenden Bandes *Albert Camus – Louis Guilloux, Correspondance*, die ich hier zitiere, sei für ihre freundlichen Mitteilungen bedankt.

185 Albert Camus, *Reisetagebücher*, aus dem Französischen von Guido G. Meister, Reinbek 1980, Tb. 1987 (NA), S. 43. [Reise-TA]

186 Roger Grenier, *Pascal Pia ou le droit au néant*, Paris 1989, S. 96.

187 Francine Camus, in: Corr-Pia, 153f.

188 OC II, 630.

189 DMidR, 150.
190 OC I, 796.
191 Annie Cohen-Solal, *Sartre 1905–1980*, aus dem Französischen von Eva Groepler, Reinbek 1988, Tb. 1991, S. 367.
192 OC II, 656.
193 Roger Grenier, a.a.O., S. 40.
194 Jean-Paul Sartre, *Situations*, IV, Paris 1964, S. 91.
195 OC II, 780.
196 *Die Pest*, aus dem Französischen von Uli Aumüller, Reinbek 1997, Tb. 1998, S. 288f. [DP]
197 Reise-TA, 26f, 33, 35.
198 Reise-TA, 34.
199 Reise-TA, 39.
200 Todd, 437
201 Todd, 451.
202 TA II, 52.
203 Am 5. Januar 1946. Zur Korrespondenz Camus/Guilloux s.o. Anm. 184.
204 DP, 350.
205 TA II, 176.
206 Todd, 464.
207 *Magazine littéraire*, September 1972.
208 OC II, 449.
209 TA II, 155.
210 *Albert Camus – René Char, Correspondance 1946–1959*, Paris 2007, S. 25. [Corr-Char]
211 Corr-Char, 58.
212 OC IV, 618.
213 OC II, 764.
214 Jean Grenier, *Essai sur l'esprit d'orthodoxie*, Paris 1938, S. 144.
215 TA I, 181.
216 Alexandre Kojève, *Hegel, Kommentar zur Phänomenologie des Geistes*, aus dem Französischen von Irving Fetscher und Gerhard Lehmbruch, Frankfurt/M. 1975, S. 149.
217 Maurice Merleau-Ponty, *Humanismus und Terror* I, aus dem Französischen von Eva Moldenhauer, Frankfurt/M. 1966, S. 45.
218 DMidR, 111.
219 DMidR, 78.
220 DMidR, 139.
221 Dramen, 196.
222 Jean-Paul Sartre, *Libération*, 15. Juli 1954.
223 DMidR, 141.
224 DMidR, 159.
225 OC III, 1099.
226 OC III, 1099.
227 DMidR, 247.
228 DMidR, 242.
229 Alexandre Kojève, *Das lateinische Imperium*; in: Tumult, Schriften zur Verkehrswissenschaft Nr. 15, Franzosen, Wien o.J., S. 92–122.
230 DMidR, 248.
231 Catherine Camus im Gespräch in Lourmarin, Mai 2013.
232 Corr-Char, 90.
233 Corr-Gre, 179.
234 OC III, 394f.
235 OC III, 403.
236 OC III, 407.
237 OC III, 408.
238 Francis Jeanson, «Albert Camus ou l'âme revoltée», *Les temps modernes*, Mai 1952.
239 Jean-Paul Sartre, *Situations*, IV, a.a.O., S. 90.
240 Ebd., 101.
241 Ebd., 121.
242 Ebd., 104.
243 OC II, 287.
244 Bernard-Henry Lévy wiederholt die Anwürfe gegen Camus' Naturauffassung im Jahr 2010 in *Le Monde hors série, Albert Camus*: «Aber leider, es gibt das Furchtbare. Oder genauer gesagt, es gibt diese metaphysische Seite [der Auseinandersetzung zwischen Sartre und Camus], wo Sartre im

Vorteil ist und Camus sich verirrt.» Camus, so Lévy 2010, sei ein griechischer «Heiligsprecher», der an die «gute Natur» glaube, während Sartre immer gewusst habe, dass die Natur feindlich sei und beherrscht werden müsse. Lévy schafft sich einen Camus minus Metaphysik und minus Philosophie: «Man kann in der Gulag-Frage richtig liegen und doch nicht über die theoretischen Instrumente verfügen, die es einem gestatten, seine Sicht bis ins letzte zu begründen». Auf diese Formel haben sich die Sartrianer heute mehr oder weniger geeinigt: Camus – guter Moralist, schlechter Denker.

Die Erde

245 *Tagebuch März 1951 – Dezember 1959*, aus dem Französischen von Guido G. Meister, Reinbek 1991, S. 55. [TA III]

246 Im Film von James Kent und Olivier Todd, 1996.

247 Im selben Film.

248 Im Gespräch in Lourmarin im Mai 2013.

249 LuS, 31.

250 Corr-Char, 65.

251 Corr-Char, 136.

252 HdL, 139 (Übersetzung leicht verändert).

253 HdL, 148.

254 HdL, 135.

255 Jean Daniel, *Avec Camus. Comment résister à l'air du temps*, Paris 2006, S. 54.

256 OC IV, 585.

257 OC IV, 286.

258 Edward W. Said, Das koloniale Unbewusste Albert Camus', in: *Kultur und Imperialismus. Einbildungskraft und Politik im Zeitalter der Macht*, Frankfurt/M. 1993. Said interpretiert Camus als einen für ein französisches Publikum schreibenden Kolonialautor, der sich, weil er die realen kolonialen Hintergründe seiner Romane nicht thematisiert, in die imperiale Kulturgeschichte Europas eingeschrieben habe: «Camus ist eine späte imperiale Gestalt, die nicht nur die Hochblüte des Imperiums überlebte, sondern auch heute noch als ‹universalistischer› Schriftsteller mit Wurzeln in einem heute vergessenen Imperialismus überlebt», S. 239. Albert Memmi nennt Camus einen «Kolonisateur des guten Willens», in: *Nef*, 12. 12. 1957, S. 95.

259 OC IV, 353.

260 Ebd.

261 Jean-Paul Sartre, in: Frantz Fanon, a. a. O., S. 11.

262 TA III, 242.

263 Corr-Gre, 213.

264 Albert Camus, *Das Exil und das Reich*, aus dem Französischen von Guido G. Meister, Reinbek 1958, S. 84. [DEudR]

265 Jacques Derrida, *Von der Gastfreundschaft*, Wien 2001.

266 TA III, 152.

267 *Der Fall*, aus dem Französischen von Guido G. Meister, Reinbek 1957, S. 72. [Fall]

268 Todd, 691.

269 Fall, 121.

270 Roger Grenier, a. a. O., 304.

271 Nachzuverfolgen in dem Band *Albert Camus – Roger Martin du Gard, Correspondance*, dem dritten Briefwechsel, den Camus'

Verlag Gallimard im Herbst 2013 herausgibt.

272 FdZ, 264f.

273 FdZ, 267.

274 FdZ, 278.

275 Maria Casarès schreibt in ihren Memoiren, Camus habe oft von «seinem Stern» gesprochen, Rp, 352.

276 TA III, 336.

Die Wüste

277 TA III, 326.

278 TA III, 328.

279 Corr-Gre, 225.

280 Corr-Char, 173.

281 Todd, 804. Catherine Camus bezweifelt diese Äußerung im Gespräch im Mai 2013.

282 DeM, 350f.

283 Roland Barthes, *Die Vorbereitung des Romans*, aus dem Französischen von Horst Brühmann, Frankfurt/M. 2008, S. 447.

284 Nach dem Tod Francine Camus' am 24. 12. 1979 verwalteten erst Catherine und Jean Camus das Werk ihres Vaters. Im Jahr 2000 wurde das «Centre d'Albert Camus» in Aix-en-Provence eröffnet. Der größte Teil der Manuskripte Camus' liegt seither im «Fonds Albert Camus» in der Bibliothek Méjane in Aix-en-Provence. Das Manuskript der *Pest* liegt in der Bibliothèque Nationale in Paris. Der Briefwechsel zwischen Albert und Francine Camus ist im Besitz von Catherine und Jean Camus und wird zu deren Lebzeiten nicht freigegeben.

285 TA III, 348.

286 HdL, 59.

287 DEudR, 19.

288 DEudR, 28.

289 OC III, 941.

290 HdL, 71.

291 Antoine de Saint-Exupérys letztes, 1948 posthum und unvollendet bei Gallimard erschienenes Buch *Die Stadt in der Wüste* ist angelegt als die Wüsten-Predigt eines Berber-Königs.

292 Edmond Jabès, *Du Désert au Livre; entretiens avec Marcel Cohen*, Paris 1980, S. 33.

293 Edmond Jabès, *Le soupçon. Le désert*, Paris 1978, S. 11.

294 DeM, 35.

295 TA III, 333.

296 TA III, 336.

297 DeM, 93.

298 TA II, 155.

299 DeM, 220.

300 LuS, 31.

301 LuS, 39.

302 Anmerkung in Corr-Char, 184.

303 OC IV, 671.

304 LuS, 31.

305 Emmanuel Roblès, *Camus frère de soleil*, Paris 1995, S. 101.

306 OC IV, 662.

WEITERFÜHRENDE LITERATUR

Folgenden Büchern schulde ich besonderen Dank:

Olivier Todd: Albert Camus. Ein Leben, Reinbek 1999
Herbert R. Lottman: Camus. Das Bild eines Schriftstellers in seiner Epoche, Hamburg 1986
Brigitte Sändig: Albert Camus, Reinbek 1995
Morvan Lebesque: Albert Camus, Reinbek 1960
Alain Finkielkraut: Un cœur intelligent, Paris 2009
Michel Onfray: L'Ordre libertaire, la vie philosophique d'Albert Camus, Paris 2012
Alain Vircondelet: Albert Camus, fils d'Alger, Paris 2010
Jeanyves Guérin: Albert Camus, portrait de l'artiste et citoyen, Paris 1993
Ders. (Hg.): Dictionnaire Albert Camus, Paris 2009
Daniel Rondeau: Camus ou les promesses de la vie, Paris 2005
Lou Marin: Ursprung der Revolte, Albert Camus und der Anarchismus, Heidelberg 1998
Roger Grenier: Albert Camus, soleil et ombre, Paris 1987
Jean Grenier: Albert Camus. Souvenirs, Paris 1968
Virgil Tanase: Camus, Paris 2010
Jean-Luc Moreau: Camus l'intouchable, Paris 2010
Heinz Robert Schlette: «Der Sinn der Geschichte von morgen», Albert Camus' Hoffnung, Freiburg (Knecht Verlag) 1995
Jürg Altwegg: Die Republik des Geistes, Frankreichs Intellektuelle zwischen Revolution und Reaktion, München 1986
Tony Judt: Das vergessene Jahrhundert, Die Rückkehr des politischen Intellektuellen, München 2010
Elisabeth Hawes: Camus. A Romance, New York 2009
Alan Riding: And the show went on. Cultural life in Nazi-occupied Paris, London 2010
Thierry Fabre: Eloge de la pensée de midi, Arles 2007
Frédéric Musso: Albert Camus ou la fatalité, Paris 2006
Catherine Camus (Hg.): Albert Camus. Sein Leben in Bildern und Dokumenten, Zürich 2010

ZEITTAFEL

1913 Am 7. November Geburt von Albert Camus in Mondovi, Departement Constantine, Algerien, als zweiter Sohn von Lucien Auguste Camus, Kellermeister und Nachfahre französischer Einwanderer (geb. 1885), und Catherine Sintès (geb. 1882), ursprünglich balearischer Herkunft (Menorca).

1914 Tod des Vaters am 11. Oktober in einem Lazarett in der Bretagne an den Folgen einer Verwundung in der Marne-Schlacht. Catherine Camus zieht mit ihren Söhnen Lucien (geb. 1910) und Albert zur Mutter nach Algier, in die Rue de Lyon im Viertel Belcourt.

1918–23 Besuch der Grundschule (École primaire) in Belcourt.

1924 Aufnahme in das Gymnasium von Algier als Stipendiat. Torwart in der Fußballmannschaft «Racing Universitare Algérois».

1930 Erster Tuberkulose-Anfall. Bekanntschaft mit Jean Grenier. Umzug zum Onkel Gustave Acault.

1931 Tod der Großmutter.

1932 Abitur. Vorbereitungsjahr für die Hochschule.

1933–36 Studium der Philosophie an der Universität Algier.

1934 Heirat mit Simone Hié (geb. 1914). Beitritt zur kommunistischen Partei.

1935 Gründung des Laientheaters Théâtre du Travail. Camus führt Regie und übernimmt Parts. Bei einem Vortrag, organisiert von der Volksfront in Algier, erste Begegnung mit André Malraux, den Camus zu schätzen und zu verehren lernt. Gelderwerb im meteorologischen Institut durch die Abfassung von Statistiken.

1936 Philosophie-Diplom mit der Arbeit «Die Beziehungen zwischen Hellenismus und Christentum in den Werken von Plotin und Augustin». Engagiert in der «Maison de la Culture» in Algier. Reise nach Mitteleuropa und Trennung von Simone Hié.

1937 Das erste Buch, *L'Envers et l'Endroit* (*Licht und Schatten*), bei Charlot in Algier. Aus Gesundheitsgründen vom Staatsexamen (Lehrer-Laufbahn) ausgeschlossen. Gründung des «Théâtre de l'Équipe». Paris-Aufenthalt. Ausschluss aus der kommunistischen Partei. Bekanntschaft mit Francine Faure (geb. 1915). Beginn des Romans *Der glückliche Tod.*

1938 Camus wird Mitarbeiter von Pascal Pia beim neu gegründeten *Alger républicain* (ab 1939 *Soir républicain*). Entwürfe für den Werkszyklus des Absurden.

1939 Die Essay-Sammlung *Noces* (*Hochzeit des Lichts*) erscheint bei Charlot in Algier. Reportage über die Berber in der Kabylei. Camus' freiwillige Meldung nach Ausbruch des Zweiten Weltkriegs wird aus Gesundheitsgründen abgewiesen.

1940 Verbot des *Soir républicain.* Umzug nach Paris und Mitarbeit beim *Paris-Soir* (bis zur Entlassung im Dezember). Übersiedlung mit der Zeitung nach Lyon. Scheidung von Simone Hié. Heirat mit Francine Faure. Abschluss des Romans *Der Fremde.*

1941 Rückkehr nach Algerien, zur Familie Faure in Oran. Abschluss des Werkszyklus des Absurden (*Der Fremde; Der Mythos des Sisyphos; Caligula*).

1942 *Der Fremde* und *Der Mythos des Sisyphos* erscheinen bei Gallimard in Paris.

1943 Lektoratsmitglied bei Gallimard. Bekanntschaft mit Jean-Paul Sartre; Bekanntschaft mit Maria Casarès. Mitarbeiter, später Leiter der bis August 1944 verbotenen Widerstandszeitung *Combat* (bis 1947). *Briefe an einen deutschen Freund* (1943/44).

1945 Geburt der Zwillinge Jean und Catherine im September. Reportagereise nach Algerien (Zeuge muslimischer Aufstände). Nachkriegsreise nach Deutschland. Uraufführung von *Caligula* im Pariser Théâtre Hébertot.

1946 Mehrmonatige Reise nach Amerika als Kulturbeauftragter der Regierung. (Bekanntschaft mit Patricia Blake.) Im Herbst, während einer Reise in die Provence, erstmals in Lourmarin. Bekanntschaft mit René Char.

1947 *Die Pest* (Werkszyklus der Revolte) erscheint im Juni bei Gallimard (100 000 Exemplare bis Herbst).

1948 Engagement gegen linken wie rechten Imperialismus, Beginn der Entzweiung mit Sartre. England-Reise. Premiere des Stücks *Der Belagerungszustand.*

1949 Mehrmonatige Vortragsreise durch Südamerika. Verschlimmerung der Krankheit. Premiere des Stücks *Die Gerechten* (Werkszyklus der Revolte).

1951 *Der Mensch in der Revolte* erscheint im Oktober und schließt den Werkszyklus der Revolte ab. In der Folge Kontroverse und Bruch mit Sartre.

1952 Erstmals Reise durch das Atlas-Gebirge, in Oasenstädte der Sahara.

1953 Theaterfestspiele in Angers. Beginn der psychischen Erkrankung bei Francine. Öffentliche Parteinahme für die Aufständischen des 17. Juni in Ost-Berlin.

1954 Die Essay-Sammlung *L'Été* (*Heimkehr nach Tipasa*) erscheint. Ausbruch des Algerienkrieges. Reise in die Niederlande und Italien.

1955 Erste Reise nach Griechenland. Journalistische Arbeiten für *L'Express*, u. a. zu Algerien.

1956 Versuch der politischen Einflussnahme in der Algerienkrise: «Aufruf zum Burgfrieden» in Algier. *Der Fall*, der letzte zu Lebzeiten veröffentlichte Roman, erscheint im Mai. Camus zieht sich aus der Rue Madame (wo die Familie seit 1950 lebt) in eine möblierte Zweitwohnung in der Rue de Chanaleilles zurück.

1957 *Das Exil und das Reich* mit sechs Erzählungen erscheint. Camus bekommt den Nobelpreis für Literatur verliehen.

1958 Depressionen, Reisen, auf Algerien bezogene Aktionen, Theaterarbeiten. Hauskauf in Lourmarin.

1959 Vornehmlich Arbeit an dem autobiographischen Roman *Der erste Mensch*.

1960 Am 4. Januar Tod von Albert Camus bei einem Verkehrsunfall auf der Landstraße bei Villeblevin, als Beifahrer von Michel Gallimard auf dem Weg nach Paris. Beerdigung in Lourmarin. Im September Tod der Mutter in Algier. (1979 Tod von Francine Camus. 1994 erscheint *Der erste Mensch*.)

REGISTER

C

D

BILDNACHWEIS

Collection Catherine et Jean Camus, Fonds Camus, Bibliothèque Méjanes Aix-en-Provence. Droits réservés: 3, 26, 70, 104, 153

Archives Albert Camus / IMEC, Saint-Germain-la-Blanche-Herbe: 16, 19, 46

Collection Madame Raymonde Germain, Saint-Cyr-lès-Lecques: 28

© Rue des Archives / SZ-Photo, München: 56 (Tallandier), 204 (Tallandier), 210 (René Saint Paul), 245, 313 (Tallandier)

Jean-Pierre Bénisti, Lyon: 60 (Foto: Lucien Bénisti)

Aus: Hildebert Isnard: L'Algérie. Paris / Grenoble 1954: 64

Aus: Brigitte Sändig: Albert Camus. Eine Einführung in Leben und Werk. Leipzig 1992: 79

Archives nationales d'outre-mer, Aix-en-Provence: 110

ullstein bild, Berlin: 130, 196 (Roger-Viollet / Laure Albin-Guillot), 294 (United Archives / 91 070), 311 (Roger-Viollet)

Bildarchiv Preußischer Kulturbesitz, Berlin: 189 (RMN – Grand Palais / Estate Brassaï

Gisèle Freund / Agence Nina Beskow, Paris: 219

© Henri Cartier-Bresson / Magnum Photos / Agentur Focus, Hamburg: 265

Paris Match / Getty Images, München: 287

MIX
Papier aus verantwortungsvollen Quellen
FSC® C083411
FSC
www.fsc.org

Das für dieses Buch verwendete FSC®-zertifizierte Papier
Schleipen Werkdruck liefert Cordier, Deutschland.